Doston Xamidov

MADANIYAT TARIXI

O'quv darslik

© Taemeer Publications LLC

Madaniyat Tarixi

by: Doston Xamidov

Edition: February '2024

Publisher:

Taemeer Publications LLC (Michigan, USA / Hyderabad, India)

ISBN 978-93-5872-639-8

9 789358 726398

© **Taemeer Publications**

Book	:	Madaniyat Tarixi
Author	:	Doston Xamidov
Publisher	:	Taemeer Publications
Year	:	'2024
Pages	:	300
Title Design	:	*Taemeer Web Design*

Mundarija

So'zboshi

Madaniyat tarixi darsligi dunyo xalqlari madaniyatining rivojlanish umumiy qonuniyatlarini o'rgatadi. Madaniyat tarixi fanining predmeti jahon xalqlarining eng qadimgi zamonlardan to xozirgi kunlargacha bosib o'tgan uzoq va murakkab tarixiy yo'lini, madaniy va ma'naviy hayotini xolisona o'rganish va tushuntirishdan iborat. Mazkur kursning asosiy vazifasi insonning tabiat va jamiyat bilan birgalikdagi faoliyati hamda kishilarning ma'naviy turmshiga oid barcha jarayonlarni tadqiq qilishdan iborat. Madaniyat deb insonlarning ijodiy faoliyati tufayli yaratilgan moddiy va ma'naviy boyliklar majmuasiga aytiladi. Madaniyat atamasi hozirgi zamon ilmiy adabiyotida rang-barang ma'noni anglatadi. U lotincha ishlov berish, parvarish qilish, ma'nosini anglatsa, keyinchalik ma'rifatli bo'lish, tarbiyali, bilimli bo'lish mazmunida ishlatiladi.

O'zbek tilida ko'p ishlatiladigan "madaniyat" atamasi arabcha "madina" -"shaharlik" degan manoni anglatadi. Madaniyat insonni tola qonli faoliyati "Inson tomonidan yaratilgan muhit", "Insoniyat yaratgan moddiy va ma'naviy qadriyatlar majmuidir". Madaniyat tushunchasi XX asrga kelib ijtimoiy va gumanitar fanlar tizimidan o'rin oldi. Insoniyat jamiyat doimiy raqvishda rivojlanishda bo'lib, o'zgarib takomillashib boradi. Turli tarixiy darvrlarda xilma xil madaniyatlar mavjud bo'lib, insonlar dunyoning o'zgacha anglagan va qabul qilgan. Madaniyat jamiyatning maxsuli ijtimoiy hayotining muhim jabxalarridan biri.
Jamiyat madaniyatni vujudga keltiradi. Jamiyat boyib borsa, madaniyat ham yuksaladi. Alohida bir shaxsning alohida madaniyati bo'lmaydi. Shaxs muayyan jamiyatdagi madaniy muhitda yashaydi va madaniyati shakllanadi. Ibtidoiy davr insoniyatning uzoq o'tmishidan iborat bo'lgan bosqichdir. Bu davr insoniyatni hayvonot olamidan ajratib yuborgan davr

4

hisoblanib, ongli mavjudot xisoblanuvchi odam va u tomonidan yaratilgan madaniyatning shakllanish davridir.

Agar insoniyat tomonidan yaratilgan barcha moddiy va ma'naviy boyliklarga nazar tashlaydigan bulsak, bu boyliklarning yaratilishi bundan million yillar ilgari yashab o'tgan qadim ajdodlarimiz tomonidan vujudga keltirilganligining guvohi bo'lamiz.

1-§ IBTIDOIY DAVR MADANIYATI

Madaniyat-insonlardan ijodiy faoliyat tufayli yaratilgan oddiy va ma`naviy boyliklar majmuasiga aytiladi. Madaniyat atamasi hozirgi zamo ilmiy adabiyotida rang-barang ma`noni anglatadi. U lotincha ishlov berish, parvarish qilish, ma`nosini anglatsa, keyinchalik ma`rifatli bo`lish, tarbiyali, bilimli bo`lish mazmunida ishlatiladi. .O`zbek tilida ko`p ishlatiladigan "madaniyat" atamasi arabcha "madaniy" – "shaxarlik" degan ma`noni anglatadi.Madaniyat insonni to`la qonli faoliyati "Inson tomonidan yaratilgan muhit", "Insoniyat yaratgan moddiy va ma`naviy qadriyatlar majmuidir". Madaniyat tushunchasi XX asrga kelib ijtimoiy va gumanitar fanlar tizimidan o`rin oldi.Insoniyat jamiyat doimiy raqvishda rivojlanishda bo`lib, o`zgarib takomillashib boradi. Turli tarixiy darvrlarda xilma xil madaniyatlar mavjud bo`lib, insonlar dunyoning o`zgacha anglagan va qabul qilgan.

Madaniyat jamiyatning maxsuli ijtimoiy hayotining muhim jabxalarridan biri. Madaniyatsiz jamiyat bo`lmagandek, madaniyat ham jamiyatdan tashqarida bo`lmaydi. Jamiyat madaniyatni vujudga keltiradi. Jamiyat boyib borsa, madaniyat ham yuksaladi. Alohida bir shaxsning alohida madaniyati bo`lmaydi. Shaxs muayyan jamiyatdagi madaniy muhitda yashaydi va madaniyati shakllanadi.

Ibtidoiy davr insoniyatning uzoq o`tmishidan iborat bo`lgan bosqichdir. Bu davr insoniyatni hayvonot olamidan ajratib yuborgan davr hisoblanib, ongli mavjudot hisoblanuvchi odam va u tomonidan yaratilgan madaniyatning shakllanish davridir.

Agar insoniyat tomonidan yaratilgan barcha moddiy va ma`naviy boyliklarga nazar tashlaydigan bulsak, bu boyliklarning yaratilishi bundan million yillar ilgari yashab o`tgan qadim ajdodlarimiz tomonidan vujudga keltirilganligining guvohi bo`lamiz.

Chunki ibtidoiy davrda yaratilgan barcha moddiy madaniyatning-mehnat qurollari, turar joylar, kiyim-kechaklar va boshqalarning asosiy vazifasi hamda mohiyati hozirgi kunimizda nshlatilayotgan barcha moddiy boyliklarimizda o`z ifodasini topgan. Yoki ma`naviy madaniyatning barcha elementlarida-axloqiy, huquqiy, siyosiy, badiiy ongda, diniy e`tiqodlar va turli xil urf-odatlar, marosimlar va an`analarda ijtimoiy xodisalar hisoblanuvchi oilaviy munosabatlarda, til taraqqiyoti va boshqalarda, ibtidoiy davrda yashagani ajdodlarimnzning ruhi sezilib turadi. SHu boisdan hozirgi moddiy va ma`naviy madaniyatimizning vujudga kelishi hamda mohiyati to`g'risida muayyan tasavvur xosil qilish uchun ibtidoiy davr madaniyati, uning rivojlanish bosqichlari masalasiga to'xtalib o`tish o`ta muhimdir.

          Ibtidoiy odamlar er yuzida yo`q bo`lib ketganlar. Biroq erning yuqori qatlamlarida qadim ajdodlarimiz faoliyatining moddiy qoldiqlari. uning ish qurollari, yaroq-aslahalari, uylari, jixozlari, kiyimlari, tasviriy san`at asarlarn, topinish buyumlari va nihoyat yovvoyi hamda uy hayvonlarining suyaklari birin-ketin, qavatma-qavat bo`lib ko`milib saqlanib qolgan.

Shu bilan birga qadim ajdodlarimiz to`g'risida muayyan fikr yuritish uchun ulardan bizga meros bo`lib kelgan, u yoki bu darajada saqlanib qolgan xalq og'zaki ijodining namunalari manba vazifasini o`taydi. Ibtidoiy jamiyatning rivojlanish tarixi bir qancha, bosqichlar yoki davrlarni bosib utgan. Fanda asosan mehnat qurollari qanday materialdan yasalganligiga qarab,ibtidoiy davrni tosh, bronza va temir asrlariga bo`lish odatga aylanib qolgan.

          Masalan, Kopengagen (Daniya) asori-atiqalar muzeyi xodimi Kristian Tomsen birinchi marta fanga mehnat qurollarini yasalgan materiallarga qarab tosh, bronza za temir davrlarn tushunchasini kiritadi. Keyinchalik tosh asri qadimgi tosh— paleolit (gr.palato qadimgi va litos-tosh) va yangi (gr. peo-yangi) asrlarga bo`lingan. Davrlarga bo`lishning boshcha bir juda qadimgi sistemasi- bu ishlab chiqarish faoliyati sohalariga ko`ra bo`lishdir. Bunda ibtidoiy davr ovchilik, dehqonchilik va chorvachilik bosqichlariga bo`linadi.

Kishi va kishilik jamiyatining paydo bo`lishidan boshlangan va tarixning eng avvalgi ibtidoiy poda davri deb yuritiladigan davriga kelib odamning biologik rivojlanishi tugallanadi. Biroq odam mana shu eng avvalgi davrdayoq o`zining hayvonot ajdodidan keskin farq qiladi. Bu davrda ular birgalashib mehnat qila boshlaganlar, sodda mehnat qurollarini yaratishib, madaniyatga asos solganlar. Ishlab chiqarish kuchlarining rivojlannshi natijasida kishilarning bir muncha mustahkam birligi vujudga keldi. Bu birlikka urug' asos qilib olindi. Natijada ibtidoiy davrning ham moddiy, ham ma`naviy madaniyatini yaratish ma`lum bir sistemaga tusha boshladi. Mehnat qurollari takomillashib, kishilar tasavvuri mahsuli hisoblanmish ustqurma elementlari yaratila boshlandi. Ibtidoiy kishilar uzini qurshab turgan tabiat kuchlarini necha-necha ming yillar davomida o`rgandi. Bu davrda kishilarning ko`pdan-ko`p avlodlari almashindi. Ibtidoiy kishilarning hayoti og'ir bo`lgan. Ular tomonidan yaratilgai qadimgi madaniyat qanchalik sodda bo`lmasin, u texnika, xo`jalik ijtimoiy asosga ega bo`lgan. Madaniy boyliklar yaratish oddiydan asta-sekin yuqori va murakkab shakllarga o`ta borib bu madaniyat muntazam ravishda o`sib bordi. Eng sodda qurollar yasash bilan inson o`zini yaratdi va o`zi bilan hayvon o`rtasiga chegara qo`ydi. Bu esa insonning tabiat ustidan hukmron bo`lishida birinchi qadam bo`ldi. Hozirgi davrda fanda ibtidoiy odamlarning eng avvalgi vakillaridan birini Pitekantrop deb ataladi. Pitekantroplarning qoldiqlari dastlab Yava orolidan topilgan. Birmuncha vaqt o`tgandan so`ng Xitoyning Pekin shahri yaqinidagi g'ordan S i n a n t r o p («Xitoy odami»)ning qoldiqlari topilgan. Bu erdan 40 ga yaqin sinantroplarning suyaklari bnlan birga juda sodda tosh qurollari, sinantropga ovqat bo`lgan hayvonlarning suyaklari va nihoyat ularning olovdan foydalanganliklarini ko`rsatuvchi kul qoldiqlari topilgan. Odamning rivojlanishidagi keyingi bosqich NEANDERTAL bosqich deb nomlanadi. Germaniyaning Neandertal' shahri yaqinidan topilgan odam qoldiqlari nomi bilan yuritiladi. Respublikamiz xududidaga Teshik tosh g'oridan (Surxondaryo viloyati) ham 12 -yoshli neandertal bolaning qoldiqlari topilgan. Odamga qurol va yaroq ishlash uchun xizmat qilgan birinchi material tosh, ya`ni chaqmoqtosh yoki unga yakin mineral. jinslar, xususan oqtosh (kvarts) bo`lgan. Chaqmoqtosh er sharining barcha erida juda keng tarqalgan bo`lib, bu mineralda juda ham muhim ahamiyatga ega bo`lgan uch xususiyat—qattiqlik, yupka bulakchalarga bo`linib ketish va kosuzchi o'tkir chirralar mavjud bo`lgan. Agar tabiatda shu chaqmoqtosh bulmaganda, insoniyatiing boshlang'ich tarixi qandaydir boshqa yo`l bilan ketishi mumkin edi. Dastlabki qurol uchun yog'och ham material xizmatini o`tagan, lekin undan toshga nisbatan keyinroq foydalanilgan. Yog'och qurollar yoki qurollarning yog'och qismlari tosh qurollari kabi erda uzoq vaqtgacha saqlanishi mumkin bo`lmaganligi uchun arxeologiya yog'ochdan foydalanishning ilk namunalarini ko`rsatib bera olmaydi.

Ibtidoiy odamlarga tegishli bo`lgan qoldiqlar madaniyat va texnikaning uzluksiz o`sib borganligidan dalolat bradi. Bu birin- ketin keladigan bosqichlar er sharining turli joylarida topilgan muayyan tipdagi odam faoliyatining qoldiqlariga qarab aniqlanadi va fanda bu qoldiqlar «madaniyat» deb nomlanadi.

Bu madaniyatlar dastlab topilgan joylarning nomi bilan atalib, ular ana shu madaniyatniig eng tipik yodgorliklaridan iborat bo`ladi. Ibtidoiy davr madaniyatining eng oddiy bosqichi SHELL' madaniyatidir.bu madaniyat Shimoliy Fransiyaning Shell' shaharchasi nomi bilan ataladi. Bu davr mexnat qurollarining asosiy turi uzunligi 10 sm.dan 20 sm.gacha, og'irligi 500 grammdan 1kg.gacha bo`lgan anchagina katta xajmli, bodom shaklidagi, har ikki tomoni tosh bilan qupol ravishda tarashlangan tosh bo`lagidir. Bu qurol «qo`l cho`kichi», «qo`l chopqichi» va «qo`l boltasi» vazifasini bajargan. Ibtidoiy davr madaniyatining keyingi bosqichi Evropaning ko`p erlarida va shuningdek, Afrika va Osiyoda ma`lum bo`lgan va bir umumiy nom ASHEL' (Shimoliy Frantsiyadagi Sant-Ashel' degan joy nomi) deb ataladi. Bu madaniyat mehnat qurollarining .hajmi bir muncha kichiq shakli ancha to`g'ri, o`tkir, qirralik bo`lganligi bilan xarakterlanadi. Bu madaniyat manzilgohidan tosh qurollaridan tashqari odamlarning turmushiga oid boshqa belgilarning - mamont, karkidon kabi yovvoyi xayvonlarning kuplab suyaklari, shuningdek olov izlari topilgan.

Ibtidoiy davrning uchinchi bosqichi Frantsiyaning janubi—g'arbida joylashgan qishloq va g'or nomi bilan ataluvchi MUST'E madaniyati o`rta paleolit davriga mansubdir. Teshiktosh g'oridan topilgan neandertal' bolaning qoldiqlari ham ana shu Must'e madaniyatiga tegishli. Bu bosqich mehnat qurollarining sezilarli darajada o`sganligi bilan xarakterlanadi. Bu madaniyatning asosiy quroli uchi o`tkirlangan tosh quroldir. Bu qurol nayza sifatida ham ishlatilgan. Shuningdek bu bosqichda yaratilgan mehnat qurollari safiga suyakdan ishlangan qurollar ham kelib qo'shilgan, ya'ni bu bosqichda suyakdan o'tkir uchli manda qurollar ham yasalgan. Bu manzilgohdan mamontning, karkidon, gor ayigi, yovvoyi ot, shimol bugusi va boshqalarning suyaklari hamda olov izlari topilgan.

Shell', Ashel' madaniyatlari, odatda umumiy nom bilan ilk paleolit deb ataladi. Demak, ilk paleolit davridayoq- odamlar mehnat qurollarini takomillashtirib, olovdan foydalana boshlaganlar. Bu esa insonning antropologik jarayonni bosib o'tishini tezlashtirgan va tabiat hodisalariga bo'lgan munosabatlarining sistemalashuviga olib kelgan.

Olov odam tomonidan buysundirilgan va o'z manfaatiga xizmat qilgan dastlabki tabiat kuchi bo'lgan. Natijada odam hayvonot olamida ustunlikka erishib, biologik mavjudot sifatida undan uzoqlashgan. Olovning egallanishi ilk paleolit davrining buyuk madaniy yutug'i bo'lgan. Paleolit davrining yana bir yutug'i kishi tafakkuri va nutqining paydo bo'lishidir. Tafakkur va nutq kobiliyati taraqqiyotining qudratli sharti va omili bo'lib, ular kishilikni butun xayvonot dunyosidan ajratdi. Tafakkur va nutqning vujudga kelishi odamda rivojlanishi ilk insoniy munosabatlarnnng shakllanishi va taraqqiyotining asosiy omili hisoblangan. Shuningdek, til va tafakkur taraqqiyoti - moddiy ishlab chiqarishning, ya'ni moddiy madaniyatning rivojlanishini tezlashtirgan. Olov singari til va tafakkur ham odamning hayvonot dunyosidan ajralib chiqishini tezlashtirgan.

Ibtidoiy madaniyatning keyingi bosqichi orin'yak-salyutr va madlen davrlari so`nggi paleolitga mansubdir. Bu davr o`zining neandertalga nisbatan ancha taraqqiy qilganligi bilan, ya`ni ham mehnat qurollarida, ham inson qiyofasida tub o`zgarishlarning vujudga kelishi bilan harakterlanadi.

Orin'yak-—salyutr (Frantsiyadagi ikkita joy nomidan olingan) davrida texnika sohasida must'e madaniyatiga nisbatan anchagina yuksalish ruy bergan. eng avvalo toshni ishlash yaxshilanadi. Mehnat quroli sifatida shoh va suyaklardan keng foydalaniladi. Orin'yak—salyutr madaniyati manzilgohiga xos bo`lgan joylardan topilgan tosh va suyak qurollarning shakli ular yog'och dastaga urnatilgan qurollarning asosiy qismi bo`lganligidan darak beradi. Bu texnika taraqqiyotidagi muhim davr bo`lgan. Bu davr bir necha qismdan tuzilgan qurol-yaroqlarga o`tish davri bo`lgan. Umuman olganda orin'yak—salyutr davrining barcha qurol-yaroqlari must'e davri odamlarinikiga nisbatan beqiyos boy va xilma-xil bo`lgan. Bu davrda toshdan turli. xil pichoqlar, nayzalar va nayzachalar, keskichlar, qirg'ichlar, bigizlar yasalgan.

Suyakdan ignalar yasalgan.Odamlar bu davrga kelib, qurollardan hayvonlarni o`rab, quvib, qamab, tuzoq qo`yib ushlashni o`rganganlar. O`z manzillarini ochiq joylarga qurganlar. Orin'yak—salyutr bosqichi turar-joylarning vujudga kelganligidan tashqari, o`troq hayotning boshlanganligi bilan ham xarakterlanadi. Bu davrga kelib odamlar tikishni o`rganganlar, hayvon terilaridan kiyim tikish bilan birga o`zlari yashayotgan turar-joylarning ustlarini yopishda ham foydalanganlar.

Shunday qilib bu davrga kelib odam madaniyatning yana bir boyligi — o`zining tanasini himoya etadigan kiyim-kechakka ega bo`lgan. Bu davrda nafakat olovning qoldiqlari, balki o`choq va o`ta sodda holdagi pechlarning qoldiqlari ham uchraydi.

Orin'yak—salyutr davriga oid bo`lgan maskanlardan eng sodda haykal va rasmlarniig - nusxalari xam topilgan. Bu erlardan topilgan parmalangan hayvon tishlari va boshqa ba`zi bir bezak buyumlari ham topilgan. Nihoyat, ayrim belgilar, jumladan ibtidoiy odam skletlarining quyilishi holati hamda ayrim ibtidoiy rasm va tasvirlarning mazmuni ana shu bosqichga kelib dinning paydo bo`lganligini ham ko`rsatadi. Xullas paleolit davrining sunggi bosqichlariga kelib antropogenez jarayoni tugallanib, hozirgi zamon odami paydo bo`lgan. Ana shu davrga kelib irqlar ham paydo bo`la borgan. Shuningdek bu davrda bir necha qismdan iborat bo`lgan qurol-yaroqlar ham paydo bo`lgan. Suyak va hayvon shoxlaridan material sifatida keng foydalanila boshlangan. Yirik xayvonlarni ovlash osonlashib, doimiy turar-joylar vujudga kelgan. O`troqlashib yashash o`choq va xonani isitish yo`llarining o`ylab topilishiga, tikuvchilikni yuzaga kelishiga sabab bo`lgan. Bularning barchasi ishlab chiqarish kuchlarining ancha taraqqiy etganligini ko`rsatadi. Shu bilan birga bu bosqichda tasviriy san`at, bezak buyumlari va diniy qarashlarning paydo bo`lishi ibtidoiy jamiyatning ustqurmasi shakllana borganligidan dalolat beradi.

Paleolitning orin'yak—salyutr bosqichidan keyingi madaniyat Madlen madaniyati deb nomlanadi. Frantsiyaning janubi-g'arbidadagi La Madlen degan joy nomidan olingan. Matslen madaniyati suyak za shoxdan turli buyumlar ishlab chi-karishning sezilarli darajada rivojlanganligi bilan xarakterlanadi. Bu davrda nayza otadigan qurollar va garpun paydo bo`lgan.arxeologik davrlashtirishga muvofiq, paleolitdan so'ng kupchan-kup madaniyatlar mavjud bo`lgan. Ular neolit degan umumiy nom bilan toritiladi.

Neolit ishlab chidarish kuchlarining rivojlanishi asosida kishilik jamiyatining anchagina tabatsalarga bulinish davri hi-soblanadi. Neolitning sunggi bosqichlari ma`lum darajada etnik birliklarning shakllanishuvi bilan bogliq madaniyat hisoblanadi. Shuning uchun ham neolit dazrini ilk neolit, rivojlangan neolit va so'nggi neolit deb nomlanuvchi davrlarga bo`lib o'rganilgan. Ilk neolit ba`zan, mezolit (gr. mezoz—o'rta), epialeolit (gr. Ere — sunggi) va protoneolit (gr. protoz—birinchi) deb ham ataladi.

Neolit davriga kelib o'q-yoy ibtidoiy odamning asosiy quroli bo`lib kelgan. Uning paydo bo`lishi ovchilikning rivojlanishiga turtki buldi. SHuniigdeq bu davrda madaniyat tarixida buyuk Chodioa rui bergan, ya`ni birinchi xayvon chulga urgatila boshlan-gan. eng sodda kurinishdagi sopol idishlar ishlab chiqarila boshlangan, u esa yangi ishlab chikarish ~ kulolchilikning rivojlanishiga turtki bergan. Neolit davrida kashf etilgan qurollardan yana biri bumerang bo`lib, u bir vaqtning o'zida ovchilik ham jang, Xujum, xam mudofaa, xam kul, dam otish quroli vazifasini bajargan. Bu bumerang kattich yogochning egri b'ulagidan ishlangan za aerodinamika qonuniga ko`ra harakatlangan, Bu qurol qadimgi misrliklar, avstraliyaliklar va nemislarning asosiy qurollaridan hisoblangan. Puflab otiladigan qurol ham ibtidoiy davr odamlarniig o`ziga xos kashfiyotidir. U Iidoneziyada SUMPITAN, Janubiy Amerikada esa SARBAKAI nomi bilan mashhur bo`lgan. Bu qurol bir vaqt uzida ham ovchilik ham harbiy qurol bo`lib, silliq bambuk bo`lagidan ishlangan. Unga 25 — 30 metr masofaga uchuvchi zaharlangan o`qlar solib puflangan. SHuningdek, bu davrda ham ovchilik xam xarbiy maqsadlarda ishlatiladigan SOPKON va PALAXMON kabilar xam keng tarqalgan. Bu qurollar Janubiy Amerikada, Polineziya, Osiyo mamlakatlari, shu jumladan Markazny Osiyo xalqlari orasida ham keng tarqalgan. Xullas, inson mehnati ishlab chiqarish qurollari, shuningdek, umuman madaniyat rivojlanishining asosini tashkil etadi. Ibtidoiy davrda mehnat nixoyat darajada og'ir bo`lgan. SHell' davri. odami bizning kuzimizga juda xam sodda bo`lib kurinuvchi keskichni tayyorlash uchun qanchalik mashaqqatli mehnat qilganligini tasavvur qilishimiz juda xam qiyin. Oddiy nayza, ayniqsa, bumerang, uch-yoy, tarashlangan va parmalangan bolta uzok vaqt davomida qunt "bilan mexnat qilishni talab qilgan. Ketma-ket keladigan ashell', must'e, orin'yak—salyutr va madlen madaniyatlari yirik hayvonlarni ovlash ayniqsa, rivojlanganligini ko`rsatadi. Madlen madaniyati davrining oxiriga kelib dexqonchilik bilan bir qatorda ovchilik ham keng rivojlana boshlagan. Ibtidoiy ovchilikning dastlabki paydo bo`lgan vaqtlaridayoq turli xil ommaviy ov usullari bir tomondan, hayvonni o`rab olish, quvlash, ikkinchi tomondan esa turli xil tuzoqlar qopqog'iga o`xshash ovchilik qurollari, qush ovlaydigan turlar juda katta axamiyatga ega bo`lgan ibtidoiy ovchilikda xayvon yoki qush tovushiga taqlid qilish yoki o`sha ov qilinayotgan xayvon terisinn yopinib unga yaqinlashish ancha keng tarqalgan. Ashell' davridan boshlab qo`lga o`rgatilgan it endi odamning ov vaqtidagi sodiq yordamchisi va yo`ldoshiga aylangan. Itning qulga o`rgatilishi odamga uch tomondan foyda keltirgan, birinchidan, it ovda juda asqotgan bo`lsa, ikkinchidan, it inson yashaydigan manzillarni qo`riqlagan, xavfdan ogox qilgan, uchinchi tomondan esa ayrim qabilalarning ko`chib yurishi paytida transport vazifasini o'tagan.

Dehqonchilik iqlim sharoitiga qarab turli joylarda turlicha davrlarda rivojlangan. Masalan, iqlim mu`tadil va janubiy xududlarda esa birmuncha keyinroq rivojlangan. Arxeologik izlanishlar dehqonchilik paleolitdayoq, aniqrog'i orin'yak-salyutr davrida paydo bo`lganligini ko`rsatadi. Dexqonchilikda motiga (ketmon vazifasini bajaruvchi qurol).tayoqlar, belkuraklar,toshdan yasalgan boltalardan keng ko`lamda foydalanilgan. Dehqonchilikning yanada yuksalishiga yovvoyi hayvonlarning qo`lga o`rgatilishi muhim ahamiyat kasb etgan. Qo`lga o`rgatilgan hayvonlar kishilarga juda katta foyda keltirgan. Birinchidan ulardan qo`shimcha mehnat kuchi sifatida foydalanilgan bo`lsa , ikkinchidan uy sharoitida o`rgangan hayvonlar o`zidan nasl qoldirgan. Ayrims hayvonlar hatto oziq-ovqat vazifasini ham o`tagan .Xar xil xayvon turlarini xonakilashtirish juda mashaqqatli ish bo`lgan va bu jarayon uzoq vaqt davom etgan. Chunki er yuzida yashagan 140 ming xayvon turidan bor-yo`g'i 47-turinigina xonakilashtirganlar. Uy xayvonlarini urchitib ko`paytirish xo`jalikning muxim tarmog'iga aylangan. Uy xayvonlari odamga go`sht, teri, jun, yog', suyak, sut bergan, yuk tashigan va erni haydagan va nixoyat o`g'it bergan. Odamning eng dastlabki turar-joylari g'orlar va daraxtlarning kavaklari bo`lgan. Paleolit davriga oid arxeologik yodgorliklar ham kishilarning turar-joylari g'or bo`lganligini tasdiqlaydi. Tasmaniyaliklar daraxt kavaklarida yashaganlar. Lekin g'orlar xam, daraxt kovaklari xam tabiat tomonidan berilgan tabiiy boshpanadir. Ulardan foydalanish madaniyat tarixida tarakchiyot xodisasi xisoblanmaydi. Chunki madaniy taraqqiyot kishi mehnati natijasida vujudga keltirilgan u yoki bu predmet orqali belgilanadi. Ibtidoiy odamlarning turar-joylari xilma-xil bo`lib, ularning rivojlanishi uch bosqichga bo`linadi. Insoniyatning eng dastlabki turar-joylari shamolni tusib turadigan g'or va erdan kavlangan o`radan iborat bo`lgan. Masalan, tasmaniyaliklar, avstraliyaliklar va boshqa bir qator qabilalarning eng asosiy boshpanasi daraxt shoxlari bilan to`silgan g'or bo`lgan. Bir muncha vaqt o`tgandan so`ng er usti va er osti turar-joylari paydo bo`la boshlagan. Chayla er usti boshpanasi hisoblangan bo`lsa, er to`la er osti boshpanasi bo`lgan. Chayla va kapalar asosan xoda, shox-shabba, barg, loy, pustloq, poxol, teri va boshqalardan qurilgan. Keyinchalik chayla va kapaning takomillashuvi kigiz o`tovlarning vujudga kelishiga olib kelgan. Er tula qadimgi kishilarning erni kazlab undan boshpana sifatida foydalanishidir.

Nihoyat, turar-joylarning rivojlanishidagi uchinchi bosqichda loy devorli uylar paydo bo`la boshlaydi. Natijada qadim ajdodlarimizning muqim qarorgohlari - qishloqlar va keyinchalik shaharlari vujudga kela boradi.

So'nggi neolit davriga kelib g'ildirak kashf etilgan. G'ildirak dastlab yaxlit yog'och doiradan iborat bo`lgan. Qadim ajdodlarimiz qayiqni kashf etgunlariga qadar, suv ustida oqib ketayotgan daraxtlardan foydalanganlar. Keyinchalik ikki yoki bir qancha daraxt tanasini bir-biriga bog'lab, sol yasaganlar. Vaqtlar o`tishi bilan yog'ochni o`yib qayiq yasaganlar, hayvon terilaridan qayiq yasashda keng foydalanganlar.                    Tafakkur dastlabki vaqtlarda qanchalik chegaralangan bo`lmasin, ma`lum darajadagi xulosalar, tushuncha va tasavvurlar ifodasi bo`lib, kuzatish va tajribaning maxsuli sifatida vujudga kelgan. Birgalashib mehnat qilish, kuzatish, tajriba, ong, tafakkur, fikr, til tushuncha, bilim — bularning barchasi uzaro ajralmas aloqada bo`ladi hamda bir-birini taqozo qiladi va odamni hayvondan ajratuvchi, uni tabiat ustidan g'olib qiluvchi belgilardir. Bularning barchasi madaniyatning g'olibona taraqqiy etishi uchun asos bo`lgan.

Mehnat jarayonida kuzatish va tajriba orttirish natijasida yangidan-yangi tasavvurlar va tushunchalar paydo bo`lgan, tafakkur xam, til xam rivojlangan. Yangi so'zlar paydo bo'lib, suzlarning ma`naviy mazmuni boyigan, grammatik shakllari rivojlanib borgan.
Fikrni anglatishning sodda usullaridan biri — «signallar tili» hisoblanadi va biron bir xabarni belgilar yordami bilan nfodalash vazifasini bajaradi. Masalan, avstraliyaliklar uz joylarini tashlab ketganlarida oyoqlari bilan qumga chiziq chizganlar va chiziqning uchiga xivich tiqib qo`yganlar. "Chiziqning yo`nalishi va uning uzunligi shu

guruxning qaysi tomonga va qancha masofaga ketganligini ko`rsatadi. Bu belgi guruhlarining kechikib qolgan a`zolari va mehmonlar uchun qilingan.: «Signallar tili»ga turli xil belgilar—egilgan yoki sindarilgan novdalar. alohida quyilgan toshlar, ovlanadigan o`ljani ko`rsatish, dushmanning paydo bo`lishi yoki xavf-xatardan ogoh qilish kabi turli xil belgilar kirgan. Bu signallar ba`zan ma`lum marta qichqirish, ko`pincha sun`iy tovush chiqarish, masalan, baraban chalish yordami bilan, shuningdek olov yoki tutun va boshqalar yordami bilan berilgan.

Biror xabar, fikr yoki tuyg'uni ifodalash uchun ma`lum bir buyumni sovg'a qilishni «ramziy fikrlar tili» yoki signallar tiliga kiritish mumkin. Masalan, Shimoliy Amerika hindlarida tomagauk (suyil) yuborish urush e`lon qilishning ramziy belgisi xisoblangan. Tomagauk dushmanga alohida elchi bilan yuborilgan, u tomagaukni dushmanga olib borib, erga qo`ygan. Agar karshn tomon tomagaukni erdan ko`tarsa, urishishga rozi ekanligi bildirilgan. Xullas, «signallar tili» muhim madaniy-tarixiy rol' uynagan, xususan xarbiy va. mudofaa ishlarida muxim ahamiyat kasb etgan. Ibtidoiy meditsina davolashning folbinlik, sehrgarlik va jodugarlik usullariga asoslangan. Lekin juda qadim zamonlardayoq ayrim usimliklarning, mineral moddalarning davolash xususiyati kashf etilgan. etnografik ma`lumotlarga kura, maxsus tayyorlangan tarkibiy dorilardan ham masalan, nastoykalar, qaynatma dorilar, suriladigan va kukun holidagi dorilarni ishlatganlar. Qustiradigan va ich bushashtiradigan vositalar qullanilgan. Silash va uqalashdan keng kulamda foydalanilgan, sovuq va issik gidroterapeyani xam yaxshi bilganlar, parxezning ahamiyati ham ma`lum bo`lgan. Ibtidoiy davrda kichik va katta xirurgiya, ochishni tuxtatish, qon olish usuli, badandagi ortiqcha to`siklarni olib tashlash, singan joylarni tuzatish, xatto amputatsiya dam ma`lum bo`lgan. Hammom ham ibtidoiy davrda kashf etilgan.

Ibtidoiy odamning to`plagan bilimi qanchalik bo`lishidan qat`iy nazar, u xali bilmagan tabiat xodisalari mavjudligicha qolgan. Kishilar sababini bilmaydigan bu xodisalar ularning xayoti uchun muhim axamiyatga ega bo`lgan va uz navbatida uni bilish talab qilingan, SHu sababli ibtidoiy odam bu sohadagi kamchiliklarni to`ldirish, uzining ojizliklari o`rnini tuldirish, o`z tajribalaridan chekkada qolgan hodisalarga javob topishga urina boshlagan. Natijada jumboq bo`lib tuyulgan tabiat hodisalariga qarama-qarshi tasavvur va tushunchalarni yarata boshlaganlar. Diniy tasavvurlar ishlab chiqarish kuchlari va jamiyat taraqqiyotida urug'chilik tuzumi paydo bo`lgan bosqichda vujudga kelgan.

Ibtidoiy odam uzini tabiatdan ajratmaydi va tabiat kuchlari hamda hodisalari bilan aynan bir narsa deb hisoblaydi. Ibtidoiy jamoa tuzumi davridagi diniy tasavvurlarning ilk shakllari quyidagilarga bo`linadi:

a) animizm; b) totemizm; v) magiya (afsungarlik, sexrgarlik); g) fetishizm; d) shomonizm.

ANIMIZM. Ingliz olimi Eduard Taylor tomonidan fanga kiritilgan. Animizm — bu kishi ruhining mavjudligiga isho-nishdir. Animizm tabiatdagi buyumlarni ilohiylashtiradi, har bir jismda rux bor, tanadan tashqarida ham jon bor deb hisob-laydi. Ibtidoiy odamlar uyquni jonning tanani vaqtincha tashlab ketishi, tushni esa kishi uxlab yotganida boshqa uzoq joydagi kishilarning yoki o`lgan kishilarning joni bilan uchrashuvi deb tushunganlar. Dastlabki animisgik tasavvurlar jonni soya yoki nafas bilan aynan bir narsa deb bilar edilar. Masalan, Shimoliy Amerika xalqlarida soya bilan jon, qadimgi arablarda, yaxudiylarda jon bilan qon, Grenlandiyada esa nafas bilan jon bitta nom bilan ataladi.

TOTEMIZM — «uning urug'i» ma`nosini anglatadi va odam kupincha qandaydir bir hayvon yoki o`simlik bilan, ba`zan jonsiz narsa bilan hatto tabiat hodisalari bilan aloqasi borligi to`g'urisidagi tasavvur hamda e`tiqoddir. Totem hisoblangan hayvonni o`ldirish mumkin bo`lmagan. Agar o`ldirish zarur bo`lsa, albatta, undan uzr so`raganlar. Uii o`ldirganliklari uchun ularning gunohini kechirishni iltijo qilib so`raganlar. MAGIYA

(SEHRGARLIK, AFSUNGARLIK) - insonga, hayvonga yoki tabiat hodisalariga g'ayri tabiiy yo`l bnlan ta`sir ko`rsatish maqsadida bajariladigan hatti-harakatlar. Buyum va xodisalarning afsonaviy kuchga ega ekanligiga ishonish baxt keltiruvchi yoki turli xil balo - qazolardan saqlovchi har xil buyumlar va tilsimlarning paydo bo`lishiga, yaxshilik va yomonlikdan iborat turli irim-sirim xamda harakatlarnivg kelib chiqishigap sabab bo`lgan. Biror kishiga qilinayotgan hatti-harakatda o`sha shaxsga tegishli bo`lgan narsalar (uning sochi, tirnog'i, kiyimi) ustida afsun qilish, masalan, kuydirish yoki boshqa irimlar (kinna) juda samarali natija beradi deb hisoblaganlar.

Odamlar quyoshning chiqishi, yomg'irning yog'ishiga sehrgarlik yordamida ta`sir qilish mumkin, degan tasavvurga ega bo`lganlar.

FETISHIZM - moddiy predmetlardagi g'ayritabiiy xususiyatlarga ishonish, jonsiz narsalarga sig'inishdir. Ibtidoiii odamniig ongida xar xil moddiy buyumlarning tosh, daraxt, usimlik keyinchalik turli xayvonlarning suyagi, pati, tumor, sanam va boshchalarda g'ayri tabiiy kuchlar bor, degan xayoliy tasavvurlar paydo bo`lgan.

SHOMONIZM — ibtidoiiy jamoa tuzumi emirilish davrida paydo bo`lgan qadimgi diniy e`tiqodlardan biri. Shomonizm — bu kishilar orasida guyo turli ruhlar bilan munosabatda bular ruxoniylarning qobiliyatiga ishonishdir. Kishilarning tasavvuricha go'yo ruxlar shomonlarga xizmat qiladi, uning turli topshiriqlarini bajaradi, xatto shomon yovuz ruxlar bilan jang ham qila oladi, deb hisoblaganlar. San`at ham kishilik jamiyatining ilk bosqichlari ibtidoiy odamning tabiat xodisalariga bo`lgan munosabatlari natijasida paido bo`lgan ma`naviy madaniyatning asosiy elementlaridan biridir. San`at odamning estetik sezgisi, uning ma`naviy rivojlanishi jarayonida, tabiatga xos bo`lgan takomillikdan, guzallik va oxangdorlikdan ta`sirlanish, odam uz mexnati bilan yaratgan narsalarda tabiatning sifatlarini ko`rsata boshlaganida va o`z sezgisi hamda fikrlari hayotning turli xil voqealarini ifodalay boshlagan davrlarda vujudga kelgan.

Ibtidoiy san`at va uning barcha turlarining umumiy maibai mehnatdir, odamning mehnat faoliyatidir. Ibtidoiy san`at va uning barcha turlari uz moxiyati, mazmuni buyicha odamning mehnat faoliyati bilan bog'liq bo`lgan sezgisi, kayfiyati va fikrlarini ifodalash shaklidan boshcha narsa emas.

Orn'yak — salyutr bosqichiga kelib, tasviriy san`at vujudga kela boshlagan. Toshga, suyakka juda sodda kurinishdagi sur`atlar tasviri tushirila boshlagan. Agar usha davrda ibtidoiy odamlar tomonidan ishlangan suratlarga nazar tashlansa, ko'proq hayvonlar va noaniq aks ettirilgan insonlar tasvirini kuramiz, Madlen bosqichiga kelgach tasviriy san`at asarlari bir muncha mukammallasha borgan. Neolit davri tasviriy san`ati asosan turli xil shakllarga boy bo`lgan manzarali tasvir yuli bilan rivojlanadi. Bu davrga kelib, odamga xizmat qiluvchi, hatto kundalik turmushda ishlatiladigan oddiy buyumlarni, chunonchi, loydan ishlangan idishlarni ham buyashga harakat qilishgan. Kiyimlar, uy jihozlari, qurollarga ham turli xil, ba`zan juda chiroyli naqshlar solingan.

Musiqa san`ati mehnat jarayonida paydo bo`lgan. Ashula ham ish vaqtida chiqadigan ovozlardan va odamning harakatdagi ritmlik bilan chambarchas bog'liq holda paydo bo`lgan, ya`ni ashula dastlab ritmga solingan nutadan iborat bo`lgan. Uning eng dastlabki sodda shakli rechitativ ko`rinish kasb etgan. Demak, ibtidoiny qo`shiqdagi asosiy narsa ritmdir, shuning uchun ham sodda qo`shiqlarning so`zlari ko`pincha ayrim tovush va suzlarni qayta-qayta takrorlashdan nboratdir.

Ko`y esa birmuncha keyinroq paydo bulgan. Ibtidoiy davrda cholg'u asboblarn unchalik rivojlanmagan. eng qadimgi musiqa asboblarining barcha turlari — urib chalinadigan, puflab chalinadigan, keyinchalik simlik (kamon yoyining tebranishiga asoslangai xolda paydo bo`lgan) musiqa asboblari vaktlar o`tishi natijasida vujudga kela borgan. Raqs san`atining paydo bo`lishi, ham uziga xos xususiyatga ega. Sodda raqs faqat gimnastika xarakteriga ega ekanligiga hech shubha yuq. Ovga yoki boshqa bir grabila ustiga yurish oldidan tushiladigan rakslar jismoniy tarbiya va mashq yoki o`ziga xos ichki junbushga kelish yo bo`lmasa qo`zg'alish xarakteriga ega bo`lgan. SHuningdeq ibtidoiy raqslar afsungarlik va totemistik tasavvurlar bilan ham bog'liq bo`lgan. Raqs tushganda ashula yoki musiqa chalinadi. Ko`p kabilalarning tilida ashula va raqs bir so`z bilan ifodalanadi. Madlen davriga oid bo`lgan suratlarda raks kiyimi kiygan va raks tushib turgan odamlarning tasvirlari uchrab turadi. Demak, raqs yuqori paleolit davridayoq vujudga kelgan.

Sodda raqsdan san`atning yana bir turi—drama kelib chiqishi hakikatdan ham, qoloq kabilalarning rakslari ko`pincha chinakam tasviriy mazmunga ega va pantomima — suzsiz drama san`atining nlk shakllarini ifodalaydi.- Kupgina xalqlarda ekishdan tortib to yig'im-terimgacha bo`lgan butun dehkonchilik jarayonini ifodalovchi ashulalarga cholg'u asboblari jo`r bo`ladi. Shu bilan birga raqs tushilib, o`sha jarayonlar dramatik ravishda ifodalanadi. Ibtidoiy davrda ogzaki ijodi—folklor (inglizcha, fol'k—xalq, lore - ijodiyot so`zidan olingan) keng rivojlangan, Uning eng dastlabki turi utmish haqidagi rivoyatlar hisoblangan. ertak alohida rivojlangan bo`lsa, doston, topishmoq maqollar bir muncha keyinrok — inson miyasining keyingi taraqqiyoti mahsulidir.

Xulosa qilib aytganda, ma`naviy madaniyatning turli-tuman elementlari kishilik jamiyati moddiy hayotining tarakqiyotiga bevosita bog'liq bo`lib, ishlab chiqarish kuchlarining rivoji va tabiat hodisalariga bo`lgan munosabatlarning chuqurlashuviga bevosita bohliq bo`lgan. Kishilarnitsg moddiy ehtiyojining oshishi natijasida mehnat unumdorligini oshirishga bo`lgan intilish hamda shu paytgacha jumboq bo`lib turgan tabiat hodisalarining asl mohiyatini ochishga bo`lgan urinishlar ma`naviy madaniyati tashkil etuvchi turli xil elementlarning vujudga kelishiga sabab bo`lgan.

2-§ QADIMGI MESOPOTAMIYA (SHUMER,AKKAD, OSSURIYA, BOBIL)

Maktablar. Qadimgi Shumer va keyingi Bobil maktablarida asosan davlat va ibodatxonalar uchun kotiblar tayyorlangan. Maktablar ta'lim va madaniyat o`chog`i bo'lgan. Maktabda asosan shumer tili va adabiyoti o'qitilgan. Yuqori sinf o'quvchilari kelajakda tor mutaxassislashuvga qarab grammatika astronomiya va matematikadan bilim olganlar. O'zini fanga bag`ishlamoqchi bo'lgan o'quvchi bo'lsa huquq, astronomiya, tibbiyot va matematikani o'rgangan. Maktabda jismoniy jazo keng qo'llanilgan. Mesopotamiya maktablari o'quvchilarining sinf xonasida fanlarni o'rganish uchun loy taxtachalarda yozgan mashq matnlari bizgacha yetib kelgan.

Kutubxona. Bobil va Osuriya madaniyatining eng muhim yutuqlaridan biri kutubxonalar edi. Er. avv. II ming yillikdan boshlab Ur, Nippur shaharlarida adabiy va ilmiy matnlardan iborat ilk kutubxonalar paydo bo'ladi.

Qadimgi Sharqning eng mashhur kutubxonasi Ashshurbanipalning (er.avv.669-635 yillar hukmronlik qilgan) Nineviya shahrida to'plangan 30.000 taxtachadan iborat kutubxonasi bo'lgan.

Loy taxtachalarga podsho annallari, muhim tarixiy

30

voqealar xronikasi, qonunlar to'plami, adabiy asarlar va ilmiy matnlar yozilgan. Ashshurbanipal kutubxonasining alohida ilmiy qimmati shundaki, bu kutubxonada dunyoda birinchi marta kitoblar tizimli to'plangan va ma'lum tartibda joylashtirilgan. Ko'pgina kitoblar bir necha nusxada mavjud. Katta matnlar bir xil hajmdagi loy taxtachalarda bayon qilingan. Shunday matnlar qirqdan yuztagacha taxtachaga yozilgan. Har bir taxtachada undan foydalangandan so'ng o'z o'rnida qaytarish imkonini bergan tartib raqamlari qo'yilgan.

Arxivlar. Qadimgi Mesopotamiya arxivlar makoni bo'lgan. Eng qadimgi arxivlar er.avv. III ming yillikning birinchi choragiga tegishli. Bu davrda arxiv ma'lumotlari yozilgan taxtachalar namlikdan saqlash uchun mumlangan savatlarda saqlangan. Er.avv. XIX asrga oid Ur shahri arxivi maxsus xonada yog`och tokchalarida saqlangan. Er.avv. XVIII asrga oid boy arxiv Mari podshosi saroyidan, Uruk shahridan er. avv. VIII-VI asrlarga oid 2500 xo'jalik hujjatlari arxivi topilgan.

So'z janri. Shumer adabiyotiga oid epik asarlar, afsonalar, madhiya, doston, ertak va maqollar to'plami bizgacha yetib kelgan. Shumer shahrini qo'shni qabilalar hujumlari natijasida halokati to'g`risida ma'lumot beradigan asarlar alohida o'rin tutadi. «Ur shahri aholisining falokati motam yig`isi» (er.avv. XX asr oxiri) asarida ayollar, qariyalar va bolalarning ochlikdan qiynalishi, yong`indan qolgan uylarda halok bo'lganlarni tafsilotlari batafsil tavsiflagan.

Shumer adabiyotining eng mashhur-namunasi afsonaviy qahramon Gilgamesh to'g`risidagi epik afsonalar to'plamidir. Bu asar akkad tilida qayta ishlangan nusxada to'laroq ko`rinishda Ashshurbanipal kutubxonasida topilgan. Er.avv. II ming yillik oxirida Bobilda akkad tilida yozilgan falsafiy mavzudagi «ha men donolik ilohini sharaflayman» asari saqlanib qolgan. U aybsiz, mashaqqat chekkan kishining shafqatsiz taqdiri to'g`risida hikoya qiladi.

Shu mavzuga yaqin «Bobil teodisiyasi: (so'zma-so'z tarjimasi, «xudoni oqlash») poemasi er.avv. IX asrda paydo bo'lgan. Uning muallifi podsho saroyida koxin bo'lib xizmat qilgan, Esagil kuni-Ubbib nomli kishi bo'lgan. Asarda bobilliklarning qiziqtirgan diniy-falsafiy g`oyalar o'z aksini topgan. Er.avv X asrga oid «Qul menga bo'ysun» asari hayotga umidsizlik ruhida yozilgan. U xo`jayinning o'z qo'li bilan dialogi tarzida yozilgan.

Katta badiiy qiymatga ega bo'lgan Osuriya annallari osur jangchilari bo'lgan begona davlatlar tabiati to'g`risida ritmik tilda yozilgan. Eng mashhur Osuri asari bu Osuriya podsholarining dono kotibi va maslahatchisi Axikar to'grisidagi qissadir. Kissa to`liqroq holda suriya tilida saqlanib qolgan.

Yozuv. Mesopotamiya – jahon sivilizasiyasi va qadimgi shahar madaniyatining ilk o`choqlaridan biri. Bu madaniyatning ilk asoschilaridan biri shumerlar bo'lib, ularning yutuqlarini bobilliklar va osuriyaliklar o'zlashtirib, davom ettirdilar. Mesopotamiya madaniyatining manbalari er. avv. IV ming yillikda shaharlar paydo bo'lishi bilan boshlandi. Uning uzoq yashash davrida unga xos ichki birlik, an'analarni merosiyligi, uning unsurlarining ajralmas aloqasi saqlanib qoldi. Mesopotamiya madaniyatining boshlang`ich davri o'ziga xos yozuvning shakllanishi bilan belgilanadi. Keyinchalik bu yozuv mixxatga aylanadi. Mixxat Mesopotamiya sivilizatsiyasining asosiy ildizi bo'lib uning barcha jihatlarini birlashtirgan an'analarini saqlab qolish imkoniyatini berdi.

Er.avv. IV-III ming yilliklarda shumer yozuvi paydo bo'ldi. Taxminlarga ko'ra bu yozuv shumerlar Mesopotamiyaga kelganga qadar noma'lum xalq tomonidan kashf qilingan. Shumerlar bu yozuvni sivilizasiya xizmatiga qo'ydilar.

Dastlab shumer yozuvi piktografik shaklda alohida buyumlar, tasvirlar tarzida ifodalangan. Shunday yozuvdan eramizdan avvalgi III ming yillikdan boshlab foydalanilgan. Piktografiya juda sodda bo'lib, haqiqiy yozuv emas edi, u so'zlarni ifodalamas edi. Sekin-asta u mixxatga aylandi. Mixxatga 600 belgi bor edi.

Er. avv. XXIV asrda ilk batafsil yozilgan shumer matnlari paydo bo'ldi. Akkad tili janubiy Mesopotamiyada er.avv. III ming yillikning ikkinchi yarmida paydo bo'ldi. Shumer va akkad tillari bir-biridan ko'pgina so'zlarni o'zlashtirib oldi. Er. avv. III ming yillikning oxirida qadimgi Shumer–akkad lug'atlari tuzilgan. Shumer yozuvi keyinchalik shumer–akkad yozuvini butun Old Osiyo xalqlari o'zlashtirib oldilar.

Akkad tili Old Osiyo xalqaro diplomatiya tiliga aylandi. Qadimgi Meosopotamiyada loy mo'l-ko'l edi. Loy taxtacha yozuv uchun asosiy manba bo'lib, xizmat qildi. Taxtacha loydan yasalib tuzlardan kuydirish yo`li bilan tozalangan. Mesopotamiyada o'rmon bo'lmaganligi sababli, faqat eng muhim matnlar yozilgan loy taxtachalar (podsho yozuvlari, kutubxonada saqlanishi lozim bo'lgan asarlar) kuydirilgan. Qolgan taxtachalar oftobda quirtilgan. Odatda, taxtachalar yetti-to'qqiz sm. uzunlikda bo'lgan. Yozuvlar ba'zida tosh va metall taxtachaga ham yozilgan.

Er.avv. I ming yillikda bobillik va osuriyaliklar yozuv uchun teri va chetdan keltirilgan papirusni ishlata boshlaganlar. Shu vaqtni o'zida Mesopotamiyada yog`ochdan qilingan uzun taxtachaga mum surtib mixxat belgilarini tushirganlar. Er. avv. VII asrdan boshlab oromiy tili va yozuvi kirib kelgan paytda mixxat yozuvlari o'limga yuz tutdi.

Din. Qadimgi Mesopotamiya mafkuraviy hayotida din hukmron o'rin egallagan. Er.avv. IV-III ming yilliklar chegarasida Shumerda batafsil ishlab chiqilgan, keyinchalik Bobilda o'zlashtirilib, rivojlantirilgan teologik tizim yuzaga keladi. Har bir shumer shahri o'z xudo homiysiga ega bo'lgan. Bundan tashqari, umumshumer shaharlari sig`ingan xudolar bo'lgan. Bu osmon xudosi Anu, yer xudosi

Enlil, suv xudosi Enki yoki Ea kabi ilohlar tabiat stixiyasi kuchlarini aks ettirganlar. Ko'pincha ular koinot jismiga o`xshatilgan. Har bir xudoga alohida vazifa yuklatilgan. Enlil taqdir xudosi, shaharlar asoschisi hamda motiga va omoch kashfiyotchisi, quyosh xudosi Utu (Akkad mifologiyasida Shamash), Oy xudosi Ninnar, Enlilning o'g`li sevgi va hosildorlik xudosi Innana (Bobil va Osuriya panteonida Ishtar) abadiy hayot, tabiat xudosi Dumuzi (Bobilda-Tammuz) keng tarqalgan.

Urush xudosi kasallik va o'lim xudosi Nergal (Marsen) sayyorasiga o`xshatilgan. Bobil bosh xudosi Marduk – Yupiter bilan Nabu (Mardukning o'g`li) donolik, yozuv va hisob xudosi Merkuriy sayyorasiga o`xshatilgan.

Xudolardan tashqari, ko'p sonli ezgulik devlariga sig`inilgan. Turli xil kasalliklar sababchisi bo'lgan yovuz devlarni rahmdil qilishga harakat qilganlar. Devlar yarim odam, yarim hayvon tarzida tasvirlanganlar. Odamlar o'zlarini odam boshli, qanotli ho`kiz sifatida ifodalaganlar. Qanotli ulkan haykallar Osuriya podsholari saroylari kirishini qo`riqlaganlar.

Shumer va akkadlar u dunyoga ishonganlar. Ularning tasavvurida u dunyo soyalar podsholigi qaysiki, o'liklar ochlik va chanqoqlikdan qiynaladilar. Loy, chang bilan ovqatlanadilar. Shuning uchun marhumlarning bolalari ularga qurbonlik keltirishga majburdirlar.

Ilmiy   bilimlar. Qadimgi Mesopotamiyada

dunyoning ilmiy bilishda ma'lum yutuqlarga erishildi. Bobilda ayniqsa, matematika fanlari amaliy maqsadlar uchun yuzaga kelib, yuqori darajada rivojlanadi. Qadimdayoq, bobilliklar zikkuratlarning yuqori qavatlaridan turib osmon jismlarini muntazam kuzatganlar. Ana shu ko'p asrlik kuzatishlari natijasida matematik-astronomiya vujudga keldi. Astronomlar yulduzlar o'rtasidagi masofani astronomik hisob-kitob qilganlar. Bobilda ko'p sonli astronomik jadvallar vujudga kelgan. Shu davrda Bobilda mashhur astronomlar Naburian va Kiden yashaganlar. Naburian oy fazalarini aniqlash tizimini ishlab chiqdi. Kiden quyosh yilini 365 kun, 5 soat 41 minut va 41,6 sekund xisobladi. U yil hisobi davomiyligida bor yo`g`i 7 minut, 17 sekundga xato qilgan. Astronomiya astrologiya bilan bog`langan edi.

Bizgacha juda ko'p Bobil tibbiyot matnlari yetib kelgan. Mesopotamiya vrachlari chiqqan va singan suyak bo`g`inlarini davolay olganlar, lekin odamning ichki kasalliklarni davolay olmaganlar. Er. avv. III ming yillikdayoq mesopotamiyaliklar Hindistonga boradigan yo`lni, er. avv. I ming yillikda Efiopiya va Ispaniyaga boradigan yo`lni bilganlar. Bizgacha yetib kelgan xaritalar bobilliklarning o'z geografik bilimlarini tizimga solishga harakat qilganliklarini ko'rsatadi.

San'at. Qadimgi Mesopotamiyaning san'atini shakllanishi va keyingi taraqqiyotiga shumerlarning badiiy an'analari hal qiluvchi rol o`ynaydi. Tosh o`ymakorlik er.avv. III ming yillik boshlarida shakllandi. Toshga naqshlar o`yish (gliptika) er.avv.I asrigacha yuksak darajada rivojlandi. Er.avv. XXIV-XXIII asrlarda Mesopotamiya yagona davlat bo`lib, birlashgan paytda podsholarning ideallashtirilgan portret-tasvirlari paydo bo'ladi. Er.avv. II ming yillik boshlaridan qurbonlik keltirish, saroy hayoti manzaralari tasvirlangan freska san'ati rivojlanadi. Mesopotamiya san'ati er.avv. VIII-VII asrlarda Osuriya davlatining gullab-yashnagan davrida o'zining yuqori cho`qqisiga chiqadi. Bu asosan relef san'atida o'z aksini topgan. Bu davrda ulug`vor saroy va ibodatxonalar barpo qilina boshlandi.

Er.avv. I ming yillikda Mesopotamiyada yirik savdo-hunarmandchilik madaniyat markazlari bo'lgan katta shaharlar paydo bo'ladi. Mesopotamiyadagi osuk podshosi Sinaxxreb tomonidan er. avv. 705-681-yillarda qurilgan, maydoni bo'yicha Old Osiyoda eng katta shahar Osuriya poytaxti Nineviya edi. Shahar 729,7 ga yerni egallab, shaharda 170 ming aholi yashagan.

Mesopotamiyada shisha ishlab chiqarish juda erta er.avv. XVII asrda boshlanadi, temirdan foydalanish esa, kechroq er.avv. XI asrga boshlanadi. Mesopotamiyaning ilmiy bilimlari, san'ati, me'morchiligi, dini, yozuvi va adabiyoti, qadimda ko'pgina sharq xalqlari madaniyati ravnaqining o`lchov mezoni bo'lib xizmat qildi.

Qadimgi Ossuriyada moddiy madaniyat ildizlari. Qadimgi SHarq dunyosniing shimoliy qismida qadimgi Urartu,

SHumer va Akkad davlatlari bilan chegaradosh bo`lgan Osuriyaning davlat tuzumi ham eramizdan avvalgi II ming yillik oxirlari va I ming yillik boshlarida harbiy qabila demokratiyasi, oilalar pttifoqi shaklida mavjud bo`lgan, Qadimgi Osuriyada dehkonchilik ancha rivojlangan. don etishtirish bilan bir katorda bog'dorchilikka alohida ehtibor berilgan. Arxeologik qazishmalari natijaida topilgan suratlar va yozuvlarda katta-katta bog'lar mavjud bo`lganligi ko`rsatadi.

Xunarmandchilik ham qadimgi Osuriya ishlab chiqarishining asosiy turini tashkil qilgan. Xira shisha qiyomlari, yuzi yaltiroq chinni, usta guldor va turli rangdagi emal bilan qoplangan koshinlar tayerlash ancha rivojlangan. Osuriyaliklar shisha kiyomidan tinik oyna ishlab chiqarganlar.

Ossuriyada metallurgiya ham ancha taraqqiy etgan. Dur—Sharrukin (hozirgi Xorsobod) shahridan podshoh Sargon II ning juda katta saroyidan ulkan omborxona topilib, unda tsmirdan yasalgan bolg'alar, motiga (ketmon)lar, belkuraklar, omoch tishlari, pluglar. zanjirlar, qarmoqlar, ilgaklar halqalar va bosha buyumlar topilgan.

Bronzadan ishlangan arslon shaklida yasalgan nafis zargarlik b u yum lari o`sha davr texnikasining qay darajada rivojlanganligini kursatadi. Ayniqsa, eramizdan avvalgi VIII asrlarga kelib Osuriya xududida temir keng kulamda ishlatila boshlagan.

Osur podshohlari uzlari buysungan xalqlardan o`lponni temir bilan to`lashni talab qilganlar. Ossuriya madaniyatining rivojlanishiga qadimgi Shumer madaniyati kuchli ta`sir kursatgan. Buni qadimgi Osuriyaning Ashshur shahrida olib borilgan qazishmalar davrida topilgan Ishtar ibodatxonasi va undan topilgan shumeriylarga xos haykalchalar tasdiqlaydi. Shuningdek Osuriya san`ati rivojiga shumeriylar san`ati xam katta ta`sir ko`rsatgan. Osuriyaliklar mixxatni, diniy e`tiqodlar sistemasini, adabiy asarlar va san`atning xarakterli elementlarini hamda ilmiy bilimlarni Mesopatamiyaning qadimgi xalqlaridan olganlar. Ular ba`zi xudolar nomlari, ularga sig'inishni. Ibodatxonalarning me`moriy shakllarini va hatto qurilishda keng foydalanilgan g'ishtni ham qadimgi shumeriylardan o`rganganlar. Ayniqsa, qadimgi Bobil madaniyatining ta`siri eramizdan avvalgi XIII asrda osur podshosi Tukilti-Nin o'rta I Bobilni uziga buysundirgandan so`ng yanada kuchaygan. Natijada bobilliklarning diniy adabiyotlari, dunyoning yaratilishi to`g'risidagi epik dostonlar, enlil va Marduk singari qadimgi xudolarga ishlangan madxiyalar Osuriyada keng tarqalgan. Osuriyaliklar uzunlik ulchovlari va tarozilarni ham davlat idorasini tashkil etish va boshqarishni ham bobilliklardan o`rganganlar. Ossuriyalaiklarda er yuziga yomg'ir yog'diradigan osmon xudosi Adad asosiy xudo hisoblangan. Arxeologik qazishmaplar natijasida Ossuriya podshosi Ashshurbanipal saroyi xarobalari ochib o`rganilgan. Natijada saroy xarobalaridan o`zida juda ko`p miqdordagi xar xil diniy yozuvlar, adabiy asarlar va ilmiy matnlar astronomiya va tibbiyot kuzatishlariga oid yozuvlar, grammatika va leksikka oid lug'atlar entsiklopediyaning o`sha davrga oid nusxalari saqlangan kutubxona topilgan. Kutubxonaning bu boy materiallari Ossuriya madaniyatining naqadar yuksalganligidan dalolat beradi.

Bu kutubxona da saqlangan tavba qasidalari yoni «ko`ngilni taskin, toptiruvchi nolalar» Ossur adabiyotining yuksak darajaga kutarilganligini ko`rsatadi. Qadimgi Osur shoiri boshiga og'ir musibat tushgan, o`zini gunohkor va g'arib deb .hisoblagan kishining g'am-anduhlarini, ichki ruhiy kechinmalarini mazkur qo`shiqlarda mohirlik bilan poetik ruhda tasvirlay olgan.

Ashshurnazirpalning Kalah shahridagi va podshoh Sargon II ning Dur— Sharrukin shaxridagi saroylari Osuriya arxitekturasining nihoyatda yuksalganligini ko'rsatadi. Saroy devorlari ov manzaralarini kursatuvchi burtma suratlar bilan bezatilgan. Rel'ef kompozitsiyasi o`ta harakatchan (dinamik) bo`lib, chopayotgan va yaralangan sherlar haykallari jonli tasvirlangan.

Sargonning saroyi ham qadimgi shumeriylarning saroylari singari baland tepalik ustiga qurilgan bo`lib, uning balandlign 14 metr bo`lgan. Sargon saroyiniig 210 zali, 30 ta hovlisi bo`lgan. Ularda burtma suratlar, monumental xaykallar .haida ziynatlangan turli ornamentlar va koshinlardan keng foydalanilgan. Saroyga kiriladigan hashamatli darvozalarning ikki tarafiga baxaybat maxluklar va afsonalarda tasvirlanuvchi odam boshli arslon hamda qanotli hukizlarnnng haykallari o`rnatilgan. Bu haykallar guyo Saroy darvozasi qo`riqlayotgandek taassurot uyg'otgan. Shuningdek, mazkur haykallar tabiiy kuchlar ramzi hisoblangan. Saroy zallarining devorlariga saroy hayotiga oid,urush va ov lavhalarini tasvirlovchi burtma rasmlar ishlangan. Rasmlarda podshohning harbiy yurishlari va afsonaviy qahramon Gilgamesh jasoratlari tasvirlangan. Xullas, Ashshur, Kalah Nineviya, Dur-SHarrukin singari qadimgi shaharlar Osuriya arxitekturasining qay darajada rivojlanganligini ko`rsatuvchi asosiy dalildir.

Osuriyada yo`l qurilishi texnikasi nihoyatda keng rivojlangan. (yo`l qurilishi texnikasini dastlab eronliklar, so`ngra rimliklar ulardan o`urganganlar). Osuriya yo`llari nihoyatda obod bo`lgan, yo`llarga muayyan masofada belgilar qo`yilgan. Bu yo`llardan muntazam ravishda soqchilar o`tib turgan. Bu soqchilar joylarda muhim xabarlarni tezlik bilan etkazish uchun olov signallaridan foydalanganlar. Sahrolar orqali utadigan yo`llarni qo`riqlash maqsadida maxsus istexkomlar qurilib quduqlar qazilgan. Ko`priklarni ko`pincha yog'ochdan, ba`zan esa harsang toshlardan ham qurganlar. Qadimgi yunon tarixchisi Gerodot o`zining «Tarix» nomli mashhur asarida osuriyaliklar kuprik qurilishida temir va qurg'oshindan ham foydalaiganliklarini ko`rsatib o`tadi. suriyaliklarda maxsus. yo`lnomalar ham mavjud bo`lib, unda aholi yashaydigan manzillarning oraliqlari va bu masofani qancha vaqtda bosib o`tish mumkinligi ko`rsatilgan.

Birinchi «injenerlik» askariy qismlar ham qadimgi Osuriyada paydo bo`lgan. Bu qismlar tog'lardan, yo`l ochish, ko`priklar qurish hamda muntazam qo`shinlar uchun lagerlar qurish bilan mashg'ul bo`lganlar. Osuriyada qal`alar qurish nihoyatda rivojlangan. Natijada qal`alarni hujum bilan olishda ishlatiladigan «artilleriya» ko'rtaklari paydo bo`lgan. Qal`ani bunday «artilleriya» bilan qamal qilish va hujum bilan olishni tasvirlovchi suratlar Osuriyadagi saroy devorlarida saqlanib qolgan. Qamal qilingan qal`a atrofini odatda tuproqdan do`nglik qilib va xandak qazib o`rab olganlar. Qal`a devorlari yoniga taxtadan yo`l va qamal qurolini o`rnatish uchun maxsus surilar yasaganlar.

Ular devor buzadigan kamal qurollari - g'ildirakli taranlar ishlatganlar. Mazkur moslamaning devorni urib ag'daradigan qismi temir bilan qoplangan va zanjirga osilgan katta hamda yo`g'on yog'ochdan iborat bo`lgan. Osilib turgan xari (yog'och)ni askarlar tebratib qal`a devoriga urib, devorni qulatganlar. Qamalda ishlatiladigan ushbu ibtidoiy qurollar namunasini eronliklar osuriyaliklardan olganlar, keyinroq bu qurol qadimgi rimliklarga o`tgan.

Bundan ko`rinib turibdiki, qadimgi osuriyaliklarning ham moddiy, ham ma`naviy madaniyatda erishgan yutuqlari o`sha davrdagi ko`pgina xalqlar madaniy hayotiga singib borgan va keyingi davr madaniy taraqqiyotiga sezilarli ta`sir ko`rsatgan.

3-§ QADIMGI MISR MADANIYATI

Misr madaniyatining o'ziga xos xususiyatlari. Qadimgi misrliklar tuzilishi bo`yicha murakkab, mazmunan boy madaniyat yaratdilar. Bu madaniyat ko`pgina yaqin sharq xalqlarining madaniy taraqqiyotiga hayotbaxsh ta'sir ko`rsatdi.

Misr madaniyati to`rt ming yil davomida shakllandi. Qadimgi Misr madaniyatining taraqqiyotini nima belgiladiq Birinchi navbatda, Qadimgi Misr ijtimoiy iqtisodiy taraqqiyotining o'ziga xos xususiyatlari, Nil vodiysining o'zlashtirilishi, dehqonchilikning oqilona tashkil qilinishi, umummisr iqtisodining yuksak taraqqiyoti madaniy o'sishning moddiy asosini yaratdi. Shu bilan birga madaniyat sohasidagi yutuqlar, ta'lim, fan qadimgi misrliklarning umumiy ma'naviy taraqqiyoti yuksalishi bu ijtiomiy-iqtisodiy taraqqiyotni va davlatni takomillashtirishning asosiy sabablaridan biri bo'ldi.

Qadimgi Misr madaniyatida qator o'ziga xos xususiyatlar borki, bu madaniyatni chuqur takrorlanmas tizimini hosil qiladi. Uning o'ziga xosligi va betakrorlanmasligi sinfiy jamiyat va davlatni kelib chiqishi hamda Nil vodiysining yopiq geografik joylashuvi natijasida boshqa xalqlarning madaniy yutuqlarini o'zlashtirishning q iyinligi bo'ldi. Nil vodiysining tabiiy sharoiti butun Misr madaniyatida chuqur iz qoldirdi. Xo'jalik hayotida Nil daryosining yetakchi o'rni, dengizdan uzoqlik, Nilni o'rab turgan jonsiz sahro, o'zining qumli bo'ronlari, jazirama issig`i, yirtqich hayvonlari bilan qadimgi Misr dunyo qarashini va diniy e'tiqodini, qadriyatlarining butun tizimining xususiyatini belgiladi.

Fir'avnning kuchli hokimiyati orqali tashkil qilingan umum jamoa mehnati bilan misrliklar qulay hayot uchun shart-sharoit yaratdilar. Shu bois tabiatning dahshatli kuchlari oldidagi qo'rqinch, fir'avnning qudratli hokimiyati, dahshatli xudolar, ularning ulug`vorligi va qudrati qadimgi misrliklarning dunyo-qarashiga singib ketgan edi. Oddiy odamlar qudratli xudolar va yanada qudratli fir'avnlar,ularni amaldorlari oldida o'zini juda zaifligi va kuchsizligini his qilgan.

Misr madaniyatiga chuqur konservatizm va an'anaviylik xos. Misrliklar o'zlarining madaniy qadriyatlar tizimiga biror bir yangilik kiritishdan qochdilar. Aksincha ularda o'zlariga ma'lum g`oya, qonun, badiiy uslublarni asrash va taqlid qilish uzoq asrlar asosiy tamoyil bo'lib qoldi. Albatta bu hol yangi unsur, g`oya va uslublarni inkor qilmadi, ammo ular asta-sekin paydo bo'ldi. Shu sababli Misr ustalari doimo rioya qilgan an'anaviylik va konservatizm Misr san'ati uchun xos bo'lgan konseptuallik va yuqori malakalilik, mohirlik, uyg`unlikni o'zida aks ettirib nihoyasiga yetkazib ishlangan. Bu sof Misr qonun va obrazlarini yaratilishiga olib keldi.
Misr dini. Misrda din ilk urug`chilik jamoalarida vujudga kelib, juda uzoq taraqqiyot yo`lini bosib

o'tgan. Diniy an'analar mustahkam va turg`un bo'lgan fetishizm, totemizm, ayniqsa hayvonlarga topinish Misrda uzoq davom etgan.

Misr xudolarining panteoni juda katta bo'lib, u ilk davrda vujudga kelgan madaniyatga borib taqaladi. Unga odamlar totem-xayvonga, qabila boshlig`iga sig`inishgan. Misrliklarning xudolari xayvon qiyofasida: Anubis-o'liklar saltanatining podshosi, bo'ri boshli qilib tasvirlangan. Tot aql va yozuv xudosi. Soxmet-sher boshli urush iloxasi va boshqalar.

Hayvonlar ilohiy hisoblanib, ular ibodatxonalarda saqlanganlar. Ibodatxonada ular yaxshi parvarish qilingan. Masalan, ilohiy hayvonlardan biri buqa, xuddi shunday parvarish qilingan, u kuch-qudrat ramzi hisoblangan. Misrliklar bu buqaga sigir tanlashda ham ahamiyat berishgan. Agar buqa o'lib qolgudek bo'lsa uni mumiyolab, marosimlar o'tkazib alohida bir qabrga ko`mishgan. Va uning o'rniga yangi tug`ilgan xukizcha izlashgan. Bu juda mushkul ish hisoblangan, chunki ho`kiz qora rangli bo'lib, peshonasida uchburchak shaklidagi oq belgisi bo'lishi kerak bo'lgan. Bunday hayvonni topish juda mushkul hisoblangan. Misrliklar daraxtlarga , o'simliklarga va gullarga ham e'tiqod qilishgan.

Quyoshga sig`inish Misr dinida eng yuqori o'rinda turgan.Misrning o'zi «Quyosh mamlakati», uning fir'avnlari esa «Quyoshning o'gli» deb atalgan. Qadimgi podsholikda Ra-quyosh xudosi hisoblangan, keyinchalik u Amon-Ra bo'lgan. Yangi podsholik davrida esa,fir'avn Amenxotep IV (Exnaton) diniy isloxot o'tkazib, yakkaxudolikni joriy etadi. Ya'ni u hammani Atonga («Quyosh shu'lasi») sig`inishga da'vat etadi. Quyoshning belgisi (ramzi) turlicha bo'lib, u qanotli sher qiyofasida, sher ko'pgina qullar bilan, ya'ni bu qullar nur qiyofasida, lochin qiyofasida tasvirlangan. Unga atab ko'p madhiyalar aytilgan. Gor (Xor)-zulmatni yenguvchi xudo hisoblanib, u lochin qiyofasida tasvirlangan.Gor Osirisning o'gli. «Osiris va Gor» to`g'risidagi afsona, ayniqsa Misr dinini o'rganishda katta ahamiyatga ega. Afsonada aytilishicha, Osiris-hosildorlik xudosi, qachonlardir Misrning podshosi bo'lgan. U odamlarga yerga ishlov berishni, boglar yaratishni urgatadi. O'zining akasi Set tomonidan o'ldiriladi. Set-zulmat va yovuzlik xudosi hisoblanadi. Osirisning o'gli Gor Setni maydonga kurashga chaqirib, uni yengadi. Shundan so'ng, Gor g'olib chiqishi uchun o'zi ko'zini Osirisga berib, uni qayta tiriltiradi. Qayta tirilgan Osiris esa yerga qaytmaydi, u yer osti saltanatining o'liklar podshosi bo'lib qoladi. Shunday qilib, uning yerdagi merosxo'ri sifatida Gor tiriklar saltanatida qoladi.

Ko`mish marosimlari. Misr madaniyatida o'lim bilan hayot doim bir-biriga qarama-qarshi turgan. Ajalsiz ruh Misr dinida alohida o'rin egallagan. Mana shu ajalsizlikka intilish ko'mish marosimlarining shakllanishiga olib kelgan. Diniy marosimlarda har bir odam alohida xususiyatga ega bo'lgan.Masalan, sax-inson tanasi, shunt-uning soyasi, rek-uning ismi, ax-uning arvohi hisoblangan. Bu yerda eng muhim rolni

Ra-insonning joni, ya'ni ajalsizlikning negizi o`ynagan. Misr diniga ko'ra Ra o'z jasadiga birikishi va qayta dunyoga kelishi kerak bo'lgan. Chunki odam o'lganda, uning faqat tanasi o'ladi, ammo ruhi abadiy yashash uchun narigi dunyoga, o`liklar saltanatiga mangu yashash uchun ketadi. Shunday qilib insonning tanasini abadiy saqlash fikri tug`iladi va mumiyolash jarayoni vujudga keladi. Shuningdek ularning tanasiga hech qanday shikastlar yetmasligi uchun yoki boshqa shovqinlardan xalos bo'lish uchun piramidalar qurish fikri to'gilgan. O'lik 70 kun ichida mumiyolanib ko`milgan.U 70 kundan so'ng narigi dunyoga mangu yashash uchun ruhi jo`natilgan. O'liklar saltanatiga borgan odamlarni ikkinchi o'lim kutgan. Bu esa asosan «O'liklar kitobi», «Darvozalar kitobi», "Yer osti g`orlari kitobi» kabi kitoblarda ko'rsatilgan.

Qadimgi misrliklarning dini Nil vodiysining tabiiy shart-sharoitlarini o'ziga xos xususiyatlarini,qadimgi Misr jamiyatining ijtimoiy-iqtisodiy va siyosiy taraqqiyotining alohida tomonlarini fantastik aksi edi. Misrliklar oy,quyosh, Nil vodiysi, uni atrofidagi sahroni, yirtqich hayvonlar va tabiatning har xil kuchlarini ilohiylashtirdilar. Ular sun'iy sug`orish tizimini tashkil qiladigan,insonlar ustidan amr qiluvchi fir'avnga e'tiqod qildilar.

Misrliklar mingga yaqin har xil xudolarga sig`inganlar. Xudolar mahalliy va umumisr miqyosida e'tiqod qilingan ilohlarga bo'lingan. Qaysi bir nom hukmdori-umummisr hukmdori fir'avnlik taxtiga o'tirsa, shu nomning xudosi umummisr xudosiga aylangan. Misol uchun nom markazi bo'lgan Fiva Misr poytaxti bo'lganda hech kimga ma'lum bo'lmagan Fiva xudosi Amon xudolar ichida bosh xudo deb tan olindi.

Misrda oliy xudolar quyosh xudosi Ra, yaratuvchi xudo Ptax, xudo Amon Raning ko'pgina vazifalarini olish bilan Misrning bosh xudolaridan biriga aylangan. Amon Ra dunyoni yaratuvchisi, podsho hokimiyati,Misr harbiy qudratining homiysi bo'lgan.

Osiris o`layotgan va uyg`onayotgan tabiatni aksi, u dunyoning hukmdori podsho hokimiyati homiysi bo'lgan. Uning rafiqasi Isida ona xudo, onalik va er-xotinlik muhabbatini homiysi bo'lgan. Ularning o'gli ham osmon va yorug`lik ifodasi, fir'avn homiysi bo'lgan. Donolik va hisob xudosi Tot,qudrat ramzi ma'buda Soxmet osmon, quvonch-sevgi xudosi Xatxor bo'lgan. Bilim xudosi Sia, adolat xudosi Maat abstrakt tushunchani ifodalaganlar.

Misr, Nubiya, Falastin, Suriya bilan yaqin aloqada bo'lgani sababli chet el xudolari Anat, Astarta, Ma'bud Reshefa (Semit), Dedun (Kush xudosi) Misr xudolari panteoniga qabul qilingan. Misr diniy tasavvurlarida fetishizm va totemizm qoldiqlari saqlanib qoldi. Misrliklar o'z xudolarini hayvon, ilon, qurbaqa tarzida tasavvur kilishlari shu sababli edi. Xudo Apis-kuchli ho'kiz qiyofasida ma'buda Soxmet-sher, Tot-pavian, suv girdobi xudosi Sebek-timsox, Yuqori-Quyi Misr birligi timsoli ma'buda Uadjet-ilon-kobra tarzida ifodalangan.

Xudolarning ko'pligi, ularning vazifalarini bir-

biriga bog`lanib ketishi koxinlarning xudolar panteonini tartibga solish, ular o'rtasida aniq munosabatlarni o'rnatish vazifasini qo'ydi. Geliopol kohinlari ma'lum darajada xudolar o'rtasidagi munosabatlar va ularning dunyoni yaratishdagi rolini ko'rsatadigan tizimni ishlab chiqdilar. Shunga ko'ra, dastlab ibtidoiy suv xudosi Nun yashadi, undan xudo Atul (Ra) paydo bo'ldi. Atul Ra o'zidan suv xudosi Shu va uning xotini Tefnut namlikni paydo qildi. Ulardan yer xudosi Geb, osmon mabudasi Nut tug`ilib, o'z navbatida ulardan Osiris, Isida, Sia va Neftida tugilgan. Bu qadimgi ilohlar ilk ilohiy to'qqizlik-Enneada oilasiga birlashdi, ana shulardan boshqa Misr xudolari tarqaladi.

Kohinlarning Fiva maktabi esa ilk xudo, xudolar va odamlar dunyosini o'z ilohiy so'zi bilan Ptax yaratgan deb hisoblaganlar. Kohinlar to'qqizlikni ajratishdan tashqari xudolarni birlashtirgan boshqa oilalarni yaratganlar. Qaysiki oila ota-xudo, ona-ma'buda, o'gil-xudo(xudolar triadasi)dan tashkil topgan. Shunday birlashganlardan Osiris, Isida, Xor(Abidos triadasi), Ptax, Soxmet, Nefertum(Memfis triadasi), Amon, Mut, Xonsu (Fiva triadasi).

Fir'avn shaxsini ilohiylashtirish alohida rol o`ynadi.Kohinlar ta'limotiga ko'ra, fir'avn inson ko'rinishidagi xudoning aksidir. U ikki xil inson va ilohiy tabiatga ega bo'lgan. Uning tug`ilishi Amon Ra bilan fir'avnning yerdagi onasining nikohi natijasidir. Yerda fir'avn xudo Xorning aksi sifatida boshqargan, o'limidan so'ng xudo bo'lib Osiris bilan tenglashtirilgan. Podsholik qilayotgan va vafot qilgan fir'avn o'z ibodatxonasi, koxinlarning qurbonlik keltirishi qabilarga ega bo'lgan. Fir'avnning ilohiyligini ramziy aks etishi sfinks ko`rinishida bo'lgan. Misrda yagona xudoga sig`inish konsepsiyasi o'z o'rnini topmadi. (Exnaton islohoti).

Diniy urf-odat, an'analarga Misrda qat'iy rioya qilingan. Xudolarga sig`inish uchun ibodatxonalar, haykallar bunyod qilingan. Minglab kohinlar diniy bayram va marosimlarni tashkil qilganlar. Misr dinida u dunyodagi hayotga katta o'rin berilgan. Inson go`yoki, uch asosiy substansiya jismoniy tana, uning ma'naviy ko`rinishi («Ka») va uning ruhi («Ba») dan iborat. Faqat shu uch unsurning birgalikda yashashga imkon beradi. Demak, shunday ekan, odamlarning jasadini saqlash (mumiyolash) kerak. Ana shundagina mumiyo oldida («Ka») va «Ba») turadi. O'limdan keyingi hayot bu hayotning davomi deb tushuniladi.

Til, yozuv, ta'lim tizimi . Qadimgi misrliklarning tili va yozuvi ming yillik tarix davomida o'z taraqqiyotining 5 bosqichini bosib o'tdi. Qadimgi podsholik davridagi til: o'rta misr-klassik tili (chunki bu tilda noyob adabiy asarlar yaratilgan) yangi Misr tili (er. avv. XIV-VIII asrlar), demotik til (er. avv. VIII–eramizning V asri); kopt tili (III-VII asrlari); qadimgi podsholik aholisi tilini yangi podsholik aholisi tushunmagan, Misr tili chetga chiqmagan. Eramizning III asridayoq qadimgi Misr tili o'lik edi. Uning o'rniga yangi kopt tili keldi. VII asrda kopt tilini arab tili siqib chiqardi. Hozirgi kunda Misrda faqat 4,5 mln kishi kopt tilidan foydalanadilar.

Misr yozuvi er.avv. IV ming yillik oxirida rasm-yozuv, piktografiya asosida kelib chiqdi. Faqat o'rta podshoik davriga kelib rivojlangan yozuvga aylandi. Er.avv. II ming yillikda 700 iyeroglif keng ishlatilgan. Yozuv uchun material sifatida tosh (inshoot, sog`ona, haykallar) loy taxtachalar (ostrakon), yog`och, charm va papirus xizmat qilgan.

Adabiyot . Misrliklar dunyoda eng qadimgi qiziqarli g`oyalar, badiiy obrazlar bilan sug`orilgan boy adabiyotlarni yaratdilar. Adabiyot uchun qulay omil bo'lib xalq og`zaki ijodi xizmat qildi. Ilk abadiy asarlar er.avv. IV ming yillikda paydo bo'ldi. Ertaklar, didaktik nasihatnomalar, zodagonlar tarjimai hollari, diniy matnlar va poetik asarlar qadimgi podsholik davridayoq paydo bo'ldi.

O'rta podsholik davrida janrlarning xilma-xilligi ko'paydi. Yuqori darajada yozilgan prozaik asarlar paydo bo'ldi (Sinuxet hikoyasi). Yangi podsholik davrida Misr adabiyoti g`oyaviy-badiiy tugallanish davrini boshdan kechirdi.

Misr adabiyotida nasihatnoma va bashoratlar didaktik janri to'laroq aks etgan. Nasihatnomalardan eng qadimgisi «Ptaxotep nasihatnomasi»dir. Keyingilari «Gerakleopol podshosi Axtoyning o'gli Merikaraga nasihati», «Fir'anv Amenxemxet I ning nasihatnomasi» kabi asarlarda davlatni boshqarish qoidalari bayon qilingan. «Axtoyning o'gli Dauafaga nasihati»da mirzolikni boshqa kasblardan afzalligi ko'rsatiladi.

Yangi podsholik davrida nasihatnomalardan «Ani nasihati», «Amenemope nasihati»da turmush axloqi va an'anaviy axloq qoidalari batafsil bayon qilinadi. Ertaklar Misr adabiyotida alohida bir janr sifatida shakllanadi. Ulardan eng mashhurlari «Fir'avn Xufu va sehrgarlar», «Kema halokatiga uchraganlar to`g`risida», «Egri va to'g`ri to'g'risida», «Ikki aka-uka to'g`risida» va fir'avnlar Petubastis to'g`risidagi bir necha ertaklardir.

Misr adabiyotining «Sinuxet hikoyasi» qissasi, «Arfa chaluvchi qo`shig`i» poetik asari kabi namunalari o`sha davr to'g`risida va yuksak adabiy janr shakllanganligining dalilidir. Turli janrlar orasida adabiyot alohida o'rin tutadi

Ko'pgina afsonalar, qayta ishlangan diniy madhiyalar Osiris mashaqqatlari, xudo Raning yer osti podsholigiga sayohati hikoya qilingan sikllari mashhur bo'lgan. «Ko`ngli qolgan kishining o'z ruhi bilan suhbati» nomli falsafiy dialog shaklida yezilgan asar diqqatga sazovor. Dialogda dunyodagi adolatsizlik, huquqsizlik va yovuzlikdan azob chekkan kishi taqdiri hikoya qilinadi.

**Tasviriy san`at va memorchilik.** Nilning aholisi, moddiy resurslari va Misrning siyosiy qudrati memorchilik va tasviriy san`atning gullab yashnashiga sabab bo'ldi. Memorchilik va tasviriy san`at sekin – asta mavjud tuzumni, uning davlatchiligini va ma'naviy qadriyatlarini mafkuraviy oqlashga xizmat qila boshladi.

Misr memorchiligi, haykaltaroshligi va rel`yef

san'atida badiiy vosita va bosh maqsadlarni asosiy arsenalini shakllantirdi. San'atning diniy e`tiqodga o'ta qaramligi yaqqol seziladi. Er. avv.III ming yillikdayoq Misr san'atining yetakchi yo`nalishlari bo'lgan xudo va fir`avnlarning cheksiz qudrati g`oyasini tashkil etish shakllandi. Bu g`oyalar piramida va ibodatxonalar, ulkan haykallarda o'z aksini topdi. Me'morchilikda xudo fir'avn piramida-qabrlari, ibodatxonalar qurish ustivor ahamiyat kasb etdi. Sog`onalarning ikki xili: yer usti sog`onalari (VI sulola piramidalari) va qoyaga o`yilgan sog`onalar (yangi podsholik davrida) keng tarqaldi. Piramida va sog`onalar qurish uchun I-II sulola fir'avnlari dafn qilingan mastabalar namuna bo'lib xizmat qildi. III sulola fir'anvni Joser uchun balandligi 60 m bo'lgan zinapoyasimon ilk piramida mastaba o'rnida qurildi. Bu kichrayib borayotgan olti ustma-ust qo`yilgan mastaba edi. IV sulola fir'avni Xufu piramidasi (146,6 m balandligi, uzunligi 233 m, maydon hajmi 54 ming.kv.m, 2 tonna 2,3 mln. tosh), Xafra piramidasi (balandligi 140 m, uzunligi asosi 220 m), Xafradan keyin piramidalar kichik hajmda qurila boshlandi. Ibodatxonalar qurilishi o'zgacha me'morchilik shaklida bo'ldi. Karnak va Luksorda Amon-Raga bag`ishlab ibodatxonalar qurildi. Bu ibodatxonalar xarobalari bizgacha yetib kelgan. Ular juda baxaybat hajmda, atrof manzaraga qo'shilib ketgan, hashamatli bezalgan edi. Ularda yuzlab keng xonalar, katta hovlilar, xudolarning ulug`vor haykallari, sfinks, pilonlar va alleyalar mavjud. Karnak ibodatxonasida kolonna zali 5,5 ming kv.metr bo'lib, 134 kolonna bor. 12 markaziy kolonnaning balandligi 21 m, 10 m. aylanasi 15 m. Har qaysi kolonnaning yuqori maydonida yuz kishini joylashtirish mumkin. Ibodatxonada 500 ta toshdan, 17 ming jez haykal va haykalchalar mavjud bo'lgan qadimda yashirib qo'yilgan joydan topilgan.

Dayr-al Baxrdagi malika Xatshepsut ibodatxonasi va Ramzes III ning Madinat Abudagi (Fiva) ibodatxonalari ulug`vor qurilgan. Yana shunday ibodatxonalar qoyalarga uyib yasalgan (Ramzes III ning Nubiyadagi Abu Simbel ibodatxonasi).

Ilmiy bilimlar. Misr madaniyatida fan yetakchi o'rin tutadi. U asosan matematika, astronomiya, tibbiyot yo`nalishlarida rivojlandi. Misr kalendari osmon jismlari va Nil daryosi rejimi asosida tuzilib, yil uch mavsum, har mavsum to'rt oyga bo'lindi. Oy un kunlik dekadani tashkil etgan. Yilda 36 dekada bo'lgan, oxirgi oyga 5 kun qo'shilib kalendar va astronomik yil (365 kun) tenglashtirilgan. Sutka 24 soatga bo'linib yozda kunduz soatlari uzoq, qishda qisqa bo'lgan. Misrliklar yulduzlarning aniq kattaligini tuzganlar. Suv va quyosh soatlarini kashf qilganlar. Ular 10 lik tizimga yaqin hisobni yaratdilar. Ular qo'shish, ayirish, bo'lish va ko'paytirishni bilganlar.

Misr vrachlari butun Old Osiyoga mashhur bo'lganlar. Bizgacha 10 tibbiyot papirusi yetib kelgan. Vrachlar 100 ga yaqin kasalliklarni davolash usullarini bilganlar. Qon aylanishi va yurak faoliyati to'g`risida bilimga ega bo'lganlar. Misrliklar qadimgi so'z ensiklopediyalarini tuzganlar.

4-§ QADIMGI YUNONISTON MADANIYATI

Falsafa. Ilk yunon falsafasi vakillari miletlik Fales, Anaksimandr, Kichik Osiyolik Anaksimon tabiatni, borliqni mohiyatini tushunishga harakat qildilar. Pifagor maktabining vakillari shuningdek Geraklit, Empedokl kabi "fiziklar" (fyuzis-tabiat demakdir) tabiatni o'rgandilar. Ular dunyoning asosini qidirdilar, tabiat mohiyatini turlicha izohladilar. Fales dunyoning asosi suv, Aniksimandr apeyron (boshlang'ich ibtido), Geraklit esa olov deb qaradilar. Demokrit (taxminan er. avv. 470-yilda tug'ilgan) borliq to'g'risida gapirib, borliq cheksiz bo'linma atomdan iborat degan fikrni aytdi. U dunyoning sababiy bog'lanishi haqida fikr yurutdi. Platon (er. avv.4 27-347-yillar) borliq, abadiy, o'zgarmas, bo'linmas, uni aql bilan bilish mumkin deb hisoblardi. Platon akademiyasida 20 yil ta'lim olgan Arestotel "g'oyalar dunyosi to'g'risida"gi ustozini fikrini tanqid qildi. Borliq Arestotel fikricha jins va tur shaklida mavjut bo'ladi.

Suqrot (tax. er.avv.470-399 yillar) falsafada inson muammosiga jiddiy e'tibor berdi. U insonning o'zini, o'zligini anglashga jiddiy e'tibor beradi. U insonning falsafasining o'rganish ob'ektini tashkil etadi deb ta'kidladi.

Yunon madaniyati uch avlod muhim o'rin tutadi.

Ularning birinchisi er.avv.VI asr oxirida kirib keldi va Afina madaniyatini gullab-yashnashi uchun poydevor qo'ydi. Esxil va Frinix Attika komidiyasiga asos soldilar. Haykaltaroshlar Kritiy va Nesiot er.avv.476 yil Afina agrosini tiranlarga qarshi kurashdilar-Garmoniy va Aristogiton haykallar bilan bezadilar. Olimpda Zevs ibodatxonasini haykallar bilan jihozladilar. Tafakkur qilish xali an'anaviy shakllarda oddiylik (an'anaviy shakllarda) qat'iy o'smirlik klassikasi shaklida hukm surar edi.

Ikkinchi avlod Perikl davrida eng yaxshi yutuqlarga erishdi. Sofokl Tragediyalari, Geradot "Tarix"I , Parfinon va propileyning etuk klassik shakllari shu davrda yaratildi.

Uchinchi avlod Peloponnes urushlari davriga mansub bo'lib. Afinaliklarning bu vaqtda boshqa madaniy dunyolar bilan tanishuvi natijasida ularning siyosiy va diniy qarashlari ma'lum darajada o'zgardi.

Tarixshunoslik. Er. avv.V asrda jamiyat taraqqiyotiga bag'ishlangan alohida ilmiy bilimlar sohasi tarix fani paydo bo'ldi. Uzoq vaqt turli o'lkalarda bo'lgan Gerodot (er. avv. 485-425-yillar atrofida kichik Osiyodagi Galikarnas shahrida tug'ilgan) ilk bor ko'rgan va eshitgan voqealarini ma'lum bir tizimga solib hikoya qilishga kirishdi. U o'zining 9 jildli odatda "Tarix" (yunoncha Istoriya-"Tasvir" ma'nosini bildiradi.) yoki "Muzalar" deb ataladigan tarixiy asarini asosan yunon-fors urushlariga bag'ishladi, lekin bayon qilish davomida muallif Misr,

Eron, skiflar tarixiga ham murojaat qiladi. "Tarix otasi" ning mushohadasi to'la an'anaviy bo'lib, tarixda ezgulikni taqdirlovchi, yovuzlikni jazolovchi ilohiy adolatni qurdi. Gerodot insonlar faoliyatida xudolarning ishtirokiga shubha qilmadi.

Agar Gerodot "Tarix otasi" deb hisoblansa uning kichik zamondoshi afinalik Fukidid haqiqiy tarixshunoslik fanini asoschisidir. Uning "Peloponnes urushlari tarixi" asari afsonaviy va haqiqiy voqealarni quruq bayon qilishdek Gerodotga xos bo'lgan bayon qilishni aksi bo'lgan haqiqiy tarixiy tadqiqot edi. Fukidid tarixchilar ichida birinchi bo'lib, tarixiy voqealarni, ularni harakatga keltiruvchi kuchlari, taraqqiyot yo'llari bilan o'zaro aloqada ko'rishga harakat qildi. Voqealarning sabablarini o'rganish uchun siyosiy voqelikni ilmiy tahlil qilish usullarini qo'lladi. Fukidid xudolarni tarix doirasidan chiqardi. U tarixni xudolar emas, balki kishilar o'z faoliyatlari bilan yaratadilar deb hisoblar edi. Kishilarning "tabiati" hamma vaqt qonun va shartnomalardan kuchliroq bo'ladi. Kishilarning qiyofasi va uning ko'rinishlari Fukidid uchun shu davr jamiyatini voqeligini tushinish uchun yetarli edi. Gerodot va Fukidid yunon polislarining fuqarolarini o'z ozodligini himoya qilishi, vatanparvarlik va o'zini qurbon qilishdek qahramonlik kurashiga murojaat qiladilar. Tarixshunoslikda Fukidid an'analarini tarixchi Ksenofont(er. avv. IV asr) davom ettirdi. Uning "Anabasis", "Lakedemon politiyasi", "Kiropediya", "Agesilay", "Daromadlar to'g'risida" asarlarida o'sha davr yunon dunyosining siyosiy, iqtisodiy-ijtimoiy hayoti aks etadi.

Er. avv. V asrda yunon dunyosida yuz bergan kuchli siyosiy jarayonlarni tahlil qilgan, shu davrning siyosiy arboblari Femistokl va Perikl kabi afinalik demokratiya yo'lboshchilarini ayovsiz tanqid ostiga olgan siyosiy adabiyotlar yuzaga keldi. Shunday adabiyotlardan biri er. avv. 430-yillar atrofida "Afinani boshqaruvi to'g'risida" risolasi paydo bo'ldi. Kritiyning "Lakedemeon politiyasi"da Sparta jamiyati qurilishi ko'klarga ko'tarildi, Afina demokratiyasiga salbiy nazar bilan qaraldi.

Tibbiyot va aniq fanlar. Er. avv. V asr ikkinchi yarmidan koxinlar tibbiyoti o'rniga, aniq kuzatishlarga asoslangan vrachlarning tibbiyoti vujudga keldi. Bu davrda mashhur yunon vrachi Gippokratning tibbiyot maktabi paydo bo'ldi. Gippokrat "Tibbiyotning otasi" sifatida shuhrat qozondi. Uning maktabida tabiblar tajriba, kuzatish usuliga tayanib, tez va to'g'ri tashxiz qo'yishga harakat qildilar va davolashda dieta, gigiena kabi usullarni keng qo'lladilar.

Apolloniyalik Diogen qon aylanish tizimini yaxshi o'rgandi. Krotonlik Alkmeon kasalliklarning manbai inson organizmidagi suyaklarning mutanosibligining buzilishi deb ko'rsatdi.o'sha davr tibbiy bilimlari to'g'risida 53 traktatdan iborat "Gippokrat korpusi" deb ataladigan tibbiy to'plamlar orqali ma'lumot olish mumkin.

Aniq fanlar to'g'risida ma'lumotlar juda kam. Afinalik astronom matematik Meton quyosh soatini yasagani, taqvimni isloh qilgani to'g'risidagi ma'lumotlar bizgacha yetib kelgan.

Adabiyot va teatr. Qadimgi Yunonistonning eng noyob adabiy yodgorligi Gomerning "Iliada" va "Odisseya" dostonlaridir. Gomerning bu asarlari paydo bo'lgunga qadar yunon xalq og'zaki ijodidan ajoyib namunalari qo'shiqlar, ertaklar, rivoyatlar va masallar yunon adabiyotining haqiqiy poydevorlari edi. Gomerning qahramonlik dostonlari u yashagan (tahminan VII asr) davrdan oldingi er. avv. XI-IX asrlar voqealarini adabiy tasviridir.

Er. avv. VIII-VI asrlarda yunon madaniyati taraqqiyotida Qadimgi Sharq madaniyatining ta'siri kuchli bo'ldi. Yunonlar o'zlarining Kichik Osiyodagi shaharlari orqali qadimgi Sharqning boy madaniyati bilan tanishdilar. Bu davrning asosiy madaniy o'choqlari Milet, Lesbos, Samos edi.

Er. avv. VII asrda yashab, ijod qilgan Gisiotning didaktik asarlarida o'zi yashagan davrning ijtimoiy hayoti va ziddiyatlari aks ettiriladi ("Mehnat va kunlar").

Badiiy adabiyot eng avvalo poeziya janrida rivojlandi. Poeziya siyosat bilan bog'liq edi. Mashhur shoirlar Feognit, Solon, qisman Arxieloy siyosat bilan faol shug'ullangan edilar. Hatto Alkey va Safo kabi lirik shoirlar ham siyosatga tan berdilar. Shu davrdagi Ezop masallari adabiyotda demokratik yo'nalishni aks ettirib, ijtimoiy adolatsizlikni qoralaydi.

Arxaik davrda lirika keng tarqalgan bo'lsa, er. avv. V asrda Afina adabiyoti va poetik ijodiyotning markazi bo'lgan birlashma. Attika tragediyasi bilan mashhur bo'lib ketdi. Tragediya ("Echkilar qo'shig'i") vinochilik xudosi Dionisning echki terisi kiygan quvnoq, doimiy hamrohlarini ifodalovchi satirlarning aytadigan xor qo'shiqlaridan kelib chiqdi. Er.avv. VII asrdayoq butun Yunonistonda shunday "Echkilar xori" yoki satirlar keng tarqalgan edi. Attika Tragediyasining tug'ilishida Afina tirani Pisistratning umumdavlat bayrami sifatida Buyuk Dionisiy bayramlarini ta'sis etish bo'ldi. Shoir Fespid xorga aktyorni qo'shdi. Aktyor xorga "javob" berib xor bilan diolog olib borar edi. Shu sababli tragediya dramatik ko'rinishga aylandi, tragediyada boshqa ko'rinish qatnashchilari Dionis to'g'risidagi afsona – miflardan sahna ko'rinishlari o'ynardilar, keyinchalik boshqa afsonalarga navbat keldi. Er. avv. V asr birinchi yarmida Esxil tomoshabin oldiga ikkinchi aktyorni, Sofokl uchinchi aktyorni qo'shdi va natijada qadimgi "Echkilar xori" to'la dramaga aylandi.

Attika teatri dionis sharafiga o'tkazilgan bayram vaqtida faqat uch kun tomosha ko'rsatilgan. Birdaniga uch tragediya qo'yilib, keyin "Satirik dramasi", yana bir mifologiyadan engil quvnoq sahnalashtirilgan parcha berilgan. Teatr ko'rinishi ochiq havoda dumaloq maydoncha- orxestrada berilgan. Tomoshabinlar uchun o'tirgichlar Akropolning toshloq qiyaligida yunilgan, yana shu tomosha teatron deb atalgan. Ochiq va katta teatrda aktyorlar mimikasi va kiyimlarini aniq ko'rib bo'lmas edi. Shu boisdan aktiyorlar sahnaga uzun tantanali kiyim va niqoblarda va aktiyor gavdasini baland qilish uchun baland poshnali oyoq kiyim-koturnada chiqar edilar. Teart tomoshalari mart oxiri aprel boshlarida ko'rsatilar edi. Attika tragediyasining shon-shuhrati er. avv. V asrning buyuk shoirlari- Esxil (er. avv. 525-456-yillar), Sofokl (er, avv. 496-406-yillar) va Yevripid (er. avv. 480-406-yillar) ijodiyoti bilan bog'liq edi. Esxil 80 ga yaqin tragediya yozdi, undan bizgacha faqat 7 tasi yetib kelgan. Afinani gullab-yashnagan davrida yashagan Sofokl aytishlariga ko'ra 120 tragediya yozgan, undan bizgacha faqat 7 tasi yetib kelgan. Uchinchi buyuk tragik bo'lgan Yevripid 90 tra tragediya yozgan bo'lib, undan 18 tasi saqlanib qolgan. Esxilning "Forslar", "Orestiya", "Zanjirband Prometey", sofoklning "Antigona", "Shoh Edip", "Elektra", Yevripidning "Medeya", "Ippollit', "Vakxankalar", "Tavridadagi Iffegeniya", "Fedra", "Troyalik ayollar" kabi tragediyalari chuqur falsafiy-ahloqiy mazmunga ega bo'lib, yunon fuqarolarining tarbiyasiga va dunyoqarashiga jiddiy ta'sir ko'rsatgan.

Attika teatrida tragediyadan tashqari komediya janri ham keng tarqalgan edi. Bizgacha etib kelgan komediyalarning ko'pchiligi Aristofan qalamiga mansubdir. Aristofonning "Tinchlik", "Axaryalilar", "Lisistrat", "Suvoriylar", "Qurbaqalar" va "Bulutlar" komediyalarida er. avv. V asr yunon dunyosining siyosiy ziddiyatlari xajv qilinadi.

Notiqlik san'ati. Yunon shahar-davlatlarida demokratik tartib qoidalarini o'rnatilishi, fuqorolarni xalq yig'ini, sud ishlarida faol ishtiroki notiqlik san'atini rivojlanishiga sabab bo'ldi. Sudda so'zlanadigan nutqlar keng qiziqish uyg'otdi. Qadimgi mifologiya qahramonlari hikoyasiga yoki maqtoviga bag'ishlab tuzilgan namunaviy nutqlar keng tarqalgan. Er. avv. V-IV asr boshlarida taniqli afinalik sud notig'i Lisiy shuhrat qozondi. Ikkinchi bir mashhur notiq Isokrat edi. Er. avv. 391 yilda Isokrat notiqlik san'ati maktabini ochdi. Isokratning bu maktabida mashhur notiqlik Demosfen, Giperin, Esxin, Likurg va tarixchilar Feopomp, Efor, Filistlar etishib chiqdilar. Isokrat kuchli ovozga ega bo'lmaganligi sababli omma oldida kam nutq so'zlar edi. U siyosiy targ'ibot olib bordi. Afina Periklgacha bo'lgan aristokrat tuzumini maktab, publisistik to'plamlarni tarqatdi U o'tmishni maktab, yunonlarni Filip Makedonskiy atrofida jipslashib sharq eski dushman-Eron ustiga yurishga chaqirdi. Ehtimol u Makedoniyning kuchayishiYunonistonga qanday xavf tug'dirishini bilmagan edi. Afsonaga ko'ra yunonlarning Xeroniya yonida mag'lubiyatdan so'ng er. avv. 337-yil Isokrat o'zini ochlikdan o'ldiradi.

Isokratning eng yaxshi o'quvchilaridan biri Demosfen Afinadagi antimakedon guruhning murosasiz rahbari edi. Demosfen boshidayoq Makedoniyaning kuchayishi Afina demokratiyasi va mustaqilligi uchun xalokatli ekanligini ko'ra bilgan edi.

Me'morchilik. Yunon –fors urushlaridan so'ng Afrika juda katta miqdorda moliyaviy mablag'larga ega bo'ldi. Attika Pentelikonida marmar qazish boshlandi va bu me'morchilik san'atining ravnaqiga yo'l ochdi. Afinadan tashqari Yunonistonning boshqa viloyatlarida Janubiy Italiya va Sitsiliyada (Agrigentdagi Zevs ibodatxonasi, Pestdagi olti ustunlik Poseydon ibodatxonasi) er.avv. V asrning ikkinchi yarmida ajoyib me'morchilik inshoatlari bino qilindi.

Ayniqsa Perikl davrida Afinada yigirma yil ichida ulug'vor inshootlar barpo qilindi. Parfenon, Propiley, G'olib Afina va keyinroq Erexteyon kabi ioniy, korinf va doriy uslublarida qurilgan inshootlar me'morchilik san'atining mo'jizalari edi. Parfenonning quruvchilari Iktin va Kallikrat nafislik va ulug'vorlikni uyg'unlashtirishga erishdilar. Akropol darvozalari qurishda Mnesiklet (er. avv. 438-432 yillar) ioniy va doriy ustunlarini yonma-yon qo'lladi. Peloponnes urushlari davrida ioniy an'analariga asoslangan Erex Teyon quriladi.

Haykaltaroshlik. Er. avv. V asrning 70 yillaridan boshlab haykaltaroshlik san'ati gullab-yashnadi. Buyuk haykaltarosh Fidiy Afina va Zevs haykallarini yaratdi. Ma'buda Afinaning 12 metrli haykalini yasashda fil suyagi va oltindan foydalanildi. Ma'buda Afina Akropolning eng baland joyiga qo'yilgan bo'lib, uning quyoshda yaraqlagan nayzasi uzoqdan ko'rinib kemalar uchun mayoq bo'lib xizmat qilgan. Fidiyning mashhur asarlaridan biri Olimpiyalik Zevsning ulkan haykali Olimpiyadagi Zevs ibodatxonasiga qo'yilgan edi. Mashhur haykaltarosh Miron "Diskobol" haykali bilan o'zini nomini abadiylashtirdi. Klassik yunon haykaltaroshligining yorqin vakillaridan biri argoslik Poliklet edi. Uning Diodumen asari noyob san'at namunasi edi. Yunon haykaltaroshlari inson gavdasini uyg'unligi nuqtasini qidirar edilar. Poliklet bu nuqtani izlar edilar. Poliklet qonuniga ko'ra haykal tovonining uzunligi gavdaning 1/6 qismini, boshining uzunligi 1/8 qismini tashkil qilishi kerak edi. Bu va boshqa nisbatlar "Dorifor" haykalida qat'iy rioya qilingan. Poliklet qonuni yuz yil davomida haykaltaroshlik san'atida qonun sifatida amal qilib keldi.

Er. avv. V asrda Praksitelning "Germeys chaqaloq Dionis bilan", "Knidlik Afrodita","Kaltakesakni o'ldirayotgan Apollon" haykallarida nafislik, go'zallik yaqqol aks etadi. Er. avv. IV asrda polis tizimining tushkunligi davrida haykaltaroshlikda qahramonlik mavzusidan uzoqlashib, insonni ichki ruhiy dunyosini ko'rsatish asosiy yo'nalish bo'ldi. Shu davrning mashhur haykaltaroshlaridan Skopas, Praksitil va Lisipp (Makedoniyalik Iskandarning saroy haykaltaroshi)larni aytish mumkin. Er. avv. IV asrda yashagan haykaltarosh Lisipp Makedoniyalik Iskandarning byustini yaratdi. Lisipp haykaltaroshlik san'atida Poliklet qonunini o'rniga yangi qonunni tadbiq qildi.

Tasviriy san'at taraqqiyotini vazalar tasviri orqali yaqqol tasavvur qilish mumkin. Bu san'at janrda sikion maktabi, afina maktabi shakllangan edi. Kundalik hayotda mifologiyadan olingan tasvirlar ko'plab uchraydi. Birinchi mashhur yunon rassomi Tasoslik Poliklet faqat to'rt rang oq, qora, qizil va sariqni ishlatgan.

Klassik davrda yunon tasviriy san'atining eng mashhur namoyondalaridan biri Polignot ulkan ko'p figurali kompozitsiyalar ustasi edi. Afinalik Apollodor tasviriy san'atda yorug'lik soyasini kashf qildi. U bo'yoq bilan chizgan ko'pgina vazalar bizgacha yetib kelgan. Bu davrdagi Zevksid va Parrasiy, Apellis (Iskandarning saroy rassomi), Nikiylar tasviriy san'at janrida yorqin iz qoldirdilar.

Din. Qadimgi yunon afsonalariga ko'ra dastlab Yer (Geya) va Xaos, hayotning boshlanishi (Eros) va yer osti dunyosi (Tartar) bo'lgan. Geya yulduzli osmon Uranna tug'adi. Uran dunyoning birinchi hukmdori va Yer ma'budasi Geyani turmush o'rtog'i bo'ladi. Uran va Geyadan keyin xudolarning II avlodi titanlar boshlanadi. Uran o'z o'g'li, dehqonchilik xudosi titan Tironos tomonidan ag'dariladi. Kronosning bolalari Ait, Poseydon, Gestiya, Demetra, Zevs, Gera bo'ladi. Olimpning bosh xudosi Zevs osmon, chaqmoq hukmdori, Poseydon yer va dengizni sug'oradigan namlik xudosi, Ait (Pluton) yer osti dunyosi hukmdori bo'ldi. Zevsning rafiqasi Gera nikoh homiysi, Gestya uy o'chog'i ma'budasi, Demetra dehqonchilik homiysi deb sig'inganlar. Zevs va Geradan o'smirlik ma'budasi Geba, urush xudosi Ares, temirchi va hunarmandlar homiysi Gefest tug'iladi.

Zevsning avlodlaridan tabiatning ilk uyg'onish xudosi Apollon alohida turadi. U hamda san'at homiysi davolovchi xudo. Apollonning singles Artimida ovchilik ma'budasi va yoshlarning homiysi. Germes-moddiy mo'l-ko'lchilik xudosi, keyin savdo xudosi, aldamchi va o'g'rilar xudosi, keyinchalik esa notiqlar va sportchilar homiysi. Dionis (Vakxa) tabiat kuchlari, uzumchilik va vinochilik xudosi deb sig'inganlar. Jangovar Afina donolik ma'budasi sifatida shuhrat qozondi.

Yunon diniy dunyo qarashi bo'yicha xudolar odamlarga o'xshab azob chekishlari, insoniy his-tuyg'uga ega bo'lishlari mumkun edi. Yunonlarning fikri bo'yicha odamlar va xudolar dunyolari o'rtasida o'tib bo'lmaydigan chegara yo'q edi. Ularni bog'laydigan bo'g'in sifatida xudolar va yerdagi ayollarning aloqasi natijasida tug'ilgan qahramonlar (yarim xudolar) bo'lgan. Misol uchun o'z qahramonliklari uchun xudolar safiga kiritilgan Gerakl shunday dedi.

Alohida polislarning homiylari hisoblangan xudolar va qahramonlarga bag'ishlab ibodatxonalar qurilgan va ko'p sonli qurbonliklar keltirilgan. Ba'zi ibodatxonalar oldida ibodat qilayotgan kohinlar xudolardan kelajak to'g'risida bashoratlarni so'rashlari mumkin edi. Ba'zi ibodatxonalar oldida bir necha yilda bir marta xudolar sharafiga gimnastik mashqlar, she'rlar o'qish, raqslar, notiqlik san'ati bo'yicha musobaqalar o'tkazilgan. Yunonistonda Zevs sharafiga har 4 yilda bir marta g'arbiy Peloponnesdagi Olimpiya Zevs ibodatxonasida o'tkaziladigan o'yinlar eng mashhur edi. Yunonlar bu 4 yillik muddatni olimpiada deb ataganlar. Er. avv. 776-yildan olimpiya o'yinlariga butun Yunoniston va koloniyalardan ishtirokchi va tomoshabinlar kelganlar. Olimpiya o'yinlari o'tkazilayotgan vaqtda urushayotgan yunon polislari o'rtasidagi harbiy harakatlar to'xtatilgan. Olimpiya musobaqalari g'oliblari ibodatxona yonida o'sgan muqaddas lavr daraxti barglaridan oddiy gulchambar bilan mukofotlanganlar. G'olib sharafiga jez yoki marmar haykal qo'yilgan.

Bu musobaqalar fuqarolarni jismoniy rivojlanishiga imkoniyat yaratgan va yoshlarni harbiy jihatdan chiniqtirish uchun xizmat qilgan. Yunonlar bayramlar, o'yinlarni hamkorlikda tashkil qilish va eng muqaddas ziyoratgohlarni himoya qilish uchun alohida ittifoqlar-amfiktioniyalar tashkil qildilar.

5-§ QADIMGI RIM MADANIYATI

Qadimgi Rimda din. Rimliklarning an'anaviy e'tiqodida totemizm, fetishism va animizmning qoldiqlari mavjud edi. Rim dinida urug' va oila e'tiqodlari muhim o'rin tutar edi. Har bir uyda oila e'tiqodini markazi o'choq, bosh oilaning otasi kohin edi. Har bir kishida o'zining ruhi, homiysi bo'lib, erkaklarda geniy, ayollarda yunona edi. Rimliklarning e'tiqodiga ko'ra vafot etgan ajdodlar xudo-homiylar bo'lar edi.

Rimliklarda har biri qandaydir bir aniq funksiyani bajaradigan kichik xudolar juda ko'p edi. Misol uchun xudo Forkul uy eshigini qo'riqchisi, Liment ostonani, Kardia eshik zulfinlarini qo'riqchisi edi. Lekin asosiy e'tiqod qilinadigan qudratli xudolar alohida o'rin rutar edi. Ularni orasida eng birinchisi chaqmoq xudosi Yupiter bo'lib, uning ibodatxonasi Kapitoliyda Tarkviniy Mag'rur davrida qurilgan edi. Uning xotini Yunona nikoh va onalik hamda ayollar homiysi edi. Ularning qizi Minerva-hunar, san'at va urushlar ma'budasi; Vesta-fuqarolik jamoasi homiysi, uy o'chog'i ma'budasi; Mars-urush xudosi; Yanus-o'tmish va kelajak, kirish va chiqish. boshlanish va tugallanish ikkiyuzlamachilik xudosi; Venera-sevgi va hosildorlik ma'budasi; Serera-ekinlar va hosil ma'budasi; Neptun-dengiz xudosi; Merkuriy-savdo va o'g'rilar homiysi; Vulqon-temirchilar xudosi; Pluton-narigi dunyo qorong'ulik xudosi; Baxus-vinochilik xudosi; Diana-oy va ovchilik xudosi; Silvana-o'rmon xudosi va boshqalar.

Rim e'tiqodiga o'z vaqtida etrusk va yunon e'tiqodi qarashlari ham o'z ta'sirini o'tkazdi. Yunona, Minerva, Vulqon. Etrusklardan hayvonlarning ichki a'zolariga qarab fol ochish o'zlashtirib olingan edi. Er. avv. III asrdan boshlab rimliklar o'z xudolarini yunon xudolari bilan: Yupiterni Zevs bilan, Yunonani Gera bilan, Minervani Afina bilan, Marsni Ares bilan Venerani Afrodita bilan, Sererani Demetra bilan, Merkuriyni Germes bilan, Bahusni Diones bilan tenglashtirgan edilar. Rim e'tiqodi diniy qonun-qoidalariga rasman rioya qilish bilan cheklangan bo'lib, chuqur diniy his-tuyg'udan mutlaq mahrum edi. Kohinlar odamlar va xudolar o'rtasdidagi vositachi rolni o'ynar edilar. Er. avv. III-I asrlarda Italiyaga sharqdan Seraps, Isida, Mitra va boshqa diniy e'tiqodlar kirib keldi.

Davlat hokimiyati diniy e'tiqodga katta e'tibor berar edi. Kohinlar davlat xizmatchilari hisoblanib, lekin hech qachon qadimgi sharqdagidek alohida toifaga birlashmagan edilar. Rimda bir qancha kohinlik kollegiyalari mavjud edi. Kohinlar elitasiga oliy pontifik (barcha ilohiy va insoniy ishlar sudyasi), pontifiklar kollegiyasini bevosita rahbari va uch bosh flamin (ular Yupiter, Mars va Kvelin e'tiqodlarini boshqarar edilar)dan iborat edi. Pontifiklar dastlab 6 ta bo'lib Tsezar davrida 16 taga yetdi, ular diniy marosimlarni qat'iy bajarilishini nazorat qilar edilar. Oliy pontifik taqvim tuzilib, diniy bayramlarni o'tkarilishiga mas'ul edi. Unga 15 flamin bo'ysunib, flaminlar alohida xudolarga qurbonlik keltirar edilar. Avgurlar fol ochish bilan shug'ullanar edilar.

Rim diniy kalendarida 70 ga yaqin bayramlar mavjud edi. Bu bayramlar, mo'l-ko'l qurbonlik keltirish, marosimlar, quvnoq bazmlar bilan tantanali o'tkazilar edi. Respublikaning oxirida bayramlar bir yilda 115 kunni tashkil qilar edi.

Tarix. Ilk imperiya davrida tarixiy asarlar va biografik janr keng rivojlandi, er. avv. 59-eramizning 17-yillari Pataviya shahrida yashagan notiq Tit Liviy latin tilida "shaharga asos solinganidan" nomida Rim tarixini 142 jildda yaratdi. Tit Liviy voqealar bayonini er. avv. 9-yiligacha olib bordi. Yangi era boshlarida Pompey Trog "Jahon tarixi"ni 44 jildda latin tilida yozdi. Yana bir "Jahon tarixi" yunon tilida Yahudiya podshosi Irod I ning maslahatchisi damashqlik Nikolay tomonidan 144 jildda yozildi, asarda voqealar er. avv. IV asrgacha yoritilgan.

Er. avv. I asrda Korneliy Nepot "Mashhur kishilar to'g'risida" biografik asarini yozdi. Er. avv. I asr oxirida Galikarnaslik Dionisiy "Rim qadriyatlari" nomli tarixiy asarini yozdi, bizgacha bu asardan faqat 9 tasi yetib kelgan. Italiya va uning provinsiyalari tarixi va geografiyasi to'g'risida qimmatli ma'lumotlar Strabonning "Geografiya" asarida (17 kitob) beriladi. Strabonning yana bir asari "Tarixiy yozishmalar" bizgacha yetib kelmagan.

Eramizning I asrida Velley Paterkulning "Jahon tarixi" nomli 2 jildli kitobi, notiq Valeriy Maksimning "Mashhur ishlar va so'zlar" nomli 9 kitobda tarixiy latifalaru, Kvint Kursiy Rufning "Makedoniyalik Iskandar tarixi" 10 jildli kitobi yozildi. Imperatorlar Vespasian va Titning klienti yahudiy Iosif Flaviyning 7 jildli "Yahudiya urushi tarixi", 20 jildli "Yahudiya qadimiyatlari" asarlari sharqiy provinsiyalar to'g'risida boy ma'lumotlar beradi.

Davlat arbobi, tarixchi, yozuvchi Gay Pliniy Sekund (24-79-yillar) san'at, madaniyat va fan sohalaridan noyob ma'lumotlar to'plami "Tabiiy tarix" nomli 37 jildli entsiklopedik asarini yozdi. Bu ulkan asarda 500 muallif, 2 ming kitobdan olingan ma'lumotlar umumlashtirilgan.

Eramizning 58-120-yillarida yashagan senator, tarixchi Kvimdetsimbir Publiy Korneliy Totsit 16 jildli "Annalar", 14 jildli "Tarix" asarlarini yozdi. Bu asarlar Yuliy Klavdiylar va Flaviylarni 14-96-yillardagi tarixini qamragan davrni aks ettiradi, Tatsitning "Germaniya" asari german qabilalarini ijtimoiy tuzumi, dini va turmushi to'g'risidagi tarixiy-geografik ocherk hisoblanadi.

Tatsitning kichik zamondoshi imperator Adrianning kotibi Gay Svetoniy Trankvill (70-140-yillar) "12 Tsezar hayoti tasviri" Tsezardan Domitsiangacha rim imperatorlarining biografiyasi to'plamini yaratdi. Tatsitni zamondoshi 46-126-yillarda yashagan yunon yozuvchisi Plutarx 210 har xil asarlar yozgan, bizgacha ulardan 150 tasi yetib kelgan, Plutarx mashhur yunon-rim arboblarini 50 biografiyasini, bir makedon-Iskandarni bir fors Artakresks Ini biografiyasini yozadi.

Makedoniyalik Appian 160-165-yillarda 24 jildli "Rim tarixi" asarini, 155-235-yillarda yashagan Rim senatori Dion Kassiy Koksian yunon tilida 80 jildli "Rim tarixi"ni yozdi, Dion Kassiyning bu kitobidan 25 jildi va ko'p sonli parchalar bizgacha yetib kelgan. Dion Kassiyning kichik zamondoshi Gerodian "Markdan keyin imperator hokimiyati", (Mark Avreliyning o'limidan keyin Gordian III hukmronligigacha 180-238-yillar) 8 jildli tarix kitobini yunon tilida yozdi.

Mashhur davlat arbobi Gay Yuliy Tsezar (er. avv. 100-44-yillar) yirik yozuvchi edi. Uning asarlaridan bizgacha faqat 2 tasi "Gall urushlari to'g'risidagi yozuvlar" (7 kitob), "Fuqarolik urushi to'g'risidagi yozuvlar" (3 kitob) yetib kelgan.

Tarixiy monografiya janrining asoschisi Gay Sallyustiy Krisp (er. avv. 86-35-yillar) keksalik paytida "Katilina fitnasi to'g'risida", "Yugo'rta urushi to'g'risida" hamda er. avv. 78-67-yillar voqealarini qamrab olgan "Tarix" asarini yozgan.

III-IV asrlarning ikkinchi yarmida Rim tarixshunosligi tushkunlikka yuz tutdi. IV asrda "Imperatorlar tarixi yozuvchilari" nomi bilan II-III asrlar imperatorlari biografiyalari to'plami paydo bo'ldi. Bu to'plam materiallarida Antoniylar boshqaruv davridan imperiyaning yemirilish davriga o'tishi yaqqol ko'rsatiladi.

So'ngi mashhur Rim tarixchisi Ammian Martsellin (330-400-yillar) edi. Uning kelib chiqishi yunon bo'lib, latin tilida "faoliyat" nomli 31 jildli tarixiy asarini yozdi. Bu asar Tatsit "tarix"ini davom ettirib 96-378-yillardagi voqealarni o'z ichiga oladi. IV asrda so'ngi imperiya davrining siyosati va mafkurasi tarixi bo'yicha imperatorlarga maqtovlar, notiq Libaniyning nutq va xatlari paydo bo'ldi.

IV asrda xristian tarixshunosligini shakllanishi boshlandi. Xristian cherkovi tarixi bo'yicha "Cherkov tarixlari" latin va yunon tilida paydo bo'ldi. Ularning orasida kesariyalik Yevseviyning taniqli tarixchi va ilohiyotshunos, buyuk Konstantinning biografiyasini muallifining "Cherkov tarixi" asari alohida o'rin tutadi. Rimning tushkunlik sabablarini xristian tarixchilari ham o'z nuqtai nazarlaridan yoritdilar. Episkop Avgustin o'zining "Xudoning shahari to'g'risida" nomli asarida ispan diakoni Oroziy, marsellik presviter Sal'vian o'z asarlarida Rimning xalokatini uning o'tmishi, o'zaro urushlar, hukmdorlarning adolatsizligi, birinchi xristianlarni ta'qib qilinishidan keltirib chiqardilar.

Huquq. Rim huquqi antik sivilizatsiyaning eng katta yutuqlaridan bo'lib, asrdan-asrga yuridik tafakkurning klassik namunasi bo'ldi. Rim huquqining manbalari odatdagi huquq, senat qabul qiladigan qonunlar, magistratlarning ediktlari va yuristlarning faoliyati tashkil qilar edi. Rim tarixida huquqiy normalarni kodifikatsiya qilish natijasida XII qonunlar jadvalini yaratilishi bo'ldi.

Er. avv. 366-yilda xususiy kishilar o'rtasidagi huquqiy qarama-qarshiliklartni tartibga solish uchun Rimda shahar pretori lavozimi joriy etildi. Pretorlarning yuridik amaliyotidan fuqarolik protsessual huquqi paydo bo'ldi.

I-III asrlar Rim huquqi tarixi davrida klassik davr hisoblanadi. Rim imperiyasida 212-yilgacha huquq va sud amaliyotini ikki shakli kvirit (Rim) huquqi va xalqlar huquqi mavjud edi. Bundan tashqari ba'zi provinsiyalarda mahalliy-huquqiy tizimlar va Rim noiblarining ediktlari amal qilar edi. Imperator Adrian (abadiy edikt)ini e'lon qilinishi imperiya hududida yagona huquqiy kenglikni yaratish yo'lidagi muhim qadam bo'ldi. II asrning ikkinchi yarmida Gay 4 jilddan iborat huquq darsligi (institutsiyalar) to'plamini tayyorladi. II asr oxiri III asrning boshlarida mashhur huquqshunoslar Emiliy Papinian, Domitsiy Ul'pian va Yuliy Pavel faoliyat ko'rsatdilar.

429-438-yillar imperator Feodosiy II buyrug'i bilan "Feodosiy kodeksi" nomida imperator qonunlari to'plami tayyorlandi, 529-yilda "Yustinian kodeksi", 533-yilda "Digetslar"-rim huquqshunoslarining asarlaridan olingan ma'lumotlar to'plami 50 jildda er'lon qilindi.

Adabiyot. Rim adabiyotini shakllanishi va taraqqiyotida xalq og'zaki ijodi va yunon adabiy an'analari muhim o'rin egalladi. Rim adabiyoti tarixi er. avv. III asr o'rtalarida yunon janrlarida taqlid qilish bilan boshlandi. Tarentlik ozod qo'yilgan qul yunon

Liviay Adronik (er. avv. 280-204-yillar) birinchi latin muallifi edi. U Gomerning "Odisseya"sini latin tiliga tarjima qildi, yunon dramalarini erkin tarjima qilish va badiiy qayta ishlash bilan shug'ullandi. Liviy Andronikdan Rim badiiy adabiyoti boshlanadi. Uning zamondoshlari shoirlar Neviy va Enniylar edi. Giney Neviy (er. avv. 201-yilda vafot qilgan) Rim syujetlariga asoslangan birinchi tradegiyalarni yaratdi, yunon mualliflari syujetlaridan o'zlashtirib dramalar yozdi. Neviy I puni urushi to'g'risida 7 jildda epik poema yozdi. Kvint Enniy (er. avv. 239-169-yillar) Rim tarixiga bag'ishlangan "Annalar" epik poemasini 18 jildda yozdi, bu shoirdan 1100 dan ortiq she'rlar meros qoldi.

Tit Maktsisy Plavt (er. avv. 250-184-yillar) birinchi Rim komediografi bo'lib, uning 130 komediyasidan 21 tasi saqlanib qolgan. Ikkinchi buyuk rim komediografi Publiy Terensiy Afrikalik (er. avv. 185-159-yillar) bo'lib, uning pyesalaridan 6 tasi bizgacha yetib kelgan.

Rimda tradegiya keng tarqalmadi. Rim tragiklari Mark Pakui (er. avv. 220-130-yillar) va Lutsiy Aksiy (er. avv. 170-90-yillar) o'z tradegiyalarini yaratish uchun buyuk yunon dramaturglarining asarlaridan foydalandilar. Rimda keng tarqalgan adabiy janr satira (she'r, masal, latifa va dialoglar aralashmasi) edi. Vaqt o'tishi bilan u bizga yaxshi tanish bo'lgan satiraga aylandi. Birinchi Rim satiriki Gay Lutsiliy (er. avv. 180-102-yillar) 30 kitobdan iborat satiralar to'plamini bunyod qildi.

Latin prozasining eng ilk namunalaridan biri Mark Portsiy Katon Kattaning (er. avv. 234-249-yillar) "Dehqonchilik to'g'risida" nomli asari edi. Uning 7 jildli Rimning qadimgi davrlaridan II puni urushigacha bo'lgan tarixan yoritilgan kitobi, tibbiyot bo'yicha traktatlari, notiqlik san'atiga bag'ishlangan asarlari, 150 nutqlari saqlanib qolmagan.

So'ngi respublika davrining latin poeziyasi Tit Lukrletsiy Kar (er. avv. 95-51-yillar) va Gay Valeriy Katull (er. avv. 87-54-yillar) kabi taniqli vakillari bilan mashhur. Lukretsiyga "Narsalarni tabiati to'g'risida" nomli 6 jildli falsafiy poema tegishli. Katull mashhur Rim liriki bo'lib, 116 she'rlaridan iborat to'plam qoldirgan.

Latin madaniyatining mashhur vakillalari Mark Terentsiy Varron "er. avv. 116-27-yillar) va Mark Tulliy Sitseron (er. avv. 106-43-yillar) adabiyot sohasida muhim iz qoldirdilar. Varron 620 jildda 74 asar muallifi bo'lgan ensiklopedist yozuvchi edi. Uning asosiy asarlari "Qadiniyatlar" (41 jild) va latin tili to'g'risida (25 jild)gi kitobda edi. Sitseron qadimda notiqlik san'atining nazariyotchisi va amaliyotchisi, davlat arbobi, huqushunos va advokat, faylasuf va fiolog tarjimon, adabiy tanqidchi, san'atshunos edi. Uning 58 siyosiy va sud sohasidagi nutqlari, 12 ta falsafiy to'plami, notiqlik san'ati bo'yicha 7 traktati, 800 xatlari, ko'pgina nutqlari va poetic asarlari mavjud bo'lgan.

Avgust davri hisoblanadi. Bu davrda buyuk shoirlar Pubiy Vergiliy Maron (er. avv. 79-19-yillar),

Kvint Goratsiy Flakk (er. avv. 65-8-yillar) Publiy Ovidiy Nazon (er. avv. 49-eramizning 18-yillari) yashab ijod qildilar. Vergiliy dehqonlar mehnatiga bag'ishlab 14 jildli didaktik poema, 12 jildli "Eneyda" poemasini, "Bukolika" she'riy to'plamini yaratdi.

Goratsiy ijodini satira va munozara janrida boshladi (Epodlar, 2 jildda satiralar). Keyin esa 4 jildli "Odalar"ni , "Maktublar" kitobini, 5 jildli elegiyalarni parodiya didaktik janrida "Sevgi fani", "Sevgi da'vosi" asarlarini 15 jildli "G'amgin elegiyalar", 4 jildli "Pontdan maktublar" asarlarini yozdi.

Qobiliyatli lirik shoirlar Tibull (er. avv. 50-eramizning 19-yillari) va Sekst Propertsiy (er. avv. 49-15-yillar). Tibul o'zidan elegiyalarni ikki to'plamini, Propertsiya bir to'plamini qoldirdi. Oktavian Avgustni o'zi proza va she'riyatda ko'p asarlar yozdi.

Satirik janrda kichik Seneka (er. avv. 4-eramizning 65-yillari) va Petroniy Arbitr mashhur edilar.. Petroniyning mashhur romani "Satirikon" bo'lib, 20 bobidan 3 bobi qolgan. Persiy Flakk (34-62-yillar), Mark Valeriy Martsial (40-102-yillar), Detsey Yuney Yuvenal (60-127-yillar) hamda 120-190-yillarda yashagan Lukian satira janrida ajoyib asarlar yaratdilar. Bizgacha bu davrning qimmatli yodgorliklari mashhur notiqlar Dion Xrizotomning 78 nutqi, Eliy Aristidning 55 nutqi yetib kelgan. IV asr ritorika-notiqlikning yangidan gullab yashnagan davri bo'ldi. Antik O'rtayer dengizining notiqlik maktablarida bo'lg'usi oliy amaldorlar va xristian targ'ibotchilari tarbiyalandi. Bu davrda Afinada

Gimeriy, Konstantinopolda Femistiy kabi mashhur ritorlar dars berdilar.

Eng kuchli notiq va notiqlik san'ati o'qituvchisi Libaniy edi. U Antioxiyada imperatorlar, lashkarboshilar, oliy amaldorlarga qarata u bu ijtimoiy dolzarb muammolar yuzasidan erkin nutqlar bilan murojaat qilar edi. Libaniy "Kichik Demosfen" taxallusini oldi. U imperator Yulianning ashaddiy muxlisi edi. Ko'pgina taniqli xristian targ'ibotchilari jumladan Nazianlik Grigoriy va Ioann Zlatous uning maktabidan chiqqan edilar. O'sha davrdagi Rim notiqlaridan IV asr oxirlarida oliy davlat mansablarini egallagan Kvint avremiy Simmaxni aytish mumkin.

Sarguzasht romani janriga Apuliyning "Otlin eshak", "Afnis va Xloya", Geliodorning "Efiopika" asarlari mansubdir. Bu davrda dramatik janr to'la tushkunlikka uchradi. Undan faqat pantomima, atellan va mim shakllari qoldi. Bizgacha yunon klassik obrazlariga taqlid qilib yozilgan Senekani 10 tragediyasi yetib kelgan.

IV-V asrlarda poeziyada klassik namunada asarlar yaratish an'anaga aylandi. Bu davrning eng mashxur mifologik eposiga Panapolis ellinlashgan misrlik Nonning Dionis to'g'risidagi dostonini aytish mumkin. Bu asar boy fantaziya, ifodali obrazlarga ega bo'lib, epik tarzda yozilgan.

IV-V asrlarda latin shoirlari mifologiyadan tashqari tabiatni tasvirlashga jiddiy e'tibor berdilar. Ana shunday latin shoirlaridan biri Detsim Magin Avzoniy edi. U tajribali ritorik, yunon, lotin tillari va adabiyotining bilag'oni, salohiyatli shoir edi. So'ng ikki mashhur Rim shoirlari Iskandariyalik Klavdiy Klavdian, kelib chgiqishi Galliyadan Klavdiy Rutimiy Namatsian o'z she'rlarida Rimga murojaat qilib, uning buyuk o'tmishi va g'alabalarini kuyladilar. Klavdian imperator Gonoriy saroyida yashab, hukmdorning yaqinlaridan biri Stilixonga bag'shlab, "Stilixonga maqtov" va "Gotlar bilan urush to'g'risida" poemasida Rimga buyuk kelajakni bashorat qildi.

Me'morchilik va haykaltaroshlik. Rim me'morchiligi va haykaltaroshligi yunon va etrusklarni kuchli ta'siri ostida rivojlandi. Rimliklar etrusklardan qurilish texnikasini ba'zi usullarini o'zlashtirib oldilar. Er. avv. 312-yilda Senzor Appiy Klavdiy Tseke davrida rimliklar ilk bor tosh to'shalgan Appiy yo'lini qurdilar, odatda rimliklar yo'llarni 5 qatlamli tuzilma bilan qurar edilar. O'sha 312-yilda rimlik injenerlar Rimning suv ta'minotini yaxshilash uchun arkli suv quvurlari-akveduklar qura boshladilar.

Er. avv. II asrda beton kashf qiliundi. binolar qurilishida g'isht, tuf, travertin va marmar ishlatila boshlandi. Rim qurilish san'atining ko'p asrlik tajribasi Mark Vitruviy Pollionningf 10 jildlik "Arxitektura tog'risida" (er. avv. I asrda) asarida umumlashtirildi. Bu vaqtda Rimda ko'p qavatli uylar, ko'priklar, termalar, zafar arklari qurildi. Er. avv. 55-yilda Mars maydonida toshdan qutilgan birinchi amfiteaatr "pompeya" qurildi.

Respublika davrida rimning jamoatchilik markazi forum bo'ldi. Bu yerda davlat xazinasi va arxivi (Tabulyarir), notiqlar minbari (rostra), kuriya (senat majlislari o'rni), davlat qamoqxonasi (Tullianium) binolari qurilgan edi. Ellin davrida Rim yunon haykallari va boshqa san'at asarlari bilan bezatila boshlandi. Imperiya davrida forum, ibodatxona, bazilika, portik, zafar arklari, memorial kollonlar va otliq haykallari bilan bezatildi. Ularning ichida xashamatli Trayan kolonnasi va forumi ajralib turadi. Rim va boshqa shaharlarda termalar-basseyn, gimnastika zallari, park va kutubxonalari bo'lgan hashamatli jamoa hammomlari ko'plab bunyod qilindi. Imperator termalarida tasviriy san'at va haykaltaroshlikning eng yaxshi namunalari quyitilar edi. Rimda eng katta va hashamatli termani imperator Karakalla qurgan edi. Uning maydoni 12 ga. bo'lib, bir vaqtni o'zida 1600 kishi yuvinishi mumkin edi.

Imperiyada jami uzunligi 80 ming km. bo'lgan 372 yo'l bor edi. Dengiz portlari, gavanlar yaxshi jixozlangan edi. Fortifikatsiya inshootlari ham mustahkam bunyod qilinib, muntazam ta'mirlab turilar edi.

Boy rimliklarning hashamatli saroylari marmar kolonnalar, san'at asarlari, mozaika, haykallar bilan bezatilgan va isitgichlarga ega edi. Kambag'al fuqarolar esa ko'p qavatli hech qanday qulayliklarga ega bo'lmagan, rejasiz qurilgan uylarda yashar edilar.

Rim san'atining eng katta yutuqlaridan biri haykal portret edi. Yunon haykallari barkamol fuqaro obrazini yaratgan bo'lsa, Rim haykali odamning o'zini aynan ko'rinishida bunyod qilingan edi.

Qadimgi odatga ko'ra rimliklar uylarida ajdodlarini mum niqoblarini saqlar edilar. Ilk davrda etrusklar bronza haykallarni yaratdilar. Er. avv. I asrdan boshlab bronzani o'rniga marmar ishlatila boshlandi. Rim haykaltaroshligini so'ngi respublika asarlaridan "Orator", "Togatus", "Brut" haykallari, Mariy, Pompey, Tsitseron, Kichik Katon va Sezarni byustlarini ko'rsatish mumkin. Bundan tashqari ko'pgina imperator va malikalarni, amaldor, sarkarda, shoir va faylasuflarni marmar byustlari saqlanib qolgan.

Ta'lim va fan. Rimda ta'limning birinchi bosqichi maktab edi. Maktablar xususiy bo'lib, davlat ta'lim jarayoniga aralashmas edi. Maktabda ishi yurishmagan, kelib chiqishi qorong'i bo'lgan kimsalar dars berar edi. Boshlang'ich maktabda 7-12 yoshli bolalar o'qish-yozish, og'zaki sanashga o'rgatilar, o'qish faqat bir semestrni tashkil etar edi. Keyingi o'qish pullik edi. O'rta maktabda olimlar, yozuvchi va adabiy tanqidchilar (ko'pincha ozod qo'yilgan qul-yunonlar) grammatikani o'qitar edilar.

Antik davrda notiqlik maktablari ham mashhur bo'lib, 15-16 yoshli qobiliyatli o'quvchilar notiqlik san'atini o'zlashtirganlar. Imperiya davrida siyosiy notiqlarda o'rin qolmagani uchun notiqlik maktablari faxrli va daromadli kasb bo'lgan advokatlarni tayyorladilar.

Rim imperiyasining madaniy markazlari Rim, Iskandariya, Pergam, Rodos, Afina, Karfagen, Massiliya edi. Bu shaharlarda kutubxonalar, teatrlar, maktablar mavjud edi.

Tabiiy fanlar rivojlanib qator ilmiy asarlar yaratildi. Vitruviyning 10 jildli "Arxitektura to'g'risida"gi kitobi, I asrda Tsekts Yuliy Frontonning "Akveduklar to'g'risida" injenerlik asari, Strabonning 17 jildli "Geografiya"si, Pomponiy Melaning "Yer tuzilishi to'g'risida" nomli 3 jildli kitobi, Klavdiy Ptolemeyning "Geografiya bo'yicha yo'riqnoma" nomli 8 jildli asari, Kvintilinning "Notiqni o'qitish" 12 jildli notiqlik nazariyasi to'plami, Kolumellani astronomiya bo'yicha "Qishloq xo'jaligi to'g'risida" nomli 12 jildli asarlari fan taraqqiyotining katta yutuqlari edi. I asr o'rtalarida Katta Pliniy (24-79-yillar) o'zining 37 jildli "Tabiatshunoslik" asarini yozdi. Bu asar entsiklopedik mazmunda bo'lib fizika, geografiya, botanika, zoologiya, mineralogiya va boshqa fanlar bo'yicha ma'lumotlar beradi. Fiziolog Klavdiy Galen (129-199-yillar) akusher va pediatr Soran shuhrat qozondilar. Avl Korneliy Tsels "Fanlar" asarida dehqonchilik, ritorika, harbiy ish va tibbiyot to'g'risida turli ma'lumotlarni jamladi.

6-§ QADIMGI XITOY MADANIYATI

Mifologiya va din. Qadimgi Xitoy mifologiyasi to'g'risidagi manbalar asosan er. avv. XI asrga oid. Bu afsonalar mazmuniga ko'ra ikki guruh yoki sikllarga bo'linadi.

Kosmogonik miflar ichida ilk, tartibsiz holatdan tabiat va insonning paydo bo'lishi to'g`risidagi asosiy konsepsiya, bo'linish va aylanish berilgan. Ulardan birinchisi jonsiz va tirik mavjudotlar tartibsizligi, ikki ilk unsur (erkak)ning boshlanishi, Yan va qorong`ulik (ayol)ning boshlanishi - In paydo bo'lgan. Ikkinchi konsepsiya barcha mavjudotlarning paydo bo'lishi bu transformasiya natijasidir deb tushuntiradi. Odam Nyuy ismli ma'buda tomonidan loydan yaratilgan.

Tabiat stixiyalari va ulardan odamlarni qutqargan qahramonlar to'g`risida afsonalar ko'pchilikni tashkil qiladi. Toshqin va qurg`oqchilik hodisalari afsonalarda ko'p tilga olinadi. Qadimgi qahramonlar to'g`risidagi afsonalarda qahramonlar odamlarni olovdan foydalanishga o`rgatgan; ilk bor shox-shabba chaylani ko'rgan. Baliq ovi va ovchilik usulini kashf qilgan; ilk dehqonchilik qurollarini yasagan, donni bug`da pishirishni o`rgatgan qahramonlar mavzusi yetakchi o'rinni tutadi. Ko'pgina qahramonlar ilon gavdali, buqaning kallasi bilan yarim hayvon, yarim odam qiyofasida tasvirlanganlar. Bu qadimgi totemistik tasavvurlarni aks ettirishdir.

Qadimgi xitoyliklar u dune to'g`risidagi tushunchalarida yerda mavjud bo'lgan tartib-qoidalar aks ettiriladi. Yerda hokimiyat vanga tegishli, osmonda xamma jismlar Oliy xudo (Di)ga buysunadi. Di qudratli, u odamlarga marxamat qiladi yeki ularni baxtsizlik bilan jazolaydi. U odamlarga hosilni sovg`a qiladi, qurg`oqchilik yuboradi, yomg`ir va shamol Diga bogliq. Dining yaqinlarini Vanning vafot qilgan ajdodlari tashkil qiladi. Vanning ajdodlari Dining topshiriqlarini bajaradi va ular Vanning yerdam berish to'grisidagi iltimosini Diga yetkazadi. Vanning oliy koxin sifatidagi vazifasi odamlar va xudolar dunesi o'rtasida vositachi bo'lgan o'z ajdodlari bilan muloqotni amalga oshirishdir.

Konfutsiylikni paydo bo'lishi va tarqalishi ajdodlarga e'tiqod qilishni kuchaytirdi. Konfutsiy (er. avv. 551-479 yillar)ning axloqiy-syosiy ta'limotida markaziy o'rinni «oliyjanob kishi» (SzyanSzi) to'g`risidagi tushuncha egallaydi. Konfutsiylik gumanizm (Jen), sadoqat (Chjun), kattalarga hurmat (Syuo), kishilar o'rtasidagi munosabatlarga rioya qilish (Li)dan iborat. Konfutsiy ochko'zlik, zo`ravonlikga qarshi axloq va burchni qarama-qarshi quyadi.

II-III asrlarda Xitoyga budda dini kirib keldi. Afsonalarga ko'ra, birinchi budda sutralari (matn yoki qoida) Xitoyga oq otda olib kelingan: bunga xotira sifatida Loyan shahri yonida budda «oq ot ibodatxonasi» qurilgan va hozirgacha saqlanib qolgan. Xitoyda sutralarni tarjima qilish va budda dinini tarqalishi IV-VI asrlarga tegishlidir.

Adabiyot. Eng qadimgi Xitoy she'riyati namunalari eramizdan avvalgi XI-VI asrlarda jez ko`zalardagi yozuvlarda yetib kelgan. «Shiszin» ("qo'shiqlar kitobi")-qadimgi Xitoy adabiyotining haqiqiy xazinasidir. Bu yodgorlik 4 bo'limga bo'lingan («Podsholik axloqi», «Kichik odalar», «Buyuk odalar», «Madhiyalar») 305 poetik asarlar majmuasidan iborat.

«Shiszin» an'analari eramizdan avvalgi IV asrda poetik asarlar mualliflari tomonidan o'zlashtirib olindi. Bizgacha bu asarlar do`mbira shaklini eslatadigan tosh uyumlarda yetib kelgan, shu sababli ular «Tosh do`mbiralar»dagi matnlar deb ataladi. Eramizdan avvalgi IV asrda mashhur Syu Yuan, Xan davrida Sima Syan-Ju kabi shoirlar ijod qilgan.

Musiqa, poeziya va raqs kabi san'at janrlari Xitoyda yuqori darajada shakllangan. Musiqa asboblari uch asosiy guruhga: torli, tovush va urib chalinadigan asboblarga bo'lingan. Ko'pgina musiqa asboblari eramizning birinchi, ikkinchi asrlarida O'rta Osiyodan o'zlashtirib olingan.

Xitoy me'morchilik san'atida yog`och asosiy xom-ashyo edi. Xan davrining noyeb me'morchilik yodgorligi imperiya poytaxti Chanyan shahri 12 darvozali devor bilan o'rab olingan. Baland ko'p xonali imperator saroyi, ma'muriy binolar va ibodatxonalar shaharning kurki edi. Ma'muriy binolar sariq rangda, imperator saroylari qizil rangda bo`yalgan. Xan davrida portret san'ati yuksak darajada bo'lgan, saroylar portret freskalari bilan bezatilgan.

Yozuv. Ilk Xitoy yozuvining eng qadimgi yodgorliklari er. avv. XIV-XI asrlarga oid fol ko`rish yozuvlaridir. In yozuvlarining ko'pchilik qismi buyumlar tasviridir. In belgilari buyumlar tasviri yeki murakkab tushunchalarni ifodalaydigan ko'pgina tasvirlar qo`shilmasi ideogramma ko'rinishidadir. In belgilarining hozirgi Xitoy iyerogliflaridan 3 xil farqli tomoni bor. Birinchidan, har bir elementar belgi qandaydir buyumning konturini tasvirlagan, ikkinchidan bir belgilini yozilishida ko'p xilma-xillik mavjud. Uchinchidan belgini qatorning nisbiy yo`nalishiga tomon harakati hali barqaror bo'lmagan. In yozuvining er. avv. I ming yillikda Chjoular tomonidan o'zlashtirilishi, uning taraqqiyotini uzib qo`ymadi. Er.avv. II-I ming yilliklarda iyerogliflarning mahalliy variantlari unifikasiya qilindi, belgilarni yezishning yangi husnixati paydo bo'ldi.

Qadimgi Xitoyda odatda yupqa yog`och yoki bambuk taxtachalariga yozilgan. Tushli mo`yqalam bilan yozuv ana shu taxtachalarga tushirilgan va yozuvlar metall pichoq bilan tozalangan. Eramizdan avvalgi I ming yillikning o'rtalarida ipak matoga ham yozilgan. Yangi era boshida qog`oz kashf qilinib ishlatila boshlandi va qog`oz boshqa materiallarni siqib chiqardi.

Tabiiy-ilmiy bilimlar. Qadimgi Xitoyda ilmiy bilimlar ayniqsa, matematika rivojlangan. Eramizdan avvalgi ikkinchi asrda to'qqiz kitobdan iborat «matematika» traktati tuzildi. Bunda oldingi olimlarning bilimlari proporsiya, progress, bo'lishlar bayon etilgan. Pifagor teoremasi va boshqalar to'plangan. Matematika bilan yonma-yon astronomiya fani ham rivojlandi. Er. avv. 104-yilda bir yil 365,25 kun hisoblab chiqildi. Shu yil qabul qilingan kalendar eramizning 85-yiligacha foydalanildi. Bu kalendar bo'yicha yil 12 oyga bo'lnidi. Qo'shimcha oy kabisa yiliga qo'shilib 3 yilda bir marta belgilangan. Qo'yosh–oy kalendari qishloq xo'jalik ishlariga moslashtirilgan. Qadimgi Xitoyda tibbiyot sohasida katta yutuqlarga erishildi. Er. avv. III asrda Xitoy vrachlari igna bilan davolashni kashf qilganlar. Tabiblar 52 kasallikni davolashni bilganlar. 280 davolash usulini qo'llaganlar.

7-§ QADIMGI HINDISTON MADANIYATI

Adabiyot. Qadimgi Hind adabiyotida markaziy o'rinni diniy adabiyot yodgorliklari egallaydi. Ularning eng qadimgilari vedalar, o'qituvchidan o'quvchiga og`zaki uzatilgan. Veda madhiyalarining katta qismi qurbonlik rasm-rusumlariga bag`ishlangan. Er. avv. I ming yillikning II yarmida budda adabiyoti shakllangan. Ilmiy va didaktik ruhdagi adabiyotlardan er. avv. V-IV asrlarda Panini tuzgan sanskrit grammatikasidir. Bu mutaxassislarning fikricha jahon fanida XIX asrgacha tilning eng yaxshi bayon qilingan asaridir. Hindistonda yozuv kechroq paydo bo'lgan, uning ilk namunalaridan biri Ashoki yozuvlaridir.Qadimgi hindlar mantiq, til falsafasida katta yutuqlarga erishdilar. Matematika, astronomiya fanlari bo'yicha V asrda mashhur olim Ar'iyabxattaxa harakatning nisbiyligi asosida yerning o'z o`qi atrofida aylanishi va uning quyosh atrofida aylanishini faraz qiladi. Matematikada nolni kiritilishi, arab raqamlari deb aytiladigan raqamlar Hindistondan kelib chiqdi.

Eramizning I asrlarida turli adabiy janrlar mavjud bo'lgan. Bu davrda mashhur dramaturg Shakun Kalidasa ijod qiladi. «Panchatatra» deb atalgan kitobda masallar to'planadi, uning arabcha tarjimasi «Kalila va Dimna» deb ataladi. **Me'morchilik va san'at.** Maurilar davridan so'ng, g`isht va toshdan qurilishda keng foydalaniladi.

Hozirgacha saqlangan obidalar g`arbiy Hindistondagi budda monastirlari diqqatga sazovor.

Yer ustidagi monastirlardan biri Sanchida bunyod qilingan. Sanchida tepalik ustida ulkan budda monastiri qurilgan. Yana bir noyob san'at yodgorligi Ashoki yozuvlari bitilgan tosh ustunlardir. Maurilardan so'ng, haykaltaroshlikning mahalliy maktablari vujudga keladi. Ulardan eng mashhurlari shimoliy g`arbiy Hindistondagi Gandxara, shimoliy Hindistonning markaziy qismidagi Madxura va Dekan viloyatidagi maktablardir. Eramizning birinchi asridan Gandxara maktabi ellin va Rim madaniyati ta'siri ostida shakllangan. Gandxara uslubi kushonlar davrida markaziy va sharqiy Osiyoning budda madaniyatiga ta'sir qildi.

Madxura va Dekan maktablari Hind tasviriy san'ati an'analari bilan ko'proq bog`langan. Ana shu maktablar asosida o'rta asrlar hind va janubiy sharqiy Osiyo mamlakatlari madaniyati shakllandi.

Maurilar davridan keyin ming yil davomida hind tasviriy san'atining noyob yodgorligi g`ordagi Ajanta ibodatxonasi va budda monastirlari yaratildi. Monastirlarning ba'zi zallari devorlarida budda afsonalaridan manzaralar tasvirlangan. Ajantadagidek noyob tasvirlarga o`xshash tasvirlar Shri-Lankadan ham topilgan.

Qadimgi Hind adabiyoti asarlarining katta qismi veda, epik va budda adabiyotlari an'anaviy janrlarga tegishli bo'lib, asrlar davomida og`zaki shaklda yashab keldi.

Aynan muqaddas matnlarni eslab qolish, uzatish va talqin qilish, lingvistika, falsafa va mantiq kabi fanlarning rivojiga sabab bo'ldi. Janubiy Osiyoda Maurilardan so'ng, turli davlatlarni gullab-yashnashi dunyoviy adabiyot-drama, poeziya va proza, me'morchilik hamda tasviriy san'atning noyob yodgorliklarni yaratilishiga sabab bo'ldi. I ming yillikning o'rtalarida (shimoliy Hindiston Guptalar davri) qadimgi janubiy Osiyoda madaniyat taraqqiyotining yakuni bo'ldi.

Vedalar. Qadimgi hind adabiyotining mashhur yodgorligi «Rigveda»ning minglab madhiyalari va so'nggi veda adabiyotlari oriylarning diniy e'tiqodlari to'g`risida boy ma'lumot beradi.

Qadimgi Hindistonda xudolar pog`onasi mavjud emas. Xudolar samoda yashaydi. Oriylar xudolar tasviriga sig`inganlar. Qurbonlik keltirish, olovga moy quyish, arpa donini tanlash bilan ifodalangan, guyeki qurbonlik tutun bilan samoga ko`tarilib, xudolar qurbonlikdan to`yib yerdagi bandalariga ovqat yuboradilar. Dastlab ibodatxonalar qurish rasm bo'lmagan. Kohinlar yopiq tabaqa bo'lgan. So'nggi veda davrida koxinlar aloxida toifa, braxmanlar varnasini tashkil qilganlar va boshqa varnalardan mavqelari yuqoriligiga da'vo qilganlar. Uch varnadan birortasining to'la huquqli azosi bo'lish uchun faqat bu varnada tug`ilish emas balki braxman o'qituvchining uyida o'qish va maxsus bag`ishlov marosimlaridan o'tishi lozim edi. Bag`ishlov marosimida bolaga muqaddas ip ilganlar bu «ikkinchi tug`ilish» hisoblangan. Shudralarga marosimga ishtirok etishga ruxsat berilmagan. «Ikkinchi tug`ilish» marosimi Veda matnlarini o'qish va diniy sirlarni bilish huquqini bergan. Veda matnlarini o'qituvchidan o'quvchiga faqat og`zaki uzatganlar. Natijada vaqt o'tishi bilan matnlar mazmun o'zgarib ketgan. **Budda dini.** Er. avv. I ming yillik o'rtalarida yangi diniy e'tiqodlar vujudga keldi. Ularning eng muhimi budda dinining «Uch qimmat»i edi. Bu Buddaning o'zi, draxma-uning ta'limoti va sangxa-unga e'tiqod qiluvchilar jamoasi hisoblanadi. Budda dinining asoschisi Shaq'ya zodagon urug`idan bo'lgan shaxzoda Sidxartxa Gautama bo'lgan. Uzoq azob chekishlardan so'ng, daraxt soyasida Sidxartxaga yorug`lik ma'rifati tushadi. Shundan so'ng, Sidxartxa ma'rifatli (Budda) bo'ladi.

Budda ta'limotining o'ziga xos xususiyati u hayotni azoblanish deb tushuntiradi. Azoblanish o'lim va kasalliklar bilangina bog`liq emas, balki eng yaxshi bo'lib qayta tug`ilishlar zanjiri bilan bog`langan. Azob ko'rishning sababi yangi hayotda boylik, huzur-halovat, yaxshi hayot kechirish yoki yaxshi taqdir uchun kuyib-pishishdir. Qiynalishlardan qutilishning yo'li o'z ruxi, yurish-turishi, ustidan to'la nazorat o'rnatish va buning oxirgi maqsadi nirvana («uchish, sun'iy»)bo`lib, shundan so`ng, kishi zanjirni yorib o`tadi va u boshqa tug`ilmaydi. Buddaviylikni ilk o'qituvchini tasvirlash ananasi yo'q edi, faqat budda ramziga tayanadigan asosiy e'tiqod inshooti stupa–soyabon ostidagi sun'iy tepalik edi. Dindorlar stupa va undagi Budda sochi yoki tishiga chapdan o`ngga (quyosh bo'yicha) o'zini gunohlardan holi qilish uchun bu dune hayotidan u oilasidan, mulkidan tashqi an'anaviy aloqalardan ruhiy bog`lanishlardan kechishi kerak. Budda muridlari qizg`ish kiyimda, sochlari taqir olinib, qishloq va shaharlarni kezib, sadaqa so`rab yurganlar. Ularni bxikshu (gadoy) deb ataganlar. Budda dini uchun turmush marosimi hech qanday ahamiyatga ega emas edi. Dindorlar avvalgiday to`y, o'lim marosimlariga braxmanlarni chaqirar edilar. Budda matnlari mahalliy so'zlashuv tillarida tuzilgan bo'lib, aholiga tushunarli edi. Braxmanlar esa, sanskrit adabiyotini aholining juda ko'p qismidan yashirar edilar. Budda dini ayniqsa, shahar aholisi o'rtasida keng tarqaldi, chunki shahar paydo bo'lishining o'zi an'anaviy urug`chilik ijtimoiy aloqalarini yemirilishi, xususiy mulkning paydo bo'lishi, shaxsning jamoadan ajralishi bilan bog`liq edi. Buddaviylik e'tiqodi yirik davlatlar hukmdorlarining homiyligi ostida bo'ldi. Chunki budda matnlarida jahon hukmronligi g`oyasini ilgari surilib, qaysiki, bu hukmdor orqali adolat podsholigiga asos solinadi degan tushuncha mavjud edi. Adolatni tarqalishi bir vaqtni o'zida hukmdorning hokimiyatini kuchayishi bu diniy g`oyaga to'gri kelishini bildiradi. Dastlab budda dini xudosizlar dini edi. Keyinchalik Buddaga nisbatan munosabat o'zgardi. Uning tasviri paydo bo'ldi. Ibodatxonalar kurilib, budda ilohiy mavjudot ekanligi aytila boshlandi.

Dunyoning oxirati va uning kelajagida qutqaruvchi Buddaning kelishi tushunchasi shakllana boshlaydi. Budda maktablari ikki asosiy yo`nalish: «kichik arava» («yoki qutilishning tor yo'li») va «buyuk arava» («yoki qutilishning keng yuli») dan iborat edi. Ularning birinchisi eng qadimiylikka da'vo qilib, Ashoki davridayoq Lanka orolida va keyin janubiy–sharqiy Osiyoga tarqaldi. «Buyuk arava» ta'limoti yanada kattaroq yutuqlarga erishdi. Kushon podsholari homiyligi ostida bu yo`nalish O'rta Osiyo orqali Eron, Xitoy, Tibet, Mongoliya va Yaponiyaga tarqaldi.

Hinduizm. Hinduizm asosini qadimgi Hindistonning arxaik e'tiqodlari daraxtlar, tog`, suv havzalari, ilon, sigir va maymun kabilarga sig`inish tashkil etadi.

Hozirgi kunda ham hinduizmda, qadimgi davrdan boshlab ma'buda onaga sig`inish katta rol o`ynaydi. Hinduizmda bosh yaratuvchi – xudo goyasi mavjud. Bu xudo Vishna bo'lib, u hayvonlar sirtlon, baliq, toshbaqalar, yoki insonlar odatda qora tanli podsho, yoki cho`pon (krishnalar) qiyofalarida namoyon bo'ladi. Vishna boshqa kichik xudolar timsoliga kirishi mumkin. Vishna odatda podsho tojida, ba'zida dunyo iloniday yastanib yotgan holda tasvirlanadi.

Boshqa hinduistlar bosh xudo deb sopol parchalarini osgan asket (davrish) yoki raqqos qiyofasida ifodalanadigan Shivani hisoblaydilar. Shivaga ko'pincha unga bag`ishlangan muqaddas ho`kiz hamkorlik qiladi. Qadimgi davr oxiri va hozirgi kunlarda hinduistlar Vishna va Shivaga e'tiqod qiluvchilarga bo'linadi. Hinduistlarning muqaddas matnlari vedalar hisoblanadi. Hinduizmda ibodatxonada toat-ibodat qilish rasm bo'ldi. Bayram tantanalarining eng muxim qismi tantanali yurishlar, namoyishlar bo'lib, xudoning tasviri olib yurilgan. Ibodatxona oldida uning xizmatchilari koxinlar, raqqoslar, musiqachilar yashagan.

Hinduizm mafkurasining asosiy belgilari «Bxagavadgita» («Xudo qo'shiqlari») poemasi bo'lib, «Maxabxarot» tarkibiga kiritilgan. Hinduizmning axloqida cheksiz sabr-toqat qilishga chaqiriladi. Ijtimoiy munosabatlarda inson muloqoti o'z ijtimoiy doirasi bilan cheklanish kerak. Kasta bo'yicha kasbni o'zgartirish ta'qiqlanadi. Nikohni bolalikda o'kitish odati tarqalgan. Bevani o'z erini gulxanda kuydirgan paytda o'ziga olov berishi eng savob ish hisoblangan.

8-§ QADIMGI OSSURIYA, SURIYA, FINIKIYA MADANIYATI

Qadimgi Ossuriyada moddiy madaniyat ildizlari. Qadimgi SHarq dunyosniing shimoliy qismida qadimgi Urartu, SHumer va Akkad davlatlari bilan chegaradosh bo`lgan Osuriyaning davlat tuzumi ham eramizdan aavalgi SH ming yillik oxirlari va P ming yillik boshlarida harbiy qabila demokratiyasi, oilalar ittifoqi shaklida mavjud bo`lgan, Qadimgi Osuriyada dehkonchilik ancha rivojlangan. don etishtirish bilan bir katorda bog'dorchilikka alohida ehtibor berilgan. Arxeologik qazishmalari natijasida topilgan suratlar va yozuvlarda katta-katta bog'lar mavjud bo`lganligi ko`rsatadi.hunarmandchilik ham qadimgi Osuriya ishlab chiqarishining asosiy turini tashkil qilgan. Xira shisha qiyomlari, yuzi yaltiroq chinni, usta guldor va turli rangdagi emal bilan qoplangan koshinlar tayerlash ancha rivojlangan. Osuriyaliklar shisha kiyomidan tinik oyna ishlab chiqarganlar.

Ossuriyada metallurgiya ham ancha taraqqiy etgan. Dur—SHarrukin (hozirgi Xorsobod) shaxridan podshoh Sargon II ning juda katta saroyidan ulkan omborxona topilib, unda tsmirdan yasalgan bolg'alar, motiga (ketmon)lar, belkuraklar, omoch tishlari, pluglar. zanjirlar, qarmoqlar, ilgaklar halqalar va bosha buyumlar topilgan. Bronzadan ishlangan arslon shaklida yasalgan nafis zargarlik b u yum lari o`sha davr texnikasining qay darajada rivojlanganligini kursatadi. Ayniqsa, eramizdan avvalgi VIII asrlarga kelib Osuriya xududida temir keng kulamda ishlatila boshlagan. Osur podshohlari uzlari buysungan xalqlardan o`lponni temir bilan to`lashni talab qilganlar.

Osuriya madaniyatining rivojlanishiga qadimgi SHumer madaniyati kuchli ta`sir kursatgan. Buni qadimgi Osuriyaning Ashshur shahrida olib borilgan qazishmalar davrida topilgan Ishtar ibodatxonasi va undan topilgan shumeriylarga xos haykalchalar tasdiqlaydi. Shuningdeq Osuriya san`ati rivojiga shumeriylar san`ati xam katta ta`sir ko`rsatgan.

Osuriyaliklar mixxatni, diniy e`tiqodlar sistemasini, adabiy asarlar va san`atning xarakterli elementlarini hamda ilmiy bilimlarni Mesopatamiyaning qadimgi xalqlaridan olganlar. Ular ba`zi xudolar nomlari, ularga sig'inishni. Ibodatxonalarning me`moriy shakllarini va hatto qurilishda keng foydalanilgan g'ishtni ham qadimgi shumeriylardan o`rganganlar. Ayniqsa, qadimgi Bobil madaniyatining ta`siri eramizdan avvalgi XIII asrda osur podshosi Tukilti-Nino'rta I Bobilni uziga buysundirgandan so`ng yanada kuchaygan. Natijada bobilliklarning diniy adabiyotlari, dunyoning yaratilishi to`g'risidagi epik dostonlar, enlil va Marduk singari qadimgi xudolarga ishlangan madxiyalar Osuriyada keng tarqalgan. Osuriyaliklar uzunlik ulchovlari va tarozilarni xam davlat idorasini tashkil etish va boshqarishni ham bobilliklardan o`rganganlar. Ossuriyalaiklarda er yuziga yomg'ir yog'diradigan osmon xudosi Adad asosiy xudo hisoblangan.

Arxeologik qazishmaplar natijasida Ossuriya podshosi Ashshurbanipal saroyi xarobalari ochib o`rganilgan. Natijada saroy xarobalaridan o`zida juda ko`p miqdordagi xar xil diniy yozuvlar, adabiy asarlar va ilmiy matnlar astronomiya va tibbiyot kuzatishlariga oid yozuvlar, grammatika va leksikka oid lug'atlar entsiklopediyaning o`sha davrga oid nusxalari saqlangan kutubxona topilgan. Kutubxonaning bu boy materiallari Osuriya madaniyatining naqadar yuksalganligidan dalolat beradi. Bu kutubxona da saqlangan tavba qasidalari yoni «ko`ngilni taskin, toptiruvchi nolalar» Osur adabiyotining yuksak darajaga kutarilganligini ko`rsatadi. Qadimgi Osur shoiri boshiga og'ir musibat tushgan, o`zini gunohkor va g'arib deb .hisoblagan kishining g'am-anduhlarini, ichki ruhiy kechinmalarini mazkur qo`shiqlarda mohirlik bilan poetik ruhda tasvirlay olgan.

Ashshurnazirpalning Kalah shaxridagi va podshoh Sargon II ning Dur— SHarrukin shaxridagi saroylari Osuriya arxitekturasining nihoyatda yuksalganligini kursatadi. Saroy devorlari ov manzaralarini kursatuvchi burtma suratlar bilan bezatilgan. Rel'ef kompozitsiyasi o`ta harakatchan (dinamik) bo`lib, chopayotgan va yaralangan sherlar haykallari jonli tasvirlangan.

Sargonning saroyi ham qadimgi shumeriylarning saroylari singari baland tepalik ustiga qurilgan bo`lib, uning balandlign 14 metr bo`lgan. Sargon saroyiniig 210 zali, 30 ta hovlisi bo`lgan. Ularda burtma suratlar, monumental haykallar haqida ziynatlangan turli ornamentlar va koshinlardan keng foydalanilgan. Saroyga kiriladigan hashamatli darvozalarning ikki tarafiga baxaybat maxluklar va afsonalarda tasvirlanuvchi odam boshli arslon hamda qanotli hukizlarnnng haykallari o`rnatilgan. Bu haykallar go'yo Saroy darvozasi qo`riqlayotgandek taassurot uyg'otgan. Shuningdek, mazkur haykallar tabiiy kuchlar ramzi hisoblangan. Saroy zallarining devorlariga saroy hayotiga oid,urush va ov lavhalarini tasvirlovchi burtma rasmlar ishlangan. Rasmlarda podshohning harbiy yurishlari va afsonaviy qahramon Gilgamesh jasoratlari tasvirlangan.

Xullas, Ashshur, Kalah Nineviya, Dur-SHarrukin singari qadimgi shaharlar Osuriya arxitekturasining qay darajada rivojlanganligini ko`rsatuvchi asosiy dalildir.osuriyada yo`l qurilishi texnikasi nihoyatda keng rivojlangan. (yo`l qurilishi texnikasini dastlab eronliklar, so`ngra rimliklar ulardan o`urganganlar).

Osuriya yo`llari nihoyatda obod bo`lgan, yo`llarga muayyan masofada belgilar qo`yilgan. Bu yo`llardan muntazam ravishda soqchilar o`tib turgan. Bu soqchilar joylarda muhim xabarlarni tezlik bilan etkazish uchun olov signallaridan foydalanganlar. Sahrolar orqali utadigan yo`llarni qo`riqlash maqsadida maxsus istexkomlar qurilib quduqlar qazilgan. Ko`priklarni ko`pincha yog'ochdan, ba`zan esa harsang toshlardan ham qurganlar. Qadimgi yunon tarixchisi Gerodot o`zining «Tarix» nomli mashxur asarida osuriyaliklar kuprik qurilishida temir va qurg'oshindan ham foydalaiganliklarini ko`rsatib o`tadi. Osuriyaliklarda maxsus. yo`lnomalar ham mavjud bo`lib, unda aholi yashaydigan manzillarning oraliqlari va bu masofani qancha vaqtda bosib o`tish mumkinligi ko`rsatilgan. Birinchi «injenerlik» askariy qismlar ham qadimgi Osuriyada paydo bo`lgan. Bu qismlar tog'lardan, yo`l ochish, ko`priklar qurish hamda muntazam qo`shinlar uchun lagerlar qurish bilan mashg'ul bo`lganlar. Osuriyada qal`alar qurish nihoyatda rivojlangan. Natijada qal`alarni hujum bilan olishda ishlatiladigan «artilleriya» ko'rtaklari paydo bo`lgan. Qal`ani bunday «artilleriya» bilan qamal qilish va hujum bilan olishni tasvirlovchi suratlar Osuriyadagi saroy devorlarida saqlanib qolgan. Qamal qilingan qal`a atrofini odatda tuproqdan do`nglik qilib va xandak qazib o`rab olganlar. Qal`a devorlari yoniga taxtadan yo`l va qamal qurolini o`rnatish uchun maxsus surilar yasaganlar. Ular devor buzadigan kamal qurollari - g'ildirakli taranlar ishlatganlar. Mazkur moslamaning devorni urib ag'daradigan qismi temir bilan qoplangan va zanjirga osilgan katta hamda yo`g'on yog'ochdan iborat bo`lgan. Osilib turgan xari (yog'och)ni askarlar tebratib qal`a devoriga urib, devorni qulatganlar.

Qamalda ishlatiladigan ushbu ibtidoiy qurollar namunasini eronliklar osuriyaliklardan olganlar, keyinroq bu qurol qadimgi rimliklarga o`tgan. Bundan ko`rinib turibdiki, qadimgi osuriyaliklarning ham moddiy, ham ma`naviy madaniyatda erishgan yutuqlari o`sha davrdagi ko`pgina xalqlar madaniy hayotiga singib borgan va keyingi davr madaniy taraqqiyotiga sezilarli ta`sir ko`rsatgan.

Qadimgi Suriya va Finikiya madaniyati. Suriya va Finikiya eng qadimgi dengiz va karvon yo`llar tutashgan erda joylashgan bo`lib qadim zamonlardan boshlab har tomondan qadimgi madaniy va qudratli davlatlar tomonidan muntazam ravishda istilo qilinib kelingan.Suriyadan janubi g'arbda Misr, SHarqda Bobil va Osuriya, shimoliy—sharqda Mitanni, shimolda Xett, Fanikiyadan G'arbda, ya`ni O`rta dengiz bo`yida joylashgan.

Suriya va Finikiya xududlarida olib borilgan arxeologik qazishmalar, (ayniqsa, It daryosi — Nahr al—Qalb burni yakinida olib borilgan qazishmalar) ibtidoiy mehnat qurollarining ko`pchiligi — pichoklar, belchalar, bigiz, iskana, nayza uchi kabilar ilk paleolit davriga oid ekanligini hamda ular chaqmoqtoshdan yasalganligini ko`rsatadi.

Finikiyaning qadimgi Bobil shahri hududida joylashgan qabrdan chakmoq toshdan yasalgan pichoklar, belchalar va birmuncha qurol keramika topilgan.

Eramizdan avvalgi uchinchi ming yillikdayoq

finikiyaliklar vigir ekkanlar va undan mato tayyorlashni bilganlar. U vaktda dehqonchilik texnikasi juda sodda bo`lgan. Moti katta ahamiyatga yaga bo`lib, birmuncha vaqt o`tgandan so`nggina juda sodda qo`rinishdagi omoch ishlatila boshlangan. Omochga odatda eshak buqa, ba`zan esa odamlar qo`shilgan. Donni hayvonlar va maxsus asboblar vositasida yanchganlar, bu esa dehqonchilik qurollarini rivojlantirishda birmuncha muvaffaqiyatlarga erishishga olib kolgan Masalan, qadimgi yorguchoqning asta-sekin tegirmon toshi bilan almashtirilganligi xam dehqonchilik madaniyatida rpvojlanish vujudga kelganligini kursatadi. SHu boisdan ham qadimgi Finikiya qadimgi SHarq mamlakatlari ichida iqtisodiy jihatdan rivojlangan mamlakatlardan biri hisoblangan.

Oyna tayyorlash qadimgi Finikiyada ancha yuksalgan. Lekin ular oyna tayyorlashni misrliklar va osuriyaliklardan o`rganganlar. SHuningdeq finikiyaliklar eng yaxshi kemasoz ham bo`lganlar. Qadimgi Podshohlik davridayoq misrliklar kema turlaridan birini, «Bibl kemasi» deb ataganlar. «Finikiyaliklar» degan qabila nominiig o`zi ham «kemasoz» degan ma`noni bildiruvchi misrcha «fenexu» so`zidan kelib chiqqan bo`lishi ham mumkin. Finikiyaliklar vino, kedr moyi, chorva mollari, don, pardoz-andoz, dori-darmonlar ishlab chikarganlar, Finikiya yozuvining vujudga kelishi Finikiya madaniyatining eng ulkan yutug'i hisoblanadi. Finikiyaning qo`shni mamlakatlar bilan (ayniqsa,

qadimgi Bobil va. Misr bilan) olib borgan savdo-sotiq ishlari yozuv sistemasining tez rivojlanishiga sabab bo`lgan. Finikiyaliklar o`z yozuv sistemasini yaratishda Bobil va Misrning qadimgi yozuv sistemasidan foydalanganlar. Bobilliklarning mixxati SHimoliy suriyaliklar tomonidan ancha soddalashtirilgan va natijada 24 alifbo belgisidan iborat SHimoliy Suriya mixxati vujudga kelgan.
Lekin Finikiya alifbosining paydo bo`lishiga Misr ieroglif yozuvining ta`siri ko`proq bo`lgan. Bu yozuvda 24 belgi bo`lib, ular ko`proq undosh tovushlarni ifodalagan. Xullas, Bobil mixxati v Misr ieroglif yozuvlaridan foydalanish natijasida ancha ixchamlashgan va takomillashtirilgan 22 belgidan iborat Finikiya yozuvi paydo bo`lgan. Finikiya yozuvining afzalligi, uiing nafaqat alifbo belgilaridan iboratligidir. Finikiya yozuvining ta`sirida qadimgi grek alifbosi vujudga kelgan. Natijada Finikiya yozuvi bugun Evropa yozuvlari uchun asosiy manba vazifasini bajargan.
Qadimgi Suriya va Finikiya qabilalarining diniy qarashlari dehkonchilik e`tiqodlari bilan chambarchas bog'liq bo`lgan. Masalan, Ras-SHamra shahridan topilgan qadimgi mifologik poemalarda arpani sug'orish, eshak va otni qo`shga qo`shish hamda tok novdalarini o`tqazishda bajariladigan qadimgi diniy urf-odatlar tasvirlab beriladi. Qadimgi finikiyaliklar etilgan boshoq shaklidagi o`lim xudosi Mot, hosil ma`budasi Anat, o`luvchi va tiriluvchi tabiat xudosi Vaal hamda uning o`g'li Aliyyan

kabilarga e`tiqod qilganlar. Aliyyan to`g'risidagi afsona «Vaal va Aliyyan» haqidagi poemada tasvirlanadi. Poemada yozilishicha, xudo Vaal uchun xashamati ibodatxona quriladi. Vaal ushbu ibodatxonada o`lim xudosi Mot ustidan g'alaba qozonganligini e`lon qiladi. Lekin Vaalni o`lim kelib bug'a boshlaydi. Natijada Vaal o`z o`g'li Anat bilan o`lim iskanjasida qiynalib, narigi dunyoga ravona bo`ladi. Tabiat o`ladi. So`ngra poemada o`lgan xudolar sharafiga ado etiladigan motamlar, hosil ma`budasi Anatning o`lim xudosi Mot bilan kurashi, o`lgan xudolarning qidirish va nixoyat, Vaalning Mot ustidan g'alaba qozonishi hamda Vaalning tirilishi (tabiatning uygonishi) hikoya qilinadi. Bu qadimiy afsona hamda o`luvchi va tiriluvchi tabiat xudosi e`tiqodlari keyinchalik Suriya va Finikiyada tarqalgan Adonis e`tiqodining kelib chiqishiga sabab bo`lgan.

Suriya va Finikiya hududlarida joylashgan ko`pgina shaharlar-Ugarit (Ras-Shamra), Bibl, Sayra, Aleppo (Xalpa), Katna va boshqa shaharlar hamda ko`pgina nbodatxonalar arxitektura-shaharsozlik nihoyatda rivojlanganligini ko`rsatadi.

Din va falsafa. Ellin madaniyati yunonlar va Sharq xalqlarining madaniy yutuqlarining qo'shilib ketishi natijasida shakllandi. Ellin dunyosining ma'naviy shakllanishiga davlatlarning ulkan hajmlari cheklanmagan podsho hokimligining mavjudligi, shaharlarning amaldagi mustaqilligini yo'qolishi o'z ta'sirini o'tkazdi.

Bu davrda fan va texnika notekis rivojlandi. Davlat hokimiyati manfaatdor bo'lgan harbiy ish, kemasozlik, shaharlarni qamal qilish texnikasi va qurilish sohalarida eng katta yutuqlarga erishildi.

Ellinizm davrida yunon dunyosi sharq diniy tasavvurlarni qabul qila boshladi. Misrda Kichik Osiyo xudosi Serapisga sig'inish avj oldi. Misr mabudasi Isidani yunonlar Demetra sifatida qabul qildilar. Pergamda Frigiya ma'budasi (Kibela – yerni onasi) bosh xudo sifatida qabul mqilina boshlandi. Ellinlashgan sharq ilohlarining barchasi mistik va ekstatik edi. Yahudiy dini keng tarqala boshlandi.

Yunonistonda yahudiy dini tarqala boshladi. Yunonlar bu monoteistik dinga ishonib, uni qabul qildilar. Yahudiy diniga yangi qabul qilinganlar "prozelitlar" deb ataldi. Ellin davlatlarida turli xudolar turli xalqlarning diniy e'tiqodlari keng tarqaldi. Diniy tolerantlik shakllandi. Joylarda dinning universalligini namoyish qilishga intilib barcha xudolarga atab ibodatxona-Panteon qurila boshlandi. Ana shunday Panteon Iskandariyada qurildi.

Ptolemeylar Misrida qadimgi firavnlar davrida bo'lganidek podsho hokimiyatining mavqei kuchayib ketdi va Ellin sharqidagi boshqa mamlakatlardagi kabi Misrda podsholarga sig'inish yana boshlandi. Ptolemey II Filadel'f o'ziga va o'z singlisi Arsenoyaga sig'inishga buyruq berib, o'zi va sinhlisi sharafiga ibodatxonalar qurdirdi. Misrda Ptolemey III va uning xotini Berenikaga ham sig'inish keng yoyildi.

O'sha davr falsafasida inson shaxsini o'rganish muammosi birinchi o'ringa chiqa boshladi. Er. avv. V-IV asrlarda ikki falsafiy maktab: yangi stoik va epikur maktablari vujudga keldi. Ular inson, shaxs nima, baxt nima degan savollar ustida bosh qotira boshladilar. Stoiklar maktabining asoschisi faylasuf Zenon edi. Ular Afinaning eng gavjum joyi bo'lmish Agorada naqshin peshayvon "stoya" ostida vaz aytib, o'z tinglovchilariga ta'lim berar edilar (Bu maktabning nomi ham shu so'zdan kelib chiqqan). Stoizm yunon va sharq nazariyalarining sintezi edi. U keng tarqalgan va shu bilan birga uzoq yashagan ellin falsafiy maktab edi. Stoiklar hamma narsani shu jumladan fikr, so'z, olov va shu kabilarni ham jism deb atar edilar. Butun olamni stoiklar rivojlanib turadigan olov deb hisoblashar edi. Stoiklar barcha odamlar teng degan g'oyani ilgari surdilar. Ular insonlar tabiat bilan mos holda yashab, baxt va ilohiylik topadi degan fikrni shakllantirdilar.

Er. avv. IV asrda Afinada Epikur falsafa maktabi shakllandi. Faylasuf Epikurning bog'ida uning do'stlari va shogirdlari to'planib, falsafiy suhbatlar qurdilar. Bozorlar, maydonlar odamlar ko'p bo'lgan joylarda o'z ta'limotlarini targ'ib qilgan Stoiklarga aksan, Epikur tinch va sokin joyda tafakkur qilishni yo'lga qo'ydi. Epikurchilar baxtni mohiyati-azobning yo'qligidir "Kimda kam ehtiyoj bo'lsa, u kishida ko'p farog'at bo'ladi"-degan tushunchani ilgari surdilar.

Er.avv. III asrda yana bir falsafiy maktab skeptiklar maktabi shakllandi. Bu maktabga Arastuning kichik zamondoshi Pirron asos soldi. Skeptiklar atrof dunyoni bilib bo'lmaydi, uning tabiati to'g'risidagi barcha nazariyalar xayol deb hisobladilar. Shuning uchun ular fizika bilan shug'ullanmadilar, dunyoni bilish nazariyalarini yaratmadilar, lekin boshqa maktablar yaratgan nazariyalar tanqidiga e'tibor berdilar. Ular "Barcha narsalarni hech qachon bilib bo'lmaydi, ular haqida na haqiqatni, na yolg'onni aytish mumkin emas" deb hisobladilar.

Skeptiklar falsafiy oqimi tibbiyotga ta'sir qildi. Tabiblar kasalliklarning sabablarini bilishlari mumkin emas, faqat bemor kasalligini kuzatish kerak. Kasallikni kasalda dorilarni sinash bilan davolash zarur degan tushunchani ilgari surdilar.

Er. avv. IV asrda falsafada yana bir maktab kiniklar paydo bo'ldi. Bu maktab asoschisi Antisfen, uning mashhur o'quvchisi Diogen. Kiniklar tabiatga qaytish qulayliklardan voz kechishni talab qildilar; insonning qonun-qoidalari tabiatga qarama-qarshidir deb, davlatni tan olmadilar.

Tabiiy va aniq fanlar. Er.avv. III-II asrlarda Arastu maktabida aniq va tabiiy fanlar o'rganildi. Feosfrast avvalgi faylasuflarni, Menon tibbiy adabiyotni o'rgandi. Evdem matematika va astranomiya tarixini yozdi. Feofrast "O'simliklar tarixi" ,"O'simliklar fiziologiyasi" asarlarini yozib ilmiy botanikaga, uning ustozi Arastu esa zoologiyaga asos soldilar.

Arastu Likmiyada o'z o'quvchilari bilan sayr qilib yurar va ular bilan falsafiy suhbat qilar edi. Shu sababli ular "peripateitiklar"(sayr qilayotganlar) deb atalgan. Ptolemey I Soter Aleksandriyada ilmiy markaz Museyonni tashkil qildi. Bu erda ulkan ming jildli kutubxona, botanika bog'i, zoopark, xirurgiya laboratoriyalari, astronomik rasadxona, olimlar uchun o'quv zali bor edi. Bu yerda matematika, fizika, astronomiya, jug'rofiya va filologiya fanlari bo'yicha kop olimlar tuplangan edi. Jumladan bu erda mashhur matematik Evklid (uning "Boshlang'ich geometriya"si ko'p asrlar davomida 1700 marta chop etilgan) ishladi. Arximed yoshligidan bu erda o'z faoliyatini boshladi.

Er. avv. III-II asrda Pergida mashhur matematik Apollogiy ishladi. Iskandariyada geograf Eratosfen, astranomlar Kono va Dosifeylar faoliyat ko'rsatdilar. Iskandar yurushlari qissachisi Aristobul, xarbiy boshliq Nearx yunonlarga boshqa mamlakatlar to'g'risida boy ma'lumotlar berdilar.

Kirenalik Eratosfen fizik va matematik jug'rofiyaga asos soldi. Samoslik Aristrax er. avv. III asrda yerdan oygacha bo'lgan masofani o'lchab ko'rdi. Xuddi shu davrda Iskandariyalik Ktesiy pnevmatik qo'lda otadigan snaryadni kashf qildi. U yana suv soati, turli nasoslarni, gidravlik organ, olovga qarshi nasosni yaratdi.

Qal'alarni qamal qilish uchun mashxur taranlardan tashqari g'ildiraklar ustiga o'rnatilgan maxsus xarakatlanuvchi minoralar-geliorlar (shahar olarlar ham) paydo bo'ldi. Bu moslamalar dushman shaxri devorlariga baravar yoki balandroq qilib yasalar edi. Harakatlanuvchi minora ichida askarlar, zaxira o'qlari va toshlar bilan otuvchi to'plar joylashtirilgan.

Savdo, dengiz kemalari takomollashtirildi. Ular ko'pincha ochiq dengizda, okeanga ham chiqar edi. Er. avv. II asrda yunon Gippal Hindistonga kemada safar qilganida ilk bor musson shamollaridan foydalandi. Dengizchilikning rivijlanishi mukammalroq portlar va savdo soxillarida ombor va boshqa yordamchi binolar qurishni zarur qilib qo'ydi.

Ellin arxitekturasida umumiy va xususiy kishilar foydalanadigan binolar ko'pchilikni tashkil qilar edi. Klassik Yunonistonning arxitekturasida asosiy bino Pripter- xususiy uy bo'lgan edi. Shaharlar odatda reja asosida qurilib, bir-birini kesishib o'tadigan to'g'ri burchakli tik ko'chalari bilan chiroyli ko'rinar edi.

Er. avv. I asrda Pontiy podsholigida ixtiro qilinib ishlab chiqarishda o'z o'rnini topgan suv tegirmoni ellinistik jamiyatida eng yuqori texnika yutug'i edi. Kam sonli suv tegirmonlari bilan bir qatorda yuz yillar davomida xayvonlar kuchi bilan aylantiriladigan tegirmonlar, yorg'ichoqlar va xatto oddiy o'girlar keng rasm bo'lib keldi. Konchilik ishi texnika jihatidan eng qoloq va mehnatning eng og'ir turi bo'lib konlarda qullar, hukm qilingan jinoyatchilar, harbiy asirlar ko'plab halok bo'lar edi.

Poytaxtlarda ilmiy markazlar va kutubxonalar vujudga keldi. Misrdagi Iskandariya, Orontdagi Pergam, Antioxiya ellin dunyosining ilmiy va madaniy markazi sifatida o'z mavqeylarini saqlab qoldilar. Iskandariyada Ptolomeylar homiyligida o'sha vaqt uchun g'oyat katta kutubxona to'plangan bo'lib, ellin davrning oxiriga borib bu erda 70000 ga yaqin papirus o'ramlari mavjut edi. Bu kutubxona o'sha zamonga qadar to'plangan yunon-sharq donishmandligining asarlarini to'laroq ravishda o'z ichiga olgan edi. Saroy qarshisida kutubxonadan tashqari Museyon-ilmiy muassasa ham tashkil qilinib, unda olimlar uchun yotoqxona ham bor edi. Iskandariya olimlari matematika, tibbiyot va texnika fanlari sohasida erishgan yutuqlari bilan hamda mutaxasis-filologlar sifatida dong taratdilar.

Ellin davrida fanlar differensiyalashib va sistemalashib bordi. Arestotelning shogirdlari va muxlislari bo'lmish peripa tetiklar tarixi bu deffirensiyalash va sistemalashish jarayonining yaqqol misolidir. Peripatetiklar falsafa maktabiga rahbarlik qilgan Arastuning vorisi Teofrast faqat faylasufgina emas, balki olim ham edi.

Teofrastdan keyin maktabga Straton raxbarlik qildi. Qadim zamonda u "fizik" degan laqab olgan edi. Stratonning alohida xizmati shundan iboratki, u tabiat xodisalarini tadqiq qilishda eksperiment usulini tadqiq qilishda ekspriment usulini tadbiq etishda intilgan edi. Stratonning shogirdlari orasida Samos orolida tug'ilib o'sgan ajoib astronom Aristarx bo'lib u yer va boshqa sayyoralar quyosh atrofida aylanadi, degan farazni ilgari surdi. Lekin ilm-fanning o'sha vaqtdagi darajasi va u o'zi kashf etgan geliotsentrik sistemaning chinligini boshqa olimlarga ishonarli tarzda isbot qila olmas edi.

Iskandariya matematiklaridan birinchisi Evklid edi. U o'z davri falsafasini erishgan yutuqlarini tizimga soldi, umumlashtirdi va tugalladi. Uning "Ibtido" degan asosiy asari ikki ming yildan oshiq vaqtdan beri boshlang'ich geometriya darsliklari uchun asos bo'lib xizmat qilib kelmoqda.

Taxt vorisi bo'lg'usi Ptolemey IV Filopatorning tarbiyachisi, Museyon kutubxonasining mudiri kirenalik Eratosfen atoqli geograf, astronom, matematik va faylasuf edi. U yer aylanasi uzunligini kup darajada aniqlab, hisoblab chiqdi va fizik-matematik geografiyaning asoslarini yaratdi. "Geografiya" atamasini ilk bor Eratosfen ishlatdi.

Iskandariya birdan – bir fan markazi emas edi. Teofrast Afinada ishlagan. Arximed Sirakuzada yashagan. Atoqli injener – ixtirochi bo'lmish Arximed nazariy mexanikaning, gidrostatikaning sferik geometriya va trigonometriyaning asoslarini yaratgan yirik nazariyotchi olim edi. U katta sonlarni hisoblab chiqishning arifmetik metodlarini yaratishda dastlabki qadamlarni qo'ydi. U atoqli astronom ham edi.

Er.avv. III asrda tibbiyot ancha taraqqiy qildi. U Misrda anatomiyani o'rganish yutuqlaridan Misr va Bobilda dori- darmonlar tayyorlash va tadbiq qilishning ming yillik tajribasini o'zlashtirdi. Yunon tibbiyoti nazariyasi va amaliyotini qadimgi sharq tajribasi bilan birga qo'shish Iskandariyadagi tibbiyot maktabida o'z ifodasinin topdi. Gerofil bu maktabning asoschisi hisoblanadi. U odamning tasviriy ifodasini yaratgan, diagnoz metodlarini aniqlagan, dori – darmonlarga katta ahamiyat bergan tabib edi. U qisman Salavkiylar hududida qisman Iskandariyada ishlagan edi.

Er.avv. II asrda yashagan nikeyalik Gipparx atoqli astronom va geograf edi. U bir qancha astronomik asboblarni takomillashtirdi va ixtiro qildi. Kecha – kundizning tengligi kashfiyotini Gipparxga nisbat berdilar. Ammo bu kashfiyot Bobilda qilingan bo'lishi mumkin. U harakatsiz yulduzlar katalogini tuzdi. Bu katalogda 900 ga yaqin yulduzlar o'z o'rnini topgan. Gipparx taqvimni, yerdan oygacha bo'lgan masofani, yer va quyosh massasi haqidagi bilimlarni aniqlagan. Lekin ikkinchi tomondan bu mashhur olim samoslik Aristarxning geliotsentrik nazariyasiga qarshi chiqqan va o'z obro'yi uchun geliotsentrik tizimini mustahkamlab kelgan. Lekin uning xatoligini tan olmagan. Gipparx ekvatorni 360 ga taqsimlab, uzunlik va kenglik tushunchasini joriy qilgan. Er.avv. I asrda Geron mexanika bilan muvaffaqiyatli shug'ullangan edi.

Adabiyot va san'at. Sharq va Yunon ma'daniyatini o'zaro ta'sirida Bobil va Misrda tarixshunoslikning rivoji ko'zga tashlanadi. Er.avv. III asrning I yarmida bobillik kohin Beroesning "Xaldeya tarixi" va misrlik kohin Manefonning "Misr tarixi" nomli asarlari yaratildi. Har ikkala asar ham yunon tilida bo'lsada, maxalliy manbalar aosida yozilgan edi. Afsuski ikkala asardan ham bizgacha faqat ayrim parchalar etib kelgan. Manefon asarida esa, fir'avnlarning eng qadimgi zamonlardan to Iskandargacha podsholar sulolalarini xronologik ro'yxati berilgan.

Ellin davrida fan sifatida adabiyotshunoslik ko'rtaklaridan filologik tanqid, Gomerdan boshlab klassik mualliflar asarlarini asl nusxalarini qayta tiklash va sharxlash shaklida yuzaga keladi. Filologlar mantiqiy asosda yunon grammatika tizimini ishlab chidilar.

Iskandariya museyoni yunon adabiyotining muhim markazi bo'lib qoldi. Bu erda va boshqa joylarda rivoj topgan adabiy oqim "Iskandariya adabiy oqimi" deb nom olgan. Bu ellin jamiyati yuqori tabaqasining kayfiyatini ifodalagan poeziya edi. Iskandariya shoirlarining boshlig'i Kallimax edi. U museyon kutubxonasining mudiri va taxt vorisining tarbiyachisi edi. Kalllimax kutubxona katalogini tuzdi. Shu bilan birga Kallimax mifologik, tarixiy va adabiy mavzularda yozilgan hajm jihatidan kichik – kichik she'rlar muallifidir.

Kallimaxning kichik zamondoshi Feokrit

Iskandariyadagi eng taniqli shoir edi. U kichik – kichik lirik – dramatik poema g'oyalar muallifi bo'lib tarixga kirdi. Kallimax o'z asarlarida qishloq va shahar hayotining tinch manzaralarini ideallashtirgan, cho'ponlar hamda shaharlik erkak va ayollarning hissiy kechinmalarini madh etuvchi nozik lirikdir. Iskandariya poeziyasidan tashqari, ellin davrida yangi attika komediyasi katta ahamiyat kasb etdi. Attika komediyaning asosiy vakili Menandr edi. Misrda topilgan papirus o'ramlari tufayli uning komediyalari bizga ma'lum bo'ldi. Menandr komediyalari syujeti oilaviy, maishiy, dramalardan iborat. Menandr komediyalari baxtiyorlik bilan tamomlandi.

Ellin davrida tasviriy san'at ajoyib yutuqlarga erishdi. Bu davrda yunon va sharq an'analari bilan qo'shilgan anchagina arxitektura yodgorliklari bunyod etilgan. Xashamat va ulug'vorlikka intilish ularning ko'plari uchun xos bo'lgan xususiyat harakterlidir. Haykaltaroshlik san'ati bu davrda ancha ravnaq topgan edi. Ammo uning mazmuni klassik davr an'analaridan farq qildi. Ma'budalar va qahramonlarning ideallashtirilgan va umumlashtirilgan haykallari orqaga surilib tabiiy tarzda gavdalantirilgan va tasvirlangan shaxsning individualligi yaqqol ko'rsatilgan portretlar oldingi qatorga o'tdi. Ellin davrning haykaltaroshlari yaratgan yakka va guruh tarzidagi haykallarda jismoniy va ruhiy azob, kurash, g'alaba, o'lim tasvirlab ko'rsatilar edi.

Peyzajni fan sifatida tasvirlab unda yoki uning o'rtasida asosiy syujetni aks ettirish haykaltaroshlikda yangilik edi. Bu usul klassikaga ma'lum emas edi. Shu bilan bir qatorda haykaltaroshlikda dabdabali yo'nalish mavjud bo'lib, u ellin hukmdorlarni haykallar soyasida namoyon bo'lardi. Ellin haykaltaroshligida er. avv. IV asrning ulug', mohir ustalariga borib taqaladigan bir necha yo'nalishni ko'rish mumkin. Afinada va Iskandariya Praksitelga borib taqaladigan san'at asarlarini tomosha qilish uchun kiruvchi o'ziga to'q kishilarning didiga mo'ljallangan san'at asarlarini ko'rishi mumkin edi.

Afroditaning va boshqa ma'budalarning yalang'och haykallari bu yo'nalishga xos xususiyatdir. Dramatizmda to'la Pergam maktabi Skopasga borib taqalafi. Pergam mexrobining friz mazkur maktabni ajoyib yodgorligi bo'lib, unda ma'budlarning gigantlar bilan kurashi tasvirlanadi. Bu pergam va boshqa ellin davaltlarining jangovor galat (kel't) qabilalari bilan olib borgan og'ir kurashlarining ramzi edi. Rodos mashhur haykaltaroshlik maktabi Asippga borib taqaladi. Bu maktabda asosan haykallar baquvvat atletlarning tasvirlaridan iborat.

10-§ MARKAZIY OSIYO VA ERON DAVRI MADANIYATI

Markaziy Osiyo madaniyati jahon madaniyati tarixida muhim o`rin tutadi. Uning o`rta asrlardagi madaniyatiga butun dueyo allaqachon munosib o`rin bergan. Xatto baqtriya, Marg'iyona, Sug'd, Parfiya, Farg'ona, Xorazm, Choch xalqlarining qadimgi madaniyati ham jahon xalqlarini xayratga solmoqda. Markaziy osiyo mintqasining qadimgi madaniyati o`rganish o`n yillar ilgari boshlangan bo`lsa tadqiqotchilarning bu madaniyatining o`ziga xosligi va boy mazmuni lol qoldirdi. Markaziy osiyo madaniyati G'arb va sharqning buyuk madaniyat elimentlarni bir butunlikda uyg'unlashtirib o`ziga xos individuallik kasb etadiki, bu xususiyat keyingi tarqqiyot uchun ham negiz bo`lib qoladi.

Markaziy osiyo xalqlarining madaniyatining vujudga kelishi sharoitlarini belgilashda dastavval jo`g'rofiy o`rni va tabiiy va tabiiy vositalarga e`tiborni qaratish kerak bo`ladi.madaniyatshunoslikning har qanday madaniyatning o`ziga xos alfozni joy manzarasi, iqlimi, biosfera omillarining ahamiyati borligiga alohida e`tibor beradi. Markaziy osiyo mintaqasining tabiati turli millat bilan farq qiladi. Bu erda serxosil vodiy va vohalar, sersuv daryolar, qaqaroq cho`llar, dashtu adirlar, Pamir va tangritog'ning baland muzofatlari bilan yonma-yon joylashgan. Bunday xussiyat dehqonchilik, chorvador, tog'da yashovchi qabila va xalqlar xo`jalik tarzi va o`ziga xos madaniyatlarning shakllanishi uchun imkon yaratadi.

«Qadimgi tsivilizatsiya» deb nomlangan risolada markaziy osiyo madaniyatining ikki xususiyati ko`rsatiladi: bir tamondan, turli madaniyatlarning o`zaro ta`sirida, ikkinchi tamondan, qadimgi tsivilizatsiyalarning boshqa o`choqlari bilan yaqin aloqada rivojlanishi. Bu xususiyatlarini batafsil kuzatadigan bo`lsak markaziy osiyo madaniyatining shakllanish jarayolari yaqqol namayon bo`ladi.

Markaziy osiyoning serxosil vodiysi, cho`l va dashti, tog'larida yashovchi aholining turmush sharoitidagi faqrlar turi xo`jaliklarni ertaroq paydo bo`lishi o`ziga xos madaniyatlar shakllanishiga olib keladi. Bu jarayon yaqin qo`shinchilik munosabatlari asosida sodir bo`lib, qabila va xalqlarning iqtisodiy va madaniy aloqalari tarqqiyotning ertaroq boshlanishiga imkon yaratdi. eng qadimgi davrlardan dehqonchilik, chorvachilik va tog' ovchi qabilalari o`rtasida munosabat ayriboshlash Marakziy osiyo xalqlarining iqtisodiyotida katta ahamiyatga ega bo`lib, keyingi davrlarda ham uzoq saqlanib keldi. Turmush tarzi va xo`jalik faoliyatidagi farqlanish bilan birga mintaqa xalqlarining etnik va tillardagi yaqinlik juda ham uyg'unlashib ketganligini qadimgi Xitoy va YUnon manoalarida ham qayd qilingan. Markaziy Osiyo xalqlarining kuchli iqtisodiy aloqalari, etnik va til birligi ularni bir-biridan ayricha yashashiga yo`l qo`ymadi.

Natijada qadimgi SHarqning klassik madaniyati

orasida Markaziy Osiyo qadimggi madaniyati ajralib, o`ziga xos ko`rinishda shakllanadi. Dastlab bu madaniyat'ga ikki xil madaniyat aralashib ketdi: ko`chmanchilik va ibtidoiylik olami hamda tsivilizatsiya olami;

Markazi yOsiyoning o`troq dehqonchilik va ko`chmanchi xalqlarida ancha muncha farqlar bo`lishiga qaramasdan ilgaridan yaqin munosabatlar o`rnatilgan.Diniy e`tiqodlar, urf-odalar, fol'klorlar, ahloqiy me`yordagi umumiylik madaniy umuiylikni shakllanishiga olib kelgan. SHuning uchun bundan keyin Markaziy Osiyoning yaxlit madaniyatini tashkil qiluvchi turli Submadanityalar mavjudligi haqida to`xtalish joizdir: Qadimgi madanityalar sub madniyati (Baqtriya, Sug'd, Xorazm, Farg'ona, Marg'iyonning), dasht ko`manchilari-sak, myassaget, dakechchilar submadaniyati, Pamir va Tangri tog' qabilalarning sub madaniyati.

Marakziy Osiyo madaniyatining o`ziga xosligining ikkinchi jihati mintaqaning o`ta qulay jo`g'rofiy o`rnashganligi bilan bog'liq. Mintaqa Mesopatomiya, Xindiston va Xitoy kabi uchta buyu sharq tsivilizatsiyasi bilan bevosita chagaradosh bo`lib g'arb tsivilizatsiyasi beshinchi-Gretsiya va rim bilan aloqada rivojlangan. Bunday aloqalarning muqararligi Marakziy osiyo madaniyati vositachiligi missiyasini bajarishga sabab bo`lidi, ya`ni iqtisodiy sohalarda eng avvalo xalqaro sovdoda va madaniy sohalarda ham markaziy Osiyo G'arb va SHarq o`rtasida boqlovchi ko`prik vazifasini bajardi. Xususan markaziy osiyo xududi orqali buddizm butun dunyoga yoyildi, Xindiston va Xitoyga ellinistik ko`rinishlari o`tdi, SHarqdan G'arbga va G'arbdan SHarqga madaniy boyliklar (bilim dunyoviy g'oya, kashfiyot, badiiy asarlar) ning almashib turishida Markaziy Osiyo muhim vositachi bo`lib xizmat qildi.

Markaziy Osiyo madaniyatining buyuk vositachilik missiyasi boshqa madaniy qadriyatlarini yangilash, o`zlashtirish,mahorati vaqayta ishlash kkabi jixatlarimiz bo`lmas edi. Bumadaniyat qadimdanoq yangi xodisalarni o`zlashtirsh va moslashtirish mahoratiga ega bo`ldi. Garchi boshqa qadimgi sharq madaniyatlaridagi kabi Markaziy osiyo madaniyatida ham an`nanalar keng o`rin egallasada, aytarli xarakter kasb etmaydi, ya`niki, uzliksiz madniyat yangilanish va taraqqiyot jarayoniga to`siq bo`lmaydi. SHuningdek, an`analarning mustahkam xukmronligi tarixiy vaziyatga ham to`sqinlik qilganliklarini ta`kidlash kerak. Mintaqa orqali katta bosqinchilik yurishlar, xalqlarining ko`chishlari yuz bergan bo`lib, bu markaziy Osiyo xalqlarining tarixi davomida bir necha bor madaniyatni sezilarli o`zgarishlar olib keldi.

Afsuski ko`pincha urushlar Markazi Osiyo madaniyatining qadimgi taraqqiyot davrlarining behisob dalillarini yo`q qiladi. Arxiolog qazilma ma`lumotlar va yozma manbaalar mil. avv.1-ming yilik boshlarida vujudga kelgan Markaziy Osiyoning ilk davlatlari Sug'd, Baqtriya va xorazm madaiyati haqida biroz ma`lumotlar beradi. Mil. avv.ning ilk davlatlari Sug'd, Baqtriya va xorazm madaiyati haqida biroz ma`lumotlar beradi. Mil. avv. VIII-VII asrlarga oid Afrafsiyob (Samarqand), Surxandaryo vohasidagi Qiziltepa, Qashqadaryo vohasidagi Uzunqir, Xorazmdagi Qizilqir kabi qadimgi shaharlarda o`tkazilagn tadqiqotlar murakkab ijtimoi ytuzilma av madaniyatning yuqori rivojlanganligii ko`rsatadi. Bu shaharlar mudofaa devorlarini va sub ta`minotdagi iborat kuchli ixtexkomtizimiga ega bo`lib, ichida xunarmandlar mavzei joylashgan. Ayrim shaharlarda saroy qoldiqlaridan qal`alar topilgan. Qadimgi davlatlar xo`jaligining asosiy soohasi hisoblangan dehqonchilik taraqqiyotining darajasi haqida ko`p tarmoqli sg'orish tizimining mavjudligi bunga dalildir. Markaziy osiyo xalqlarinng Qadimgi sharq mamlakatlari bilan yaqin aloqalar o`rnatgan.

Midiya va Ossuriyaning siyosiy tarixida faol ishtirok etib, xunarmandchilik buyumlari va xom ashyo bilan.(lojuvarld, oltin, mis, bilan) savdo sotiq qilingan. Bu haqida Ossuriya va Qadimgi YUnon yozma manbalarida gapiriladi. Xususan Baqtriyaning yirik shaharlari, ko`p sonli aholisi haqida Baqtriya shohi Oksiartning afsonaviy boyligi haqida Kgesiy Knidiskiy (mil.avv. V-IV asrlar) yozib qoldirgan.

Ko`chmanchi massagetlarning udumi va turmush tarzi haqida mashhur qadimgi YUnontarixchisi geradot (mil.avv. Vasrda yozib qoldirgan.Umassagetlarning harbiy qurollari (amon-yoyi,nayza oyboltasi.)oltindan bezaksifatida, misdan qurol va sovut uchun keng foydalanishni ta`kidlaydi. Geroditning yozishicha, massagetlar yagona ma`bud quyoshiga topinib,otni qurbonlik qilganlar.

Qadimgi Markaziy Osiyo xalqlarining ma`naviy madaniyati haqidagi bilimlarning bebaho manbasi Avesto hisoblaniblangan. Avesto so`zining mazmuni umumiy izohga ega emas, ko`pincha Asosiy matn sifatida tarjima qilindi. Avesto dunyoning dunyoning eng qadimgi dinlaridan bo`lgan zardo`shtiylik tarfdorlari uchun muqaddaskalima hisoblanib, payg'ambar Zardo`sht to`planganlarga undan va`z o`qigan. Uninghayoti davri mil.avv. o`qigan. Uninghayoti davri mil.avv. IX-VI -VI asrlar atrofida deyiladi.Avesto va uning boshqa matnlarining to`planishi ko`p asrlar davomida amalga oshirilgan .Avesto ning eng qadimgi matnalarimil.avv..Avesto ning eng qadimgi matnalarimil.avv.II minginchi yillarga taalluqli.avestoning millodiy VII asrga tegishli bo`lgan to`plami juda turlicha mazmundagi 21 kitobidan iborat bo`lib, o`sha davrning barcha bilimlari jamlangan. Zardushtiylik an`analariga ko`ra bu yodgorlik ezgulik va YOrug'lik xudosi axuramazdaning Zaratujtra voxiysi hisoblanadi. Biroq unda qadimgi mifalogik tasavvurlar, ham tasavvurlanadi. SHuningdek, diniy yo`l-yo`riq payg'ambar davridan keyin zardushtiylikning rivojlangan e`tiqod ramzi yuzaga keldi. Hozirgacha Avestoning ayrim qismigina, faqat 4itobi saqlanib qolgan:

1. Videvdat-«Devlarga qarshi g'onunlar», bu kitobda asosan zardo`sht va Axuramazada o`rtasida suxbat, yo`l-yo`riq va ko`rsatmalar mazmunida bo`lib, zulmat

va yovuzdik xudosi Ax-rimani boshqaruvchi yomonlik kuchlarini qaytarish haqida.

2. Visprat-«hamma xukmdor», bu kitobda ibodat namozlari to`plangan.

4. YAsna-«ibodat»,Marosim kitobi xudolarga sig'inish va murojatdan iborat. YAsnadagi «Tot»lar nomli 17 bobzardo`shtning muqaddas qo`shiqlaridir.

4. YAsht-«Qadrlash», «Hamdu-sano» kitobi xudolarni sharaflovchi qadimgi gmnlar va ezgulik xudolariga yovuzlikka qarshi kurash yordam beruvchi kuchlar haqida.bundan tashqari «Avesto» majmuaga «kichik avesto» ham mansub, u avesto tilida yozilgan bo`lib, ibodat kalimalari joylashgan.

Ko`pchilik olimlar Zardo`sht yuksak ahloqiy idealdagi va ishontiruvchi fikrlari bilan birinchi xaq payg'ambar ekanligini takidlaydilar. Zardo`sh ta`limotiga muvofiq barcha quruqlikning o`zgarmas ibtidosi Arta bo`lib, «Avesto»da xaqiqat, olov ruh deyiladi. Axuramazda tartibli saqlanuvchi osmon xudosi yorug'lik va ezgulik hisoblangan.(oxura-xo`shayish,ega,mazda-idrokli, bilimdon). Axuramazdaning o`g'li-Atar (olov), uning vatani bulutlardek qurigan suvlar, uning makoni-xududsiz yog'du. Oxuramazda 6 ta ruhni-yordamchilarniyaratdi (amesh spenta): ezgu aql, yaxshi tartib, layoqatli qudrat, olijanobmo`minlik,sog'lomlik va boqiylik. Unga Axrimaning zumat qo`shini-devlar, urushlar timsoli,ochlik, kasallik,adolat va boshqa yovuz kuchlar qarama-qarshi turadi. Olam va barcha insoniyat hayotining asosida ezgulik o`rtasidagi azaliy kurash yotadi.

Zardo`sht ta`limotining ulug'ligi shundaki, u har bir kishiga tanlash imkonini beradi. Har kim ham yovuzlikni yo`q etish va ezgulikni xukmron bo`lishida ishtirok etishi mumkin, bu ishda barcha bir xilda tengdir. SHu tariqa erda ilgari bo`lmagan jannat-oltin asr tiklanadi. Unda sovuqham, jazirama ham, qarilik ham, o`lim ham bo`lmaydi. Yovuzlik bilan kurashda xar kishining asosiy kuroli mehnat bo`lgan. Zardo`shtiylik ahloqi kishidan kamtarin va halol meva eksa, u xaqiqat tarqatadi. Videvdat kitobining «Dexqonchilik fazilati haqida» bobidan olingan. Fikr ,so`z va ishda taqvodorlik, ishchanlik,halollik,xolislik yuksak ahloqning asoosiy talabalari sifatida ko`tariladi. YAsna kitobidan zardushtiylikning e`tiqod ramzi haqida deyiladiki: «Qasam,ezgu fikrni, ezgu so`zni, ezgu faoliyat majburiyatlarini bajarishni talab qiladi».

Zardo`shtiylik birinchi bo`lib, esxatalogik ta`limoti rivojlantirish yaratilgan,bunga muvofiq jahon tarixi 12 ming yilni tashkil qiladi. Bu muddat tugashi bilan ezgulik va yovuzlik kuchlarini hal qiluvchi yovuzlik jang boshlanadi. Bugun olamni erigan metal oqimi o`q qiladi. Biroq xaloskor saosh'yant halok bo`lgan dunyoni va barcha marhumlarni tiriltiradi, barcha gunohkorlarni do`zoxdan chiqarib Ohurumazning ideal xukmronligida abadiy hayot kechiradi. SHu tariqa zardo`shtiylikda birinchi bo`lib oxiratdagi jazo, marhumlarning tirilishi so`roq kuni g'oyalar Doro 1 ming Bexustun yovuzida va

Kserksning Persepoldagi yozuvida ham qayd qilinadi. Zardo`shtiylik Markaziy Old Osiyo xududlarida ming yillar davomida xukmron din bo`lib keldi va shubhasiz, bu din xristianlik va islom kabi jahon dinlarining shakllanishida katta o`rin tutadi. Markaziy Osiyo tsivilizatsiyasi va madaniyatning mustaqil rivojlanishi eron ahmoniylari tamonidan birinchi o`irik bosqichining tufayli to`htab qoldi. Sug'd, Baqtriya, xorazm mil. avv. VI-IV asrlarda ahmoniylar davlati tarkibiga kirgan. Bu imperiya tarkibi kirishi, yagona boshqaruv, qonunchilik, tizimining o`rnatilishi, oromiy yozuvning umum davlat miqiyosida qo`llanilishi.Markaziy Osiyo xalqlarining madaniyatiga sezilarli ta`sir ko`rsatadi. Ahmoniylar davrida xalqaro savdoning rivojlanishi uchun qulay sharoitning vujudga kelishi Markaziy Osiyo shaharlarining taraqqiyotiga imkon tug'ildi. Ahmoniylar xukmronligida mamlakatlarga sayyoxlar va olmlar borishi mumkin edi. Xuddi shu davrda SHarq mamlakatlarga Gerodit,Demokrit va boshqalar sayoxat qilgan. Ahmoniylar imperiyasidagi yirik shaharlar-Suza, Persepol, Menfis, Nippur, Bobilda turli joylardan xususan, Xorazm, Baqtriya, Sug'ddan chiqqan kishilar, saklarning xarbiy aholisi yashagan.

O`z navbatida mil.avv. V asrda Oks daryosining o`ng sohilida Miletlik Yunonlarning manzilgohi tashkil topadi. Shu tariqa Ahmoniylar imperiyasi tarkibida Markaziy Osiyo xalqlari forslar, midiyaliklar, bobilliklar,misrliklar, yunonlar, xindlar bilan yaqin munosabatda bo`lish madaniyatining ham o`zaro ta`siriga imkon yaratdi.

Ahmoniylar imperiyasi madaniyati ham ko`pgina mamlakat xalqlari yaratgan ilmiy bilimlar, diniy e`tiqodlar, san`at yutuqlarining sintezi hisoblanadi. Bu madaniyatga Markaziy Osiyo xalqlari ham o`zining xissasini qo`shgan. Zardo`shtiylik ahmoniylarlarning davlat dini va sifatida qabul qilinishi bilan birga G'arbga ham keng yoyila boshladi. Ahmoniylar san`atining Suza va persipoldagi ulkan yodgorligi qurilishiga Markaziy Osiyo mintaqasidan ko`plab xom ashyo keltirilgan. Saroylar qurilishi Baqtriyadan oltin, Sug'ddan lojuvard va qimmatli toshlar, Xoraxmdan feruza olib borilgan. 1877 yilda Tojikistonning janubidan topilgan Amudaryo xazinasi madaniy sintezning yorqin misolidir, Markaziy Osiyo xalqlarining madaniyat munosabatlari juda kengaydi, SHuningdek, madaniy qadriyatning boyishi va turli madaniyatlarning o`zaro ta`siri jarayoni esa o`z madaniyatlarini juda tez rivojlanishi va boyishiga ijobiy ta`sir ko`rsatdi.

Ahmoniylar imperiyasi va Markaziy Osiyo erlari yunon-makedonlar tamonidan bosib olingan Markaziy Osiyo madaniyatida ellinizm elimentlari kirib keldi. ellinistik jarayon slavkiylar davlatidan mustaqil bo`lgan Parfiya va YUnon-Baqtriyada o`zining yuqori rivoji bilan ajralib turadi. YUnon Baqtriya davlati yunonllar mahalliy sintezi qisqa vaqtda o`zining ijobi ynatijalarini berdi, sharharlar soni tez kunlarda o`sdi, dexqochilik, chorvachilik, ayniqsa xunarmandchilik rivojlanib bordi. Markazi yosiyo mintaqasi buyuk ipak yo`li bo`lib, o`sgan xalqaro savdoning markazi sifatida o`ta muhim o`rin egalladi. Tavra-pul munosabatlarini o`sishida Baqtriya shohlarining o`z pullarini zarb qilishi xalqaaro savdoning rivojiga ijobiy ta`sir qilish bilan birga, yuksak badiiy darajasi bilan ham ajralib turadi.

Yunon-Baqtriya davridagi oyxonum (SHim Afg'oniston), Saksonaxur va Taxtisangin (Tojikiston), Dalvarzin tepa, YOrqo`rg'on, Afrasi,yobTolibarzu (O`zbekiston) kabi shaharlar qurildi. YUnon xarbiy manzilgohlarining aholisi turmush tarzi va madaniyatlari aks ettiruvchi ellinistik uslublar YUnon-Baqtriya sharharlarida ochib o`rganildi. Inshootlar tosh, xom va pishiq g'ishtdan tiklangan. Ustunlar korinf usulida ishlangan. Saroy va ibodan majmualari, gimnaziya, teatrbinolari ochib tekshirilganda ustunlar attik bazalltar, yaproqlari, palmetallar, cheti nashlangan cherepitsa-antifikslar singari unsirlarin qo`llanilishida aks etadi.

Markaziy osiyoning antik badiy madaniyatning muhim uslubiy xususiyatini san`atlar sintezi tashkil etgan: haykataroshlik, tasviriy san`at, naqsh bunda umumiy me`morchilik rasamadagi- va uning ritmiga bo`ysingan holad me`morchilik bilna yaxlitda namayon bo`ladi. Bu sintez Kushonlar davrida ham mahalliy madaniyatda o`z ta`sirini saqlab qoldi. Kushonlar davri Markazi yosiyo, Afg'oniston, Pokiston, Xindiston xalqlari tarixidagina emas balki dunyo madaniyatining taraqqiyotida alohida o`rin egallaydi.turli xalqlar madaniyati chatishishi natijasida bu erda o`ziga xos madaniyat shakllandi, shu bilan birga keyingi asarlar madaniyatining o`zaro ta`siri yangi tarixiy bosqichga qadamqo`ydi. ellin madaniyatining an`ananalari Kushonlar davrida ijodiy jixatidan qayta shshakllandi va yangicha tahlil qilina boladi.

Kushonlar imperiyasi davrida (I-III asrlar) Markaziy Osiyoda sug'orma dehqonchilik, xunarmandchilik, shaharsozilk, savdo-sotiq va iqtisodiy aloqalar ravnaq topdi. Bunga Kushon-Baqtriya yozuvlari, barhma va qaharoshhi xind alifbosidagi yozuvlar, kushon tangalari guvohlik berdi. Buddizm dinning rasmiy darajasi budda ibodatxonalarining o`sha zamon san`ati bilan bezatilishida namayon bo`ladi. Termiz yaqinidagi ayridomdan topilgan ibodatxona tashqi devori peshtoqlaoriga sarg'ishroq toshdan xaykal o`rnatilgan. Bino ichida g'ishtdan ishlangan budda xaykalining qoldiqlari topilgan. Haykallarning ishlanish uslubi, kiyimi musiqa asboblari Xindiston O`rta Osiyo, Yunoniston madaniyatlarining o`zaro ta`sirida rivojlanganligidan dalolat beradi. Buni Xarazm, Farg'ona, Sug'd, Parfiyadan topilgan turli xil buyumlar, madaniy obidalar, topilmalari timsolida ham ko`rsatish mumkin. Kushonlar davrida shaharlar qurilishi keng rivojlangan. Shaharlar qalin devorlar bilan o`ralib, ichida ark va arkning atrofida har xil binolar qad ko`targan Sopol idishlar nixoyatda nafis va jarangdorligi bilan va xilma-xilligi bilan ajralib turgan. Amaliy san`at keng taraqqiy etgan. Zeb-ziynat buyumlari va mehnat jang qurollari yasash, mato to`qish rivojlangan. Umuman kushonlar davri madaniyati Markaziy Osiyoning eng cho`qqis hisoblanib,ma`lum xudud va zamon bilan chegaralanmaydi.

Bu madaniyat Old Osiyo, Markaziy Osiyo va Antik, Xind madaniyatlari yutuqlarini o`zida jamlab, qo`llab sharq xalqlarining o`rta asrdagi madaniyati rivoji uchun asos bo`ldi va jahon madaniyati o`chmas iz qoldirdi.

Qadimgi Eron madaniyati. Behistun qoyasiga o`yib yozilgan yozuvlar, Doro I ning yozuvlari va Naqshi Rustam hamda Bobil va Misr yozuvlari, qadimgi eron xalqlari tarixi va madaniyati to`g'risida birmuncha tasavvur hosil qilishga yordam beradi. Aslida eron hududida olib borilgan arxeologi qazishmalar XIX asrning o`rtalarida boshlangan bo`lsa-da, asosiy ilmiy tekshirish ishlari XX asrda o`tkazilgan eronning qadimgi poytaxti Persepolda olib borilgan arxeologik qazishmalar qadimgi eron xalqlarining arxitekturasi, tasviriy san`ati, xunarmandchiligi to`g'risida bir qator qimmatli ma`lumotlarni bergan. Suza shahrida olib borilgan qazishmalar esa qadimgi eronda toshdan buyumlar yasash, kulolchilik va to`quvchilik yuksak darajada rivojlanganligini ko`rsatadi. Metallurgiya esa juda sekinlik bilan rivojlangan. Shu sababli uzok vaqtgacha tosh qurollar asosiy mehnat quroli bo`lib qolgan.

Qadimgi Eronda suv muqaddas hisoblangan. Shu sababli muqaddas Voru- kash ko`li to`g'risidagi tasavvur suvga e`tiqod asosiy elementi hisoblangan. Suv ruhi Apam—Napatga e`tiqod qilish muqaddas «Avesto»da saqlanib qolgan. SHuningdek, qadimgi zronliklar oliy xudo — Axuramazdaning o`g'li — olov — Atarga ham sig'inganlar, Olov xudosi marhamatli xudo hisoblangan va u uch boshli ajdaho Dahhokni engan. SHu bilan birga Qadimgi Quyosh xudosi Mitra, er, suv va hosilidorlik ma`budasi Anaxitaga e`tiqod qilish ham qadimgi eronliklar diniy qarashlarining markazida turgan.

Qadimgi eron madaniyati o`ziniig eng gullagan davrini er. avv, V asr boshlarida boshdan kechirgan. Bu davrda ko`llab hashamatli saroylar va maqbaralar qurilgan. Serjilo sopol idishlar yasalib, bo`rtma (rel`eflili) .haykaltaroshlik devoriy suratlar yuzaga kelgan. Qadimgi Eron madaniyati qadimgi Sharq madaniyati ta`siri ostida rivojlangan. Arxeologik qazishmalar natijasida Axamoniylar davlatining poytaxtlaridan Pasargada, Persepol' va Suzadan ko`plab binolar — saroylar, ibodaxonalar, turar-joy binolari va boshqalarning qoldiqlari topilgan.

Er. avv. VI -—IV asrlarda Persepoldagi podshox saroyi ansambli o`z kurilish uslubi jihatidan qadimgi Osuriya me`morchiligi uslubini eslatadi. SHoh saroyi tepalik ustiga qurilgan bo`lib, unga bo`rtma suratlar solib bezatilgan keng zinapoyadan chikib borilgan. Ulkan devorlarga shox saroyining ko`riqlovchi kanotli mukaddas ho`kizlarning haykallari ishlangan. Ayniqsa, saroydan topilgan shoh shuningdeq unga turli xil sovg'alar olib kelayotgan xiroj to`lovchilarning suratlari muayyan syujet asosida ishlanganligi bilan ajralib turadi.

Sarsonga 17 metrli to`rtta ustundan ishlangan darvoza orqali o`tib borilgan. Darvoza yon tomonlarda esa qanotli muqaddas xo`kizlar xaykali bo`lib ular odam boshli bo`lgan. Saroy ansambliga shox qabulxonasi, omborxona, yashash va ishlash uchun mo`ljallangan xonalar bo`lgan. SHox kabulxonasi o`zining ko`rkamligi va mahobatligi bilan ajralib turgan qabulxonaning maydonni 62,5x62,5 metr bo`lib, uch tomondan ikki qavatli ayvonlar bilan o`ralgan. Ayvon uchun ata engil va o`ta nafis ustunlar ishlatilgan. Ularning balandligi 13,6 metr bo`lgan.

Ustunlarning yuqori kapitel (mukarnas)lari muqaddas ho`kizlar haykaliga o`xshatib ishlangan. Haykallarning yuzasi esa oltin plastinkalar bilan qoplangan. Saroy xonalari, devorlari va zinalarining yon tomonidagi yuzalarga bo`rtma (rel'efli) tasvirlar ishlangan. Bu tasvirlarni tushirishda kizil, yashil, ko`k ranglardan foydalanilgan. Bo`rtma tasvirlarda shoh faoliyatiga bag'ishlangan mavzular asosiy tasvirlarda shox hayoti va faoliyatiga bag'ishlangan mavzular asosiy o`rinni egallagan. Saroyga boradigan zinaning yon tomoniga ishlangan bo`rtma tasvirlar- 33 elat va urug'larning shoxga sovg'a-salom olib kelishi tasvirlangan. Ularning kiyimlari va etnik tuzilishi (tashqi qiyofasi) aniq detalllar bilan ko`rsatilgan.

Xullas, eron Axamoniylari davrida vujudga kelgan sai`at asarlari O'rta Sharq xalqlari tarixida muxim o`rin egallaydi. Bu san`at bevosita O`rta SHarqda yashagan xalqlarning o`zaro madaniy aloqalar natijasida shakllangan va mazkur xalqlar san`ati ta`siri ostida rivojlangan. Masalan, Persepol' va Suzadagi shox saroylarining qurilishida. Sug'd, Baqtriya, Xorazm, Parfiya, Marg'iyonadan kelgan ustalar va san`atkorlar shuningdek Axamoniylar davri san`ati va madaniyati atrofdagi boshqa mamlakatlar san`ati va madaniyati taraqqiyotiga ham sezilarli ta`sir qilgan. Qadimgi eron madaniyati taraqqiyotidagi O`rta Osiyo xalqlari va qadimgi Sharqdagi boshqa ko`pgina xalqlar madaniy xayoti sezilarli ta`sir ko`rsatgan. Geradotning yozishicha, "Eronliklar boshqa xalqlarning urf-odatlarini boshqalardan ko`ra tezroq qabul qilgan". Xaqiqatdan xam eroniylar tasviriy san`atiga chuqurroq nazar tashlansa Mesopatamiyaning ko`pgina xalqlari tasviriy san`atining ayrim tomonlarini qabul qilib o`ziga singdirganligini ko`rish mumkin.Masalan, podshohlarning xayoti, qaxramonliklarini tasvirlovchi, ko`pgina tasviriy san`at asarlari qadimgi Shumeriylarning podshosi qaxramoni deb hisoblangan

132

Gilgamesh singari yovvoyi xayvonlar bilan kurashib ularni engayotganday qilib tasvirlangan yoki oliy xudo axuramazda ossuriyaliklarning bosh xudosi ashshurga taqliddir.Quyosh gardishiga makon qurgandek tasvirlangan.YAna bir misol saroylarning pog'onali va zinapoyali qilib qurilishi, podshox saroyiga afsoniviy xayvonlarni qo`yilishi Mesopatamiya arxitekturasiga binolarni qurishda ustunli kallonnalardan foydalanishlari esa misrliklar arxitekturasiga mos bo`lgan.Lekin eronliklar boshqa xalqlar madaniyati elementlaridan ularni umumlashtirgan, qayta ishlangan va ijodiy yondoshgan xolda foydalanganlar, ya`ni bu elementlarning barchasini yagona monumental uslub asosida qayta ishlanganlar.

Fanda yirik, salmoqli ma`rifiy yuksalish uyg'onish, ya`ni renessans deb atalgan. Frantsuz tilidan olingan bu so'z "tiklanish", "uyg'onish" ma`nosida tarjima qilinib, adabiyotga kirib kelgan. Renessans, odatda, u yoki bu xududda, mamlakatda yuz bergan moddiy, ma`rifiy, ma`naviy jihatdan katta yuksalish davrini tasnif etishda ishlatiladi. Sharq Uyg'onishi, Sharq Renessansi haqida gap ketganda turli soxa olimlari-tarixchilar, adabiyotshunoslar, madaniyatshunoslar va san`atshunoslar bu masalaga befark bulmaganlaridek, karashlar ham asosan ikkiga bo'linadi. Uyg'onish atamasi (italyancha-frantsuzcha-Renaissans-Uyg'onish) ni dastavval shu madaniyat soxiblari-ital yan gumanistlari ishlatganlar. Jumladan italiyalik yozuvchi J. Bakachcho bu atamani Djotto ijodiga karata, "u antik san`atni uyg'otdi" deb birinchi bor ishlatgan edi. Butun bir davrni anglatuvchi tushuncha sifatida san`at tarixchisi J.Vazari (1511-1574 y.) tarafidan uning "Mashxur san`atkorlar xayotidan lavxalar" kitobida (1550) tilga olingan. Bu tushuncha birinchi paytda antik madaniyat an`analarini Italiyada "ming yillik yovvoyilikdan so'ng" tiklanishini anglatib, so'ngrok ilmiy tadkikotlarida keng ishlatila boshlandi. Ya.Burxart Uyg'onish (Renessans) ni aloxida tipdagi madaniyat deb baxoladi. Masalaga kizikish ortib, ilmiy izlanishlar ko'paya borgani sayin Uyg'onish tushunchasi, bu davr madaniyatining xronologik va geografik chegaralari, uni davrlashtirish xususida ziddiyatli, turlicha fikrlar bildirila boshlandi. Y.Xeyzing uzining "O'rta asrchilikning kuz fasli" asarida Uyg'onish davri-O'rta asr madaniyatining intixo davri deb xisoblasa, boshqa olimlar Uyg'onish davri Yangi davr madaniyatining boshlanishi deb sanaydilar. Ko'pchilik olimlar yevropa Uyg'onish davrini klassik tarzda davrlashtirib u XIV-XVI asrlarga xos deb bilsalar, boshqalar Uyg'onish madaniyatini bir muncha ilgarirok XII asr Karolinglar Renessansidan boshlab, Ispaniya, Italiya, shimolidagi mamlakatlar (Shimoliy Uyg'onish) Uyg'onish – XVII asr Bilan yakunlaydilar. 1950 yillarning o'rtalaridan e`tiboran "Shark" Uyg'onish davri masalasida jiddiy munozara baxs ketdi. Xitoy madaniyati tarixi taxlilida akademik N.Kondrad Uyg'onish davrini qadimgi, o'rta asrlar singari insoniyat tsivilizatsiyasining barcha mintakalariga xos umubashariy xodisa deb karaydi. Umumjaxoniy jarayon xisoblagan Uyg'onish Sharkda (Xitoy) VI-VIII asrlarda boshlanib, Garb sari siljigan va XIV asrda yevropa xodisasiga aylangan. Uyg'onishning bunday talkiniga Karshi bu xodisa turli mamlakatlarda mintakaviy, ayrim kurinishlarda amal kilishi mumkin, lekin u umumjaxoniy fenomen bulishi mumkin emas, deb xisoblovchilar ham bor. Uyg'onish davri Xitoyda (Konrad), Kuriyada (Ten), Eron-Tojikistonda (Braginskiy, Nikitin), Xindistonda (TSelishev), Turkiyada (Mellov), Armanistonda (Chaloyan), Ozorboyjonda (Gajiev), Gruziyada

(Nutsubidze, Natadze) kechkaknligi haqida ayrim ma`lumotlar keltiriladi. Ayni chokda har ikki karash tarafdorlarini yevropa Uyg'onish davrini mutlako betakror xodisa deb karovchi mualliflar (A.Losev, M.Petrov) jiddiy tankid qiladilar. O'zbekistonda Shark Uyg'onish davri masalasi maxalliy materiallarni umumlashtirgan xolda yetarli ishlanmagan. Markaziy Osiyo mintakasidagi Uyg'onish haqida gap borganda IX-XII asrlar avvalo xorijiy madaniyat va karor topgan islomiy e`tikodga nisbatan rivojlangan va boyigan kadimiy madaniyat negizida milliy Uyg'onish deb karalmogi lozim. Markaziy Osiyo uzok yillik tarixida ko'p boskin va talonchiliklarni kurdi, ularga Karshi ozodlik va mustakillik uchun kurash olib bordi.

Haqiqat shundaki, xar bir boskichdan so'ng milliy davlatchilik va madaniyat tiklandi. Mustakillikka intilish goyasi va xarakati uzga xalqlar tomonidan yaratilgan madaniyatlarni inkori emas. Markaziy Osiyo madaniyatida umuminsoniy ahamiyatga molik jamiki madaniyat yutuklari ijodiy uygunlashganidek, Ayni paytda mintaka madaniyati boshqa xalqlar madaniyatlariga samarali ta`sir kursatdi va ularni boyitdi.   Mavjud adabiyotlar va fikrlar taxlili asosida Markaziy Osiyodagi xalqlar Milliy madaniy Uyg'onishni uch davrga bulishi mumkin:

• IX-XII asrlar- arab boskinidan keyingi davr.

• XIV-XV asrlar mugul istilosidan keyingi davr.

• XX asr boshi va xozirgi davr kolonial bosqin va Sovet davridan keyingi siyosiy, milliy, madaniy

136

Uyg'onish.

Mustaqillik va milliy madaniyat Uyg'onish xodisalari moxiyatan, ichki jihatdan uzviy bog'lik bo'lib, bu xususda akad.M.M. Xayrullaev shunday yozadi: "Mustaqillik va Uyg'onish, Mustakillik va yuksalish uzviy boglikdir, Uyg'onish bizdan akl-idrokni, bilimni, istedodu kobiliyatni, faollikni, kuch-g'ayratni talab etadi".

Milodni yuz yilliklar boshlarida Kushon podsholigi, so'ng Eftalitlar davlati va Turk xokonligi davrlarida ham Xorazm voxasida, Sugdiyonada (Samarkand, Buxoro, Karshi), Ustrushonada (Sirdaryo, Jizzax), Choch (Toshkent va uning atrofi), Fargona viloyatlarida, Choganiyonda (Termiz, Denov) moddiy va madaniy taraqqiyot davom etgan. Bu davrlarda me`morchilikda yangicha naksh uslublari keng rivojlangan, binokorlikda pishgan gisht ishlatish boshlangan. VI-VII asrlarda axoli o'rtasida savodxonlikka intilish kuchaygan edi. Xitoy manbalarining guvoxlik berishicha, Sugdiyonada ugil bola 5 yoshga tulgach, yozuv va xisobga urgatilar, so'ngra ular 20 yoshga kirganlarida savdo ishlarini urganish uchun katta mamlakatlarga junatilar edi.

San`at, ayniqsa, devoriy tasvir rivoji yangi bosqichga kutarilgan edi. Xaykaltaroshlik, badiiy yog'och uymakorlik ganchkorlik tarakkiy etdi. Musiqachilar, bastakorlar ko'payib bordi, naychilar, uyinchiyu-rakkosalar, surnaychilarning oilaviy chikishlari bo'lib turgan edi. Bu davrlarda diniy e`tiqodlar o'zaro murosada bo'lganligi axolii xayotida va mamlakat osoyishtaligida muxim urin tutgan. Shu bilan birga tabiiy fanlarga, atrof-muhitni anglash, mavjudotni kengroq bilishga intilish kuchayadi. Xususan, o'sha paytlarda Sugd takvimlari tuzilganligi, xozirgi Turtkul xududida esa rasadxona bo'lganligi haqida ma lumotlar bor. Demak, O'rta Osiyoda kadimdan tsivilizatsiya asoslari, moddiy va ma`naviy madaniyatning chuqur ildizlari mavjud bo'lgan. Arablar bosqini natijasida jiddiy putur yetgan o'lkamiz madaniyati yillar o'tib bir muncha tiklandi va yangi sharoitda ilm-fan rivojlandi, madaniy-ma`rifiy soxalarda jiddiy ijobiy o'zgarishlar yuz berdi. Arab xalifaligi ham, IX asr boshlariga kelib ilm-fan, ma`rifat ahamiyatini yaxshiroq tushundi. Xalifalikning yangi poytaxti Bag'dodda 832 yili "Baytul-xikma" ("Donishmandlar uyi") tashkil etilib, uning ehtiyoji uchun katta mablag' ajratildi. Baytul-xikma qoshida ikkita rasadxona, ilmiy markaz tashkil etilib, dunyoning turli yerlaridan avvallari bitilgan ilmga oid adabiyot to'plandi, yunonchi, lotincha, xindcha, xitoycha, forscha va boshqa tillardan arabchaga tarjima qilindi, o'rganildi. Xalifalik bu ilm maskaniga ko'p mintaqalardan mashxur ollomalarnn jalb etdi. Xususan, O'rta Osiyodan 20 ortiq olimlar bu markazda sadoqat bilan ilm-fan rivojiga o'z salmoqli xissalarini qo'shgan edilar.

Mintaqamizda IX asrga kelib arablarning ma`muriy tazyiqi ancha zaiflashgan, ijtimoiy-iktisoday vaziyat bir muncha barqarorlashgan edi. Somoniylar, qoraxoniylar va xorazmshoxlar davlatlarida nisbatan osoyishtalik vujudga keldi. O'lkada moddiy ishlab chiqarish, madaniy rivojlanish jarayoni ancha tezlashdi, shaharlar hayoti yuksala bordi. Xunarmanmanchilik turlari ko'paydi, xususan, tog' jinslarini ishlash, shishasozlik kuchaydi, savdo-sotik ishlari qayta rivoj topdi.

Davlat tizimida madaniyatni yaxshi anglagan ilmli odamlar ko'paydi. Xususan, devon boshliklari (vazirlar) xokimlarning ko'pchiligi arab, fors, turkiy tillarni bilgan, dunyoqarashlari keng kishilar edi. Masalan, somoniylar vazirlari Abu Fazl Bal amiy, Abdullo ma`rifatli insonlar bo'lgan va ilm-fan rivojiga bevosita xomiylik kilganlar. Xorazmshox Abul Abbos Ma`mun o'z vaziri Abulxusayn bilan birga Urganchda «Donishmandlar Uyi» (akademiyasi)ni tashkil etgan va unda Beruniy, Ibn Sino, Miskavayx, Ibn Irok, kabi allomalar barakali ijod kilganlar, X-XI asrlarda mintaqada ko'p bunyodkorlik ishlari amalga oshirilgan, yangi madrasalar, saroylar, masjidlar, makbaralar va boshqa noyob me`morchilik inshootlari barpo etilgan. O'lkada ko'plab karvonsaroylar, rabotlar, sardobalar qurilgan.
Buxoro, Samarkand, Xiva, Termiz, Marv, Shosh, Kubo, Xujand, Ush, Andijon, Kesh, Karmana, Kosoy, Margilon, Panjikent kabi shaxarlarda turli ilm maskanlari bo'lgan. Ko'plab madrasalar ishlab turgan, kutubxonalar, kitob rastalari

va bozorlari gavjum bo'lgan. Ko'pchilik oilalardi bolalar avvalo uyda ukib savod chikarar, so'ng madrasalarda ukishga intilar edilar. Bularning bari usha paytlarda ma`rifat va madaniyat rivoji uchun zarur bo'lgan muxit, shart-sharoitlar mavjudligidan dalolat beradi.

O'lkamizda bu asrlardagi kashfiyotlar va bilimlar ko'p jihatdan hayotiy bo'lib, ijtimoiy ehtiyojni, jadal sur`atlarda o'sib borayotgan ijtimoiy-iqtisodiy munosabatlar talabini kondirish, keng ma`noda moddiy va ma`naviy madaniyatning yuksalishi bilan boglik bo'lgan. Ana shu extiyoj ulkamizda buyuk allomalarning vujudga kelishida, ular ijodining samaralarida namoyon bo'ldi. Masalan, Al-Xorazmiy uzining algebraga oid kitobi mukaddimasida asarni yozishdan maksad mamlakat oldida turgan ektiyojlar, me`morchilik va sugorma dexchonchidik bilan bog'liq bo'lgan muammolarni xal kilishda ko'makdir, deb ta`kidlaydi.

Demak, IX-XII asrlardagi ijtimoiy-siyosiy va iktisodiy vaziyat mintakamizda ilm-fan, umuman madaniyatning keng kulamda rivojlanishini takozo qilar edi. Bunday sharoitda yuzlab allomalarda davr talabiga javob berib barakali ijod kildilar va ilmning turli soxalarida ko'plab yangiliklar yaratdilar. Aslini olganda, bunday ilmiy madaniy va ma`naviy yuksalish o'rta asrlar uchun kutilmagan, shu bilan birga dunyoni xayratda koldirgan xol bo'ldi. Shu boisdan ham bunday ma`rifatni siljish uytonish, ilk renessans deb tarixga kirdi.

Bunday taraqqiyotning sarvarlari Muso al-Xorazmiy (783-850) va Ahmad al-Fargoniy (798-865) bo'lganlar. Ular matematika, astronomiya, geografiya fanlarini chukur urganib, bu soxada ko'plab yangiliklar yaratdilar. Xususan, xozirgi "algebra", "algoritm" suzlari Al-Xorazmiy nomi bilan bevosita boglik. Al-Fargoniy dastlabkilardan biri bo'lib, yer shari xaritasini tuzgan, uning hamashadagi rasadxonada ishlab yer meridiani bir darajasining uzunligini ulchash, Nil daryosi suvi satxini belgilovchi asbobni yaratish kabi kashfiyotlari jaxonga ma`lum. Olim yilning yozda eng uzun kunini (22 iyun), kishda eng kiska kunini (23 dekabr), tunu kunning tengligi-21 mart va 23 sentyabrga tugri kelishini aniqlagan.

Vatandosh allomalarimizning aksariyat ko'pchilagi komusiy olimlar bo'lgan, Abu Nasr Forobiy, Abu Rayxon Beruniy, Abu Ali ibn Sino kabi unlab olimlar falsafa, matematika, astronomiya, adabiyot, she`riyat, konunshunoslik, jamiyatshunoslnk bobida samarali ijod kilganlar. X asr allomasi Abu Abdullo al-Xorazmiy (Muso al-Xorazmiy bilan adashtirmaylik) uzining "Ilmlar kalitlari" nomli asarida usha paytda ma`lum bo'lgan ellikka yakin ilmlar tasnifini, ya`ni klassifikatsiyasini beradi va ularni sharklaydi. Tabobat va dorishunoslik borasida dunyoga dongi ketgan Ibn Sinodan tashkari Al-Kumriy, Abu Mansur Kamariy, Sharafutdin al-Ilokiy, Ismoil Jurjoniy kabi olimlar unumli mexnat qilganlar.

Kimyo fani ravnaqiga Abu Bakr ar-Roziy, Abul Xakim al-Kosiy, geometriya va trigonometriya rivojiga Maxmud Chagminiy, Shamsutdin A`loul Buxoriy, falsafaga Ibn Miskavayx kabi donishlarning xissalari katta bo'lgan. Mashxur faylasuf, ko'p tabiiy fanlar bilimdoni Al-Forobiy musiqa haqida ham asarlar yozgan, uning notalar xususidagi kitoblari O'rta asrlardayok login, ivrit (Qadimgi yaxudiy) va boshqa tillarga tarjima etilgan ekan. Yoki Ibn Sinoni olaylik. Bilamizki, bu ulug zot Tabobat, riyoziyat, falsafa, jamiyatshunoslik soxalarida benazir asarlar bitgan. Shu bilan birga Ibn Sino 10 jildlik arab grammatikasi xususida kitob yaratgan. Faxriddin Rozni falsafa, mantik, xukukshunoslik, tibbiyot va boshqa soxalarda 150 dan ortik ilmiy risolalar yozgan.

Mintaqamizda mavjud bo'lgan ko'p tillilik (axolining ko'pchiligi turkiy, fors va arab tillarini bilgan) bu davr madaniyatining muxim xususiyatlaridan biridir. Shu bilan birga donishmandlarimiz boshqa xorijiy tillardan ham xabardor bo'lganlar. Masalan, buyuk astronom matematik, geodeziya, geologiya, mineralogiya, tarix fanlarinnng bilimdoni Al-Beruniy 7-8 tilni mukammal bilgan. Xususan, u Gretsiya olimlari Evklidning "Negizlar" va Ptolemeyning "Al magest" asarlarini yunonchadan, o'zi yaratgan "Usturlobiya" kitobini arabchadan sanskritga (kadimgi xind tiliga) tarjima kilganligi tarixdan ma`lum.

Ajdodlarimiz aklni peshlashda shaxmat uyinining ahamiyatini yaxshi bilganlar. U paytlarda ko'pincha 100 katakli shaxmatda uynash nufuzli xisoblanardi. Abubakr as-Suli X asrda ekg kuchli shaxmat ustasi bo'lgan. Boshqa kuchli uyinchi-Abulfatx Admad XI asrda shaxmat buyicha kullanma yozadi, bu risola bir necha asrlar davomida qayta-qayta kuchirilib unga kushimchilar kiritiladi. Firdavsiyning "Shoxnoma"sida shaxmat uyinlari maxorat bilan ifodalangan edi.

IX-XII asrlarda tarix, tilshunoslik, badiiy san`at kabi gumanitar fanlar ravnaki ham salmokli bo'lgan. Abu Bakr Narshaxiyning Buxoro tarixi" Al-Mustagfiriyning "Nasaf va Kesh tarnxi", Bayxakiyning "Ma`sudiy tarixi" bitildi. Bu davrda Xorazm, Samarkand, Shosh, Kubo, Termiz, Choganiyon utmishiga oid tarixiy risolalar yaratildi. Xususan, X asrning o'rtalarida yaratilgan "Buxoro tarixi" turli davrlarda frantsuz, rus, ingliz, arab, fors va xozirgi uzbek tillarida bir necha bor chop etilgan.

Usha paytlarda turkiy tillarga e`tibor ham kuchaydi-VIII-IX asrlar oraligida ijod etgan adib Axmad Yugnakiy "Xakikatlar tukfasi" dostonini yaratdi. Bizgacha yetib kelgan bu asardan kurinib turibdiki, uning muallifi saloxiyatli shoir va axlok muallimi bo'lgan. Bu ajoyib asar 14 bobdan iborat bulab, ular ma`noviy-axlokiy kamolot sirlaridan ta`lim berishga mujallangan. Dostonning birinchi bobiga "Ili manfaati va jaxolatning zarari haqida" deb bejiz nom berilmagan. Mashxur turkiyshunos olim Maxmud Koshgariy "Turkiy tillarning sintaksis koidalari"ni yozdi va «Devonu lugatit turk» asarini yaratdi. Unda muallif 7,5 mingdan ortik turkiy suzlar izoxlari, grammatik va didaktik xususiyatlari, shevalari to'g'risida tuxtalgan. Shu davrlarda Yusuf Xos Xojib "Saodatga boshlovchi bilim" kitobini yaratdi. Uzbek adabiy tilining shakllanishida bu asarlarning urni katta bo'lgan. O'sha asrlarda ulkamizda she`riyat keng kulamda rivojlandi. Ular ko'pincha fors, turkiy va arab tillarida bitilar edi. Abu Abdullo Rudakiy, Abu Mansur Dakikiy, Sobir Termiziy, Abu Mansur as-Saolibiylarning badiiy asarlari mashxur bo'lgan. Abulkosim Firdavsiyning "Shoxnoma"si madaniyatimizda ulkan vokea bo'ldi. Bu davrda xalq ogzaki ijodi ham keng rivoj topdi. Ugiznoma", "Alpomish", "Gurugli", "Manas" kabi dostonlar elga manzur bo'ldi, axoli orasida she`riy, kofiyaviy aytishuvlar vujudga keldi.

Musiqa san`ati ham yangi boskichga kutarildi. Bu davrda bir necha turdagi makom ixtiro etildi, navoyu oxanglarni notaga solish boshlandi. Bu jabxada Forobiyning izdoshlari Ma`sud Ishroziy va Myhammad Amoliy samarali ish olib bordilar. Yangi musikiy asboblar kashf etildi, uynoki oxanglar bastalandi. Sayyoxlardan biri XII asrda

Buxorada Isfaxoniyning "Ashulalar kitobi"ni bozop rastasida uchratgani haqida hikoya qiladi.

Islom dinining mintakamizga kirib kelishi, uning axoli o'rtasida yoyilishi xususida oldingi darslarda tuxtalgan edik. Endilikda, ya`ni IX-XII asrlarda dunyoviy fan va madaniyat bilan bir katorda islom mazmunini anglash, uning moxiyatini urganish, targib kilishda ham katta ishlar kilindi. Bunday mas`uliyatli va savob ishda Imom al-Buxoriy (810-870) va Abu Iso Muhammad at-Termiziy (824-892)lar tashabbuskor bo'ldilar. Ular islom dunyosida vujudga kelgan minglab xadislarni sinchiklab urgandilar, xolis va ishonarlilarini ajratib, ularga sharxlar berdilar. Ular Muhammad paygambarning xayoti va faoliyati shuningdek uning diniy va axlokiy kursatmalariga oid asarlar yozdilar.

Bu buyuk zotlar mashakkatli ijodlarida va amaliy ishlarida musulmonchilikning asl ma`nosini maxorat bilan ochib berdilar, islomning ilm-fanga, madaniyatga, umuman taraqqiyotga bo'lgan ta`sirini kursata bildilar. Ular islomning insonparvarlik xususiyatlarini ta`kidlab, uning ko'pchilnk manfaatini kuzlovchi demokratik e`tikod ekanligini yoritib berdilar, Al-Buxoriy va At-Termiziyning sadokatli izdoshlari Abduraxmon an-Nasoiy, Abu Mansur ad-Moturidiy, Kaffol ash-Shoshiy, Maxmud az-Zamaxshariy, Abu Iso Samarkandiy, Najmiddin Kubro kabi ulamolar musulmon dunyosining yirik mutafakkirlari sifatida ko'pchilikka mashxur bo'ldilar. Xususan, shayx Al-Moturidiy ta`limotiga kura, bilishning uch manbai mavjud. Ular xis (sezgi), nakl-rivoyat va akl-idrokdir. Shu bilan birga ul zot aql-idrokning aloxida urni borligini ta`kidlaydi, Demak, akliy dalillar va isbotlar asosida vokelikni anglamok musulmonchilikda muximdir. Xazrati imom Ash-Shoshiy xalollik, odillik masalalarini uz asarlarida keng yoritgan. Shariat konun-koidalarini chukur taxlil etib, "Xidoya" asarini yaratgan Burxoniddin Marginoniyning muloxaza va tavsiyalari islom dunyosida ko'p asrlar davomida muxim manba bo'lib, u yoki bu masalani adolat va insof nuktai nazaridan xal etishda asosiy kullanma vazifasini bajargan.

Islom dini shakllangandan so'ng uning doirasida, Kur`on va xadis talablariga mos ravishda paydo bo'lgan tasavvuf (sufiylik) ta`limoti XI asrga kelib keng tarkala boshladi. Ulkamizda sufiylik asoslarini Yusuf Hamadoniy, Abdulxolik Kijduvoniy, Axmad Yassaviy, Sulaymon Bokirgoniy targib etganlar va rivojlantirganlar. So'ng Xorazmda Kubraviya birodarligi, Buxoroda Nakshband tarikatlari shakllandi. Bularning barchasi usha davrda islom madaniyatining shakllaninida. ma`naviyatimiz asoslarini peshlashda, odamlarning iymonli belib yetishida muxim urin tutgan. Bu iymon-e`tikod asrlar davomida sinovdan utdi va hamon odamlarni kamtarlikka muminlikka, xalollikka, bagrikenglikka, insofu-vijdonli bulishga da`vat etib kelmokda.

Demak, bir davrda va bir makonda ham dunyoviy fanlar, ham diniy bilimlar rivojlangan, ular biri ikkinchisiga keskin ziddiyatda bulmagan. Farb mamlakatlarida deyarli yetti asr davomida inkvizitsiya (zulmat) xukm surgan bir vaqt da ilm-fan kuvginda bo'lib xurofot esa keng ildiz otgan bir paytda, musulmon yurtlarida, xususan O'rta Osiyoda, ma`naviy-ma`rifiy taraqqiyot yuz berdi va yuksaldi. Bu xolatning asosiy sabablaridan biri islomning bilimga ijobiy karashidadir. Ayni paytda, dunyoviy ilm axli islomni nafakat inkor etmadi, balki ko'p jihatdan unga tayandn, musulmonchilikning axlokiy, ma`naviy sifatlari esa ularga madad bagishladi. O'lkamizdagi bu yuksalishning eng muxim xislati insonparvarlik bo'lgan. Bu davr madaniyatining markazida inson, insoniy aql, xis-tuyg'u, inson ma`naviy boyligini e`zozlash, uni yuksaltirish bo'lgan.

Yurtdoshlarimiz yaratgan ilmiy asarlar usha asrlardayok arab tili orkali dunyoga tanilib, Sharku Garbda ibrat bo'lgan va ma`lum darajada andoza rolini uynagan. Donishmanllarimiz asarlari turli uzga tillarga tarjima qilinib, Frantsiya, Angliya, Ispaniya, Italiya, Gollandiya va boshqa ko'p mamlakatlarda tarqagan. Masalan, Ibn Sinoning "Tib konunlari" Garb ilm-fan tili bo'lgan lotin tilida 30 martadan optik chop etilgan va lotin chadan yevropa va boshqa kit`a xalqlari tillarida ko'p marta nashr etilgan. To'la bo'lmagan ma`lumotlarga ko'ra, yuzdan ortik yurtimiz donishmandlarining asarlari uz davrida lotinchaga ugirilgan va so'ng boshqa xorijiy tillarga tarjima qilinib, uzoq vaqt mutolaa qilingan.

X asrdayoq Rim papasi Sil vesto II murakkab rim raqami o'rniga Al-Xorazmiy qayta ishlab chiqqan "arab raqamlari"ni amaliyotga kiritish haqida farmon bergan. XV Avstriya va Italiya universitetlarida Al-Fargoniyning pronomik asarlari buyicha ma`ruzalar qilinganligi xususida gollandiyalik olim Regimonton xabar beradi. Oyning yangi etilgan ikki krateriga Al-Fargoniy va Mirzo Ulug'beklari berilganligi haqida 1647 yili polshalik Yan Geveliy edi. Mutaxassislarning ta`kidlashlaricha, Al-Forobiy asaridan garbning mashxur olimlari Leonardo da Vinchi, Bekon, Kopernik, Kepler, Leybnits va boshqalar faydalanganlar. Allomalarimizni mashxur shoir A. Dante, I Shiller tarannum etganlar, buyuk nemis faylasufi G. Gegel ajdodlaramiz ijodiga tan berib, ularga yuksak xurmat bildirgan.

Bugungi kunda ham jaxonning unlab mamlakatlarida yurtimiz donishmandlarining noyob qo'lyozmalari avaylab saqlanmoqda. Masalan, Al-Xorazmiyning arifmetika xususidagi risolasi XII asrda Ispaniyada lotin tiliga tarjima qilingan. edi. Bu tarjimaning XIV asrda kuchirilgan yagona kulyozmasi xozir Angliyaning Kembrij universitetida saklanmonda. Asar "Diksit Algorizmi", ya ni "Al-Xorazmiy deydiki" deb boshlanadi. Xorazmiy kalamiga mansub astronomik asarning 1037 yilda kuchirilgan arabcha nusxasi Strasburg (Frantsiya) universiteti kutbxonasida mavjud. Al-Fargoniy asarlaridan birining kulyozmasi AKShning Prinston universiteti kutbxonasida sanlanmoqda. Misrning makshur "Al-Azxar" dorilfununida O'rta Osiyolik olimlarning yuzdan ortiq asarlari bugun ham ilmi toliblar xizmatidadir.

Ajdodlarimiz shuxratining muxim maibai ularning kizikuvchanligida, jiddiy izlanuvchanligida masalaning yechimini topishda zaxmat chekishga ruxan tayyorligida, halol va xolis tadkikot olib borishlarida, falsafiy idrokida, mustaxkam irodasida, kiskasi ularning imoni komilligidadir, desak vijdonan tugri buladi. Qissadan xissa shulkim, ajdodlarimiz orasida katta iste`dod egalari, zexni tez, mulokazasi chuqyp, mantiki kuchli, fikri o'tkir, xotirasi mustahkam allomalar ko'pdan-ko'p bo'lgan. Usha asrlarda uggan donishmandlarimiz bilan tabiiyki faxrlanamiz. Ularning ilm-fan, ma`rifat va ma`naviyat soxalaridagi buyuk jasorati bizga-mustakil Uzbekiston axliga-nafakat boy meros, balki katta sabok, ulkan ibratdir. Demak, IX-XII asrlarda O'rta Osiyoda madaniy va ma`rifiy taraqqiyotning barcha sohalarida yuqori darajali rivojlanish yuz bergan. Shu bois bu ulkan jarayonni uyg'onish, renessans deyishga asos bor.

12-§ TEMURIYLAR DAVRI MADANIYATI VA JAHON SIVILIZATSIYASI

Vatanimiz tarixida temuriylar davrining tom ma`noda milliy va ma`naviy uyg'onish (ikkinchi «Renessans» davri) sifatida namoyon buli-shi, jamiyatning ijtimoiy-iktisodiy taraqqiyoti bilan birlikda madaniy yuksalishga erishishi Amir Temur nomi bilan chambarchas bog'likdir. Negaki, bu tengsiz siymo kudratli, yaxlit saltanatni barpo etish, uning har tomonlama ravnaqini ta`minlash barobarida ma`naviy-madaniy hayotning ham gurkirab rivojlanishiga, ilm-urfon, adabiyot va san`at soxalarining o'sishiga, bu jabxa soxiblarining iste`dodi va ijodkorligining kamolotiga benazir raxnamolik ko'rsatdi. Bu o'rinda Amir Temur, Shoxrux Mirzo, Ulug'bek, Boysunqur Mirzo, Sulton Xusayn, Bobur Mirzo singari ulug' xukmdor siymolarning shaxsiy ibrati tahsinga loyiqdir.

Amir Temur o'z mamlakatining ilmu urfon, madaniyat va san`at axliga xorijiy ellardan ko'plab xunar-kasb ahllarini, me`moru nakshdoshlarini, oli-mu fozillarini oldirib kelib, ularga kulay shart-sharoitlar yaratib berib, ularning bilimi, tajribasi va iste`dodini ishga solib, xayratomuz bunyodkorlik va ijodkorlik ishlarini ruyobga chiqardi.

Bu davrda bunyod etilgan betakror me`moriy obidalar, osori-atiqalar, yuksak san`at asarlari, ilmiy-madaniy meros namunalari bunga yorqin dalil bula oladi. Amir Temur salohiyatining ajoyib ifodasi bo'lgan «Tuzukot»da soxibkironning ilm-fan, ma`rifat axliga xar doim alohida e`tibor berganligi va xar bir muhim ishni amalga oshirishda ularga qat iyan suyanganligi qayta-qayta ta`kidlab o'tilgan. Amir Temur davrida yashab ijod qilgan allomalardan Jaloliddin Turonshoh (vafoti 1385), Baxrvuddin Naqshband (vafoti 1389), Xoja Xofiz Sheroziy (vafoti 1389), Xoja Kamol Xujandiy (vafoti 1391), Allomai Taftazoniy (vafoti 1392) va boshqalarni eslash kifoyadir.

Muhammad Taragay Ulug'bekning tarixdagi alohida muhim o'rni uning davlat xukmdori sifatidagi ko'p yillik faoliyatidan ko'ra ham ko'proq buyuk olimlik, ilmu urfon xomiysi . Chunki u o'zining aql-zakovati, jo'shqin hayotining asosiy qismini ilmu fan ravnaqiga bag'ishladi, shu soxada katta kashfiyotlarga bosh bo'ldi.

Ulug'bek zamonida bunyod etilgan Samarqand, Buxoro, G'ijduvon, Shosh va boshqa shaharlardagi masjidu madrasalar, ilm maskanlari, jumladan, Samarkand yaqinida barpo etilgan tenggi yo'q ilm koshonasi — Rasadxona — bular uning yuksak darajada ma`rifatparvar donishmand xukmdor bo'lganligidan dalolat beradi. Ulug'bek ayniqsa fanning astronomiya, matematika, geometriya singari muhim sohalarida katta ijod qildi va o'zidan bebaho ilmiy meros qoldirdi. Uning ko'p yillik zaxmatli mehnati, ijodiy izlanishlari mahsuli bo'lgan mashxur «Ziji Ko'ragoniy» asari olimga jahonshumul shuxrat keltirdi. Ulug'bek ijtimoiy-gumanitar fanlar sohasida ham o'z iste`dodini namoyon eta olgan zabardast allomadir. Uning qalamiga mansub «Tarixi arba` ulus» («Turt ulus tarixi») asari, hech shubxasiz, tarixshunoslik fanida qimmatli manbalardan biri xisoblanadi.

Mirzo Ulug'bek ilm-fan va madaniyat raxnamosi sifatida iste`dod soxiblariga moddiy va ma`naviy jixatlardan g'amxurlik ko'rsatdi, ustozlik qilib ularni voyaga yetkazdi.

Ulug'bek akademiyasi. Ulug'bek nomini shonu shuhratga burkagan, ilmiy tafakkuri va salohiyatini yuksak darajaga ko'targan asosiy narsa, bu alloma dahosining yorkin kuzgusi bo'lgan ilmiy akademiyaning yaratilib, samarali faoliyat ko'rsatganligidir. Ulug'bek akademiyasida dunyoning turli mamlakatlaridan kelgan 100 dan ortiq olim faoliyat ko'rsatdi.

Ulug'bek atrofiga uyushgan ko'plab buyuk qomusiy olim sohiblari—Qozizoda Rumiy, G'iyosidtsin Jamshid Koshiy, Muhammad Ali Qushchi, Muhammad Xavofiylar ilm-fanning turli sohalarida, ayniqsa astronomiya, matematika singari aniq fanlar buyicha barakali ijod qildilar hamda o'zlaridan ulkan ilmiy meros qoldirib ketdilar. Muarrix Davlatshoh Samarqandiy yozganidek «Olim, odil, g'olib va ximmatli podshoh Ulug'bek ko'ragon... yulduzlar ilmida olis qadar yuksala bordi, masniy ilmida qilni kirq yordi. Uning davrida olimu fozillar martabasi nixoyat cho'qqisiga ko'tarildi».

Ulug'bek ilmiy maktabining eng katta yutug'i,

152

avvalo, astronomiya, matematika, geometriya, trigonometriya fanlari soxasida yaratilgan muxim kashfiyotlardir. Ulukbek rasadxonasida 1018 ta yulduzlar xarakati o'rganilib katolog tuzildi. Uning qalamiga mansub «Ziji Kuragoniy» asari uzining beqiyos tugri ilmiy yechimla-ri, xulosalari bilan xrzirga qadar ham jahon olimlari e`tiborini krzonib kelmokda. Shuningdeq bu ilmiy maktab olimlarining uchinchi darajali algebraik tenglamani yechib, bir darajali yoyning sinusini aniqlash borasidagi tadkikrtlari ham matematik tafakkurning katta yututidir:

Tarixshunoslik fani rivoj topdi. Bu davrda yashab ijod etgan muarrixlarning asarlarda o'sha zamon tarixiy voqealarining mufassal tafsilotlari, sharxlardan tashqari ularning chuqur ijtimoiy moxiyati, mazmuni o'zining butun ziddiyatliligi va murakkabliligi bilan ifoda etilgan.

Bu davr tarixchilaridan Nizomiddin Shomiyning «Zafarnoma», Xofizu Abruning «Zubdat at-tavorix», Sharofiddan Ali Yazdiyning «Zafarnoma», Fosih Xavofiyning «Mujmali Fashiy», Abdurazzoq Samarqandiyning «Matla sa`dayn va majmai baxrayn» («Ikki saodatli yudduzning chikishi urni va ikki azim daryoning kuyilishi joyi»), Ibn Arabshoxding «Amir Temur tarixi» («Ajoib al-makdur fi tarixi.Taymur»), Riyosiddin Alining «Amir Temurning Xindistonga kilgan gazo urushi», Mirxondning yetty jildli «Ravzat us-safo» («Poklik boki»), Xondamirning «Makorimul axlok», «Xabib as-siyar» hamda Amir Temur xuzuriga tashrif buyurgan ispan elchisi Rui Gonsales de Klavixoning «Temurbek saroyiga sayohat kundaligi» singari asarlarini keltirib o'tish joizdir.

Yuqorida nomlari zikr etilganlar XV asr muarrixlari bo'lib, ular o'sha davr ijtimoiy xayoti jarayonining talab va ehtiyojlaridan kelib chiqqan xolda temuriy xukmdorlarning turli-tuman faoliyati, sa`y-harakatlari bilan bog'liq tarixiy hodisalar, voqealar silsilasini o'z imkoniyatlari darajasida xolis va xaqqoniy aks ettirishga intilganlar. Shu bilan birlikda bunda ularning o'z shaxsiy karashlari yoxud u yoki bu hodisalarni ba`zan burttirib, ba`zan esa kamsitib, bir yoklama tarzda ifodalashga uringan bo'lishlari ham shubhasizdir. Bunday dollar, jumladan, Ibn Arabshoh, Riyosiddin Ali, Sharofiddin Ali Yazdiy va boshqa muarrixlarning asarlari uchun ham birdek taalluqdidir. Biroq, eng muhimi, tilga olingan bu asarlar o'zining ilmiy qimmati, muhim tarixiy manbalar sifatidagi benazir qadri bilan biz minnatdor avlodlar uchun muhim ahamiyatga egadir.

Zamonaviy kitob nashri hali vujudga kelmagan bir davrda bu soxa soxiblari mehnati yuksak qadr etilgani shubxasiz. Shu bois kitob ko'chiruvchi xattotlar o'z qalamlariga sayqal berib, uni san`at asari darajasiga ko'targanlar. Masalan, Mirali Tabriziy (vafoti 1401) Temur davrining yetuk xattotlaridan bo'lgan. Bu talant soxibi nash va ta`liq xati uslublari asosida nastaliq xatini kashf kilgan.

Temuriylar davrining eng tanikli xattotlari orasida Sultonali Mashxadiy, Abdujamil Kotib, Dar-vish

Muxdmmad Tokiy, Mirali Kilqalam, Ali ibn Nur, Sulton Muhammad Xandon, Ali Xijroniy, Buxoro xattotlik maktabining yirik vakili Muhammad Ali as-Sultoniy nomlari ko'zga alohida tashlanib turadi. Xattotlik san`atida o'ziga xos maktab yaratgan Sultonali Mashxadiy (1432—1520) nastaliq xatining mislsiz ustozi, Alisher Navoiyning kotiblaridan biri sifatida sharaf topgan edi. U Nizomiy, Farididdin Attor, Xuja Xofiz, Sa`diy, Xusrav Dexlaviy, Abdu-raxmon Jomiy, Xusayniy (Xusayn Boyqaro) va boshqa mualliflarning asarlarini kitobot qilgan. Sultonali tomonidan ko'chirilgan 50 dan ziyod kitoblar nusxasi bizgacha yetib kelgan.

Abdujamil Kotib qalamiga mansub Alisher Navoiyning «Hamsa», «Novodir un-nixoya» asarlari qo'lyozmalari ham o'sha davr xattotlik san`atining go'zal namunalaridan sanaladi. Bunday yuksak bahrni, shuningdek, Darvish Muhammad Tokiy, Ali Xijroniy, Ali ibn Nur, Sulton Muhammad Xandon va boshqa kshhalam soxiblari ijodiga ham nisbat berish mumkin.

Temuriylar davrida yetishib tasviriy san`at dongini olamga taratganlar jumlasiga ustoz Shamsiddin Abdulhay, Muhammad Nur, Shayx Turoniy, Abdulla Xiraviy, Ustoz Gung, Ustoz Jahongir, Pir Sayid Axad Bog'ishamoliy va boshqa musavvir va naqshdoshlarni kiritish mumkin. Ular chizgan yorqin tasvirlar, portretlar, tabiat manzaralari yoxud jang tafsilotlari o'zining tabiiyligi, tiniqligi va originalligi bilan kishini xayratga soladi. Masalan,

Muhammad Siyoxqalam, Xoja Muhammad va ustoz Abdulxay muyqalami bilan sayqal topgan 96 ta muroqda (al bom) shunday tasvirlar sirasiga kiradi. Tadqiqotchilar Samarqandda qadimdan musavvirlar mahallasi mavjud bo'lganligini ta`kidlaydilar. Amir Temur davrida shakllanib, yuksalish jarayonini kechirgan nafis san`at akademiyasi uning o'g'li Shoxruh, nabiralari Ulug'bek, Boysunqur Mirzolar davriga kelib har tomonlama ravnaq topdi, o'zining kamolot bosqichi sari rivojlanib bordi. Ayniqsa Boysunqur Mirzo Nigoristoni (nafis akademiyasi) shuhrati tafakkur olamini munavvar etdi. Unga jalb qilingan, o'z davrining taniqli, yetuk ijodkorlari Sayd Ahmad Naqqosh, Xattot Ja`far Tabriziy, Mavlono Xalil, G'iyosiddin Nakqosh, Ma`ruf Bag'dodiy va boshqalar katta ilxom va qaynoq extiros bilan bu yerda ijod qilganlar.

Xusayn Boyqaro davriga kelib esa Xirot tasviriy san`at maktabi yuqori cho'qqiga ko'tarildi. Bu yerda Miroq Naqqosh, Kamoliddin Behzod, Qosim Ali, Ustod Muhammadiy, Muzaffar Ali, Shoh Muzaffar singari yetuk va zukko musavvirlar ijod qildilar.

Qomusiy bilim va hunar soxibi Miroq Naqqosh (vafoti 1507 yil) Xirot maktabining juda ko'plab san`at namoyandalarining yetishib chiqishi va ijodining barq urishida yorkin iz qoldirgan buyuk shaxsdir.

Temuriylar davri tasviriy san`atining ulkan namoyandasi, tengsiz talant soxibi, o'nlab moxir musavvirlarning ustozi, benazir ijodi hozirgacha ham insoniyat axlini lol qoldirib kelayotgan muyqalam sexrgari Kamoliddin Behzod (1455-1537) ham Xirot ijodiy muhitida faoliyat ko'rsatdi. Temuriylar davri musiqa madaniyatining rivoj topishida ham alohida o'rin tutdi.tarixchi Ibn Arabshoh Temur saroyidagi ijodiy muhitni shunday tasvirlaydi: ...«Kur`onni qiroatda ham tajvid bilan yod olgan kishilardan Abdullatif ad-Domgoniy, Mavlono Asaduddin, Sharif Xofiz Xuzayniy, Maxmud Muxriq al-Xorazmiy va Jamoluddin Ahmad al-Xorazmiy va musiqa ilmida ustoz bo'lgan Abdulqodir al-Marog'iy edi».

Alisher Navoiy o'zining «Mavzonul-avzon» asarida xalq qo'shiqchiligining 8 turi rivojlanganligini qayd etadi. Tuyuq, changchi, turkiy, orzuvoriy, muhabbatnoma, mustahzod shular jumlasidandir.

Amir Temur davrida san`at va musiqa olamida Abdulqodir Guyanda (1334—1435) mashxur bo'lgan. Uning hayotining asosiy qismi Samarqandda kechgan. Abdurazzoq Samarqandiy va Sharafiddin Ali Yazdiylar uni musiqa va advor (musiqa nazariyasi)da zamona yagonasi, deb yozadilar.

Temuriylar davri musiqa san`atida ayniqsa Xirot ijodiy muhitining roli katta bo'lgan. Xirot musiqashunoslari o'z ijodlarida Navoiy, Xiloliy va Jomiy singari mumtoz shoirlarning she`r, g'azallaridan keng foydalanganlar. Xo'ja Abdulla Marvarid, Kul Muhammad, Shayx Noiy, Xusayn Udiy va Shayx Kumiylar mashxur va taniqli musiqa san`ati vakillari sanaladilar.

Navoiyga zamondosh bo'lgan Abuqodir va Kutbiddin

Qoiy, qo'shiqchi va musiqa nazariyasi bilimdoni Abdulloh Loriy, konunchi Darvesh Ahmad Qonuniy, naychi Sulton Axmad Devona, Shoh Kuliy Rijjakiy, Xiriy, shuningdek 360 dan ziyod ko'ylar ijodkori Xoja Yusuf Andijoniy singarilar ham davr musiqa olamining benazir namoyandalari edil ar. Amir Temur va temuriylar davri madaniyatining to'laqonli mazmuni, manzarasi va ko'lami o'sha zamonda har taraflama gurkirab ravnaq topgan badiiy tafakkur samarasi — badiiy adabiyotda yaqqol namoyon bo'ldi. Negaki Vatanimiz tarixining mana shu chinakam Uyg'onish davrida o'zlarining serqirra, serjilva ijodi bilan yuksak insonparvarlik umumbashariy g'oyalarni tarannum etgan ko'plab zabardast adibu shoirlar, daxr ijodkorlar yetishib chiqdilar. Eng muhimi shundaki, bu davrda badiiy tafakkurda an`anaviy bayroqdor bo'lib kelgan fors-tojik adabiyoti bilan yonma-yon turkiy-o'zbek adabiyoti ham rivojlanib, uning namoyandalari safi ko'payib bordi. Bu o'rinda o'zbek mumtoz adabiyoti taraqqiyotiga salmoqli hissa qo'shgan Lutfiy, Xaydar Xorazmiy, Durbeq Ga-doiy, Atoiy, Sakkokiy, Xusayniy singari badiiy suz sexrgarlari nomini aloxida tilga olib utish joizdir. Ularning ko'plari forsiy va turkiy tillarda ham bab-baravar ijod qildilar. Lutfiyning «Gul va Navruz», «Zafarnoma», Xaydar Xorazmiyning «Maxzunul asror» («Sirlar xazinasi»), Durbekning «Yusuf va Zulayxr» asarlari, shuningdek Atoiy, Gadoiy va Sakkokiylarning nafis g'azallari, she`riy meroslari o'zbek adabiyoti tarixida muhim o'rin tutadi.

Ulug' o'zbek shoiri, mumtoz she`riyatimiz sultoni Alisher Navoiyning katta ijodi ham shu tarixiy davr bilan borliqdir. Alisher Navoiy (1441—1501) ijodiga nazar tashlar ekanmiz, bunda yuksak insonparvarlik, vatanparvarlik, yurtparvarlik va erksevarlik g'oyalari butun tarovati bilan namoyon bo'ladi. Ayniqsa bu yuksak goyalar uning mashxur «Hamsa»siga kirgan «Xayratul abror», «Layli va Majnun», «Farhod va Shirin» dos-tonlarida tuda kuch bilan barq urib turadi. Navoiy she`riy ijodining cho'qqisi bo'lgan «Xazoinul ma`oniy», «Muxokamatul lug'atayn» («Ikki til bahsi»), «Majo-lisun nafois» («Nafis majlislar») singari nasriy asarlari o'zbek (turkiy) tilining badiiy ko'rki va kudrati dovrug'ini olamaro taratishda mislsiz voqea bo'ldi.

Shoirning Xuroson xukmdori, bolalik do'sti Xusayn Boyqaroning vaziri, eng yaqin maslakdoshi sifatida mamlakat obodonchiligi, xalq farovonligi, ilmu urfon ravnaqi yo'lidagi benazir sa`y-harakatlari ham minnatdor avlodlar tahsiniga sazovordir.

Temuriylar davrida madaniyatimizning buyuk allomalari Bahouddin Nakshband (1318—1389), Xoja Axror Valiy (1404—1490) ham samarali ijod qildilar. Ko'p zamonlar (ayniqsa shurolar xukmronligi davrida) nomlari asossiz ravishda yomon otliq etilib, ijodlari chetga surilib, ilmiy merosi o'rganilmay kelingan bu buyuk siymolarimiz to'g'risidagi haqiqat milliy istiqlol sharofati tufayli ruyobga chiqdi. Bahouddin Nakshband tariqat ilmining asoschilaridan biri sifatida insonlarni Xaq Taolo yo'lida halol xizmat qilishga, hamma narsada insof, diyonatli, adolatli bo'lishga, peshona teri bilan kun kechirishga da`vat etadi. Uning «Dil ba yoru, dast ba kor» («Diling Allohda, qo'ling ishda bo'lsin») nakli naqshbandiya ta`limotining tub mohiyatini o'zida ifoda etadi. Naqshbandiya tariqatining yirik namoyandasi va targ'ibotchisi, o'z zamonasining peshqadam allomasi Xoja Ubaydulloh Axror Valiy islom olamida din peshvosi bo'lish bilan birga el-ulus manfaati uchun qayg'urgan, temuriylar saltanati birligi va barqarorligi uchun doimo harakat qilgan. Uning «Risolai Validiya», «Risolai Xavroiya», «Fikrat ul-orifin» singari durdona asarlari ilm-ma`rifat axli orasida mashxur bo'lgan.

13-§ ARAB XALIFALIGI DAVRI MADANIYATI

Arabiston Osiyoning janubi –g'arbiy qismida Afrikaga tutashib turgan joyda Evropa qit`asini to'rtdan bir qismiga to'g'ri keladigan yarim orolda (maydoni 3mln. km^2) joylashgan. Ana shu katta-kon o'lkaning ko'pchilik qismi quruq dasht va yarim saxrolardan iboratdir. Arabiston aholisi ko'chmanchi badaviylar va o'troq arablardan iborat. Ko'chmanchi badaviylar yarim orolning cho'l va yarim saxrolarida Arabistonning eng katta qismini egallagan Naj o'lkasidagi yassi tog'larda yashab asosan, chorvachilik bilan shug'ullanib, tuya, qo'y, va ot boqqanlar. Ot arablarning shon-shuxrati bo'lib, uni harbiy maqsadlar uchun asraganlar . Tuya o'z egasiga go'sht, sut, jun, teri bergan. Arablar hamma nasaning bahosini tuyaning bahosiga qarab belgilaganlar. Xatto odamning hayoti ham tuya bahosiga qarab belgilangan. Biror kishi o'ldirilsa 100 tuya xun to'lanar edi. O'troq arablar shaharlarda , Hijozning ayrim voxalarida, ayniqsa, Arabistonning dehqonchilik uchun eng qulay o'lkasi janubi –g'arbiy oblasti Yamanda yashaganlar. Arablar tarixi uch davrga: 1-Makka –Madina davriga (VI-VII asrlar); Damashq (Suriya) davriga – Ummaviylar dinastiyasining idora qilish davriga(661-750); 3-Abbosiylar dinastiyasining Idora qilish davriga (750-1055 yoki 1258) bo'linadi. Qadimdan arablar tarqoq holda yashardilar. VII-asr boshlarida Arabistonda yagona e`tiqod asosida mamlakatni birlashtirish harakati boshlandi. Bu e`tiqod yakka xudolikka asoslangan islom dini edi. Islom- "Bo'ysinish", "Itoat etish", "O'zini Ollox irodasiga topshirish" yoki "Banda" degan ma`nolarni anglatadi. Payg'ambar din targ'ibotchisi sifatida 610-yillarda maydonga chiqdilar. Sudxo'rlikni qoralab, har bir kishidan kambag'allarga yordam berishni , o'z daromadini o'ndan bir qismini kambag'allarni boqish uchun ajratishni talab qildilar. Makka zodagonlari yangi dinga qattiq qarshilik ko'rsatdilar. 622- yil Yatrib shahriga (keyinchalik Madinat un-Nab ya`ni, Payg'ambar shahri deb atalgan) xijrat qilingan . Islom dini uch elementdan - iymon, islom, exsondan iborat. iymon talablari 7ta aqidani : olloxga, farishtalarga, muqaddas kitoblarga. Payg'ambarlarga, oxirat kuniga, taqdirning iloxiyligiga va kishi o'lgandan keyin tirilishiga ishonish talablarini o'z ichiga oladi. 5-talab: kalima keltirish, nomoz o'qish, ro'za tutish, zakot berish, xajga borish. Payg'ambar vafotlaridan keyin Abu Bakr 632-334, Umar 634-644, Usmon 664-656, Ali 656-665 yillarda xalifalik qildilar. Umar davrida Suriya, Falastin, Misr, va Eron egallandi. Ali o'limidan so'ng xalifalikni egallagan Suriya noibi Muobiya markazni Damashqqa ko'chirib Ummaviylar sulolasiga (661-750) asos soldi. Bu davrda xalifalik hududi g'arbda Atlantika okeanigacha, sharqda Xitoy va Xindiston chegaralarigacha borib yetdi. 747–yilda Xurosonda Abu Muslim boshchiligida boshlangan xalq qo'zg'oloni natijasida Ummaviylar sulolalsi ag'darildi. 750-yilda Abul

Abbos taxtga chiqdi va Abbosiylar hukmronligi o'rnatildi. Bu davrda poytaxt 762-yilda qurilgan Bag'dod shaxriga ko'chirildi. Xalifalik 8-asrdayoq parchalana boshladi. 1055- yilda Bog'dodni Saljuqiy turklar bosib oldi. Xalifalar qo'lida faqat diniy hokimiyatgina qoldi. 1258-yilda xalifalik mug'ullar istilosi oqibatida uzil-kesil yemirildi.

Arablarning o'rta asr madaniyati to'liq ma`noda, Arabiston madaniyatiga va arablashtirilgan, arab xalqi tashkil topgan davlatlar madaniyatiga (Arabiston, Iroq, Suriya, Falastin, Misr, Shimoliy Afrika) taalluqlidir, Arablar, Yaqin va O'rta Sharq, Shimoliy Afrika xalqlarining o'rta asrlarda bunyod etgan madaniyati, moddiy va ma`naviy boyliklari, shu xalqlarning arab tilida yaratgan ilmiy va badiiy asarlari arab madaniyatining bir turidir. Arab xalifaligida arab tili davlat tili edi. Arablar bosib olgan davlatlarda ham majburan arab tili va dinini joriy etdilar. Arab tili faqat arab olimlari o'rtasidagina emas, xalifalikka qaram bo'lgan mamdakat olimlari, yozuvchilari, shoirlari orasida ham keng yoyilgan. Bu olimlarning arab tilida yaratgan asarlari har bir xalq milliy madaniyatining keyingi rivojiga ta`sir ko'rsatdi.

Ko'pgina tarixiy adabiyotlarda arab faniga sof arab olimlari ijodidan tashqari, arablar tomonidan VII-VIII asrlarda istilo qilingan mamlakatlardagi fan va madaniyat arboblarining ijod etgan asarlari qo'shib yuborilgan. Xaqiqatda esa istilo qilingan xalqlar madaniyati ko'p hollarda arablar madaniyatidan yuqori turgan.

Arab madaniyati. Xalifalikning arab madaniyati arab tilidagi madaniyat o'z zamonasi uchun juda yuksak madaniyat bo'lib, G'arbiy yevropa o'rta asr jamiyatiga katta ta`sir ko'rsatgan edi. Arab tilida olib borilgani va vujudga keltirilishida arablar katta rol o'ynaganligi sababli arab madaniyati deb etalgan bu madaniyatning ancha qismi xalifalik sostavidagi ko'p xalqlarniki edi. Arab tsivilizatsiyasining turli sohalarida Gretsiya-Suriya (Vizantiya), Eron (Fors), Zakavkaz ye (Ozarbayjon), O'rta Osiyo (xorazm, tojik xalqlari va hokazo), Hindistonning ta`siri bor edi. Shu narsa shoyon dikdatdirki, vizantiyaliklar singari, arablar ham antik traditsiyani davom ettirdilar, grek klassiklarining asarlarini qunt bilan o'rgandilar va arab tiliga tarjima hildilar. Aristotel , Gippokrat, Ptolomey yevklid asarlarini arab olimlari yaxshi bilar edilar. yevropaliklar Aristotelning asarlari bilan dastlab arabchadan latin tiliga tarjima qilingan nusxalar orqali tanishdilar. Turli xalifaliklarning poytaxtlarida — Bag'dod, Kordoba va Qohirada — o'rta asr yevropasidagi universitetlarga o'xshagan oliy maktablar bo'lib, bularda Qur`ondan va musulmonlarning diniy kitoblaridan tashqari dunyoviy ilmlar ham qunt bilan o'rganilardi. Yuz minglab kitoblarni o'z ichiga olgan katta-katta kutubxonalar (Kordoba, Qohira va boshqa joylardagi kutubxonalar) g'oyat katta bilim xazinasi edi. Bag'dod, Damashq va Samarqandda katta-katta rasadxonalar bor edi. Arab astronomlari juda ko'p yangi yulduzlarni topdilar va yulduzlar osmonining juda qimmatli kartasini tuzdilar.

Arab fani va madaniyatining o'sishiga O'rta Osiyolik olimlardan Muxhammad Xorazmiy, Abu Rayhon Beruniy, Abu Ali ibn Sino va Ahmad Farg'oniylar katta ta`sir ko'rsatgan. Ulug' astronom va matematik Xorazmiy tuzgan astronomik jadvallar — «zij»dan arab astronomlari foydalanganlar. Ibn Sino va Xorazmiy asarlari arablar orqali O'rta asr, yevropasiga ma`lum bo'lgan. IX—X asrlarda Bardod va arab fanining boshqa markazlarida arab xalifaligi va umumiy tarixga oid asarlar yaratildi: Bu asarlar-ning ko'pchiligi fors-tojik manbalariga asoslangan fors tarixnavislari tomonidan yozilgan. Bunday asarlar Tabariy, Mas`udiylar tomonidan yozilgan.

Bu davrda tabiat fanlari sohasida katta yutuqlarga erishildi. Matematik va astronom Battoniy (858— 929 yy.) Trigoj TSetrik funktsiyalarni ishlata boshladi. Kimyo sohasida bir qancha ixtirolar qilgan arab alximigi Jobir ibn hayyon (VIII asr) dir. Fizik Ibn al-Xaysam (965—1039 yy.) optika sohasida qator ixtirolar qildi. Uning «Optika» asari yevropalik olimlarga katta ta`sir ko'rsatdi. XIII asrda Misrda birinchi globus ishlandi. Arablar O'rta Osiyo xalqlaridan QOG'OZ tayyorlashni o'rganib (VIII asr), so'ngra bu ixtironing yevropaga tarqalishiga sababchi bo'ldilar. Bu davrda Misr, Andalusiya meditsina taraqqiyotining markazi bo'lgan, Faylasuf Ibn Rushid (1124—1198 yy.), Ibn Ma`mun (1135—1204 yy.) amaliy tabobat bilan shug'ullanib, qator tibbiy nazariy asarlar yozganlar.

Arab tabiblari dindorlarning «hamma kasalliklar xudodan» degan idealistik fikrlariga qarshi chiqib, yuqumli kasalliklarning yuqish yo'llarini tajriba asosida isbotlashga uringanlar. Arab tabiatshunoslari dorivor o'simliklar va minerallar YIG'ISH, sharhlash va ularning navlarini tartibga solish bilan shug'ullanganlar. Ibn Baytor o'z asarlarida 2700 dori, dorivor o'simliklarni sharhlagan. Arablarda ijtimoiy-falsafiy fikr egalari ham paydo bo'ldi. Arablarning birinchi yirik faylasufi al Kindiydir (IX asr). Arab tilidagi ilm va falsafiy taraqqiyotida O'rta Osiyoning mutafakkirlari Forobiy va Abu Ali ibn Sinoning xizmatlari katta.

X—XI asrlarda arab ijtimoiy-falsafiy fikrining yirik namoyandasi suriyalik mashhur shoir, mutafakkir Abul`alo al-Maorriydir.

Arablarda adabiyot ham rivojlangan bo'lib, islomgacha bo'lgan davr arab adabiyotiga badaviy shoirlarning asarlari kirgan. Badaviy shoirlari ijodida mashxur kishilarga atalgan motam she`rlari, qasos olishga chaqiruvchi, o'z qabilasining shon-shuhratini maqtovchi she`rlar bo'lgan. Badaviylar adabiyoti namunalari VIII—X asr yozma yodgorliklari orqali yetib kelgan. Bulardan eng mashxurlari: Roviy Hammodining (772 yilda vafot etgan) «Muallaklar» tuplami, Abu Tammom (768—846 yy.) va al Buxturiyning «al-Hamosa» nomli tazkirasi, Ibn Qutaybaning (889 yilda vafot etgan) «Kitob naql ash-she`r»i («She`riyat tashqidi» kitobi) Abul Faroj Isfahoniyning «Kitob ul-aroniy»si

(«Ashulalar kitobi») qadimgi arab adabiyoti namunalaridir.

VII asrning 20-yillaridan boshlab Arabiston yarim orolida islom dinining vujudga kelishi, feodal davlati, arab xalifaligining tashkil topishi va arab bosqinchilik urushlarining boshlanishi kabi tarixiy voqealar yuz berishi bilan bu davrda arab adabiy tili ham shakllandi. VII asr o'rtalarida arab yozuviga asos solindi. Arab adabiyotining birinchi yozma asari «Qur`on»dir. Arab adabiyoti taraqqiyotiga «Qur`on» katta ta`sir ko'rsatdi, uning asosida juda ko'p she`riy-nasriy asarlar yaratildi, Muhammad va uning tarafdorlari avvaliga she`riyatga qarshi chiqdilar. Ba`zi shoirlar dinni maktab she`rlar yoza boshlagach, din asoschilarining she`riyatga nisbatan munosabati o'zgardi. Hazan ibn Sobit (674 y. vafot etgan) kabi shoirlar o'z ijodlarini Muhammadni madh etishga bag'ishladi.

Arab adabiyoti umaviylar, abbosiylar davrida yanada rivojlandi. Arablar bosib olgan davlatlardagi shoirlar ham ba`zan arab tilida ijod etdilar. Umaviylar davri adabiyotining yirik vakillari al-Axtar (640—710 yy.), al-Farazdak (641—731 yy.) va Jarir (653—733 yy.)dir. Arab klassik adabiyotining gullagan davri VIII—XII asrlarga — abbosiylar sulolasi xukm surgan davrga to'g'ri keladi, Mashhur adiblardan Bashshor ibn Burd (714—738 yy.), Abul Atohiya (748— 825 yy.) va boshqalar.

Arablar nafis adabiyot sohasida mashhur asarlar yaratdilar. «Ming bir kecha» nomli mashhur kitob XII asrda uzil-kesil vujudga keldi. Bu asar arab-musulmonlar olamidagi turli xalqlar yaratgan G'OYAT ko'p ertak va tsissalar yig'indisidan iborat bo'lib, bu ertak va qissalarning manbalari qisman qadimgi dunyo xalqlarining fol kloriga (O'rta podsholik davridagi Misr ertaklariga va boshqalarga) borib taqaladi. Lekin «Ming bir kecha»ning vujudga kelishida VI asrdayoq to'plangan Eron ertaklari ayniqsa katta rol o'ynadi.

Eron-arab eposining eng yirik yodgorliklaridan biri shoir Abul-Qosim Firdavsiyning (935—1020) qahramonlik dostoni «Shohnoma» bo'lib, u chamasi 1000 yillarda yozilgan. Doston arab tilida emas, balki fors tilida yozilgan. Unda 60 000 she`r bor, buni yozish uchun Firdavsiy juda boy xalq og'zaki ertaklaridan foydalangan, bu ertaklarga adabiy jihatdan juda nozik sayqal bergan.

Biz quyida keltirgan ba`zi manbalar islom dini va Makkadagi muqaddas joylar haqidagi hikoyalarni uz ichiga oladi. Makkaning tarixiy xujjatida savdo yullari masalasi va musulmonlikning paydo bo'lishi kabi ma`lumotlar uchraydi.

Arablar geometriya va trigonometriyani rivojlantirdilar. Ular algebrani rivojlantirish borasida ko'p ishlar qildilar va hind raqam sistemasini mukammallashtirib, unga «0» (nol) alomatini qo'shdilarki, buning natijasida raqamlar bilan har qanday katta sonni ham ifodalashga imkon turildi.

Arablar juda yaxshi sayyoh edilar. Eng ko'zga ko'ringan arab sayyohi, geografi va tarixchisi

Mas`udiy bo'lib (956- yilda vafot etgan), u xalifalikning hamma viloyatlarini aylanib chiqqan edi. Eronga, Suriyaga, shuningdek, Hindiston bilan Xitoyga ham borgan edi. U o'z sayohatlarining natijasini «Oltin bo'stonlar» degan umumiy bir nom bilan chiqqan kitoblarida bayon qildi. Ko'pgina arab sayyohlari — I b n Dast, I b n F a d l a n va boshqalar — slavyan mamlakatlariga borganlar va slavyanlar to'g'risida, xususan IX va X asrlardagi sharqiy rus slavyanlar to'g'risida ma`lumotlar yozib qoldirganlar.

IX asrning oxiri —X asrning boshlarida yashagan arab tarixchilari orasida ayniqsa mashhuri Tabariy bo'lib (923 yilda vafot etgan) u «payg'ambarlar podsholar tarixi»ni, ya`ni xalifalar tarixini yozgan edi, bu tarix 915 yilgacha bo'lgan davrni o'z ichiga oladi.

**Arab san`ati**. Arab san`atida asosiy urinni arxitektura egallaydi. Arablar monumental binolar: machitlar, saroylar, maqbaralar, zhammomlar va boshqa jamoat binolari qurganlar. Arab arxitekturasining eng hadimgi yodgorliklaridan biri Quddusdagi Umar machiti deb atalgan machit bo'lib, u Umaviylar davrida 688 yilda qurilgan. Bu machit tsubbalari juda baland, nihoyatda salmoqdor sakkiz burchakli qilib ishlangan. Unda Vizantiyaning monumental uslubi aks etib turadi. Ammo arablar odatda, yengil, xushbichim binolar qurardilar. Bu bi-polarning xarakterli tomoni shu ediki, ularning minora va minorachalari kurkam, xushbichim, ustunlari ingichkadan kelgan, toqi ravoqlarining naqshi ancha jun bular edi. Arab binolari-ni yanada kurkam qilib bezab turgan narsa — uning devorlariga juda mohirlik bilan rang-barang qilib usimliklar, qisman hayvonlar olamiga oid motivlardagi ralati naqshlar, shuningdek, har xil geometrik chiziq va figuralardir. Xaddan tashqari sipo, ammo o'zining nihoyatda nozik san`atkorona ishlanganligi bilan kishini hayratda qoldiradigan juda zinnatli naqsh solish- arab rassomchiligining xarakterli xususiyatidir. Qo'l yozmalar, kitob muqovalari, zastavkalar, kontsovkalar.va shu kabilar mana shu xildagi rasmlar bilan bezatilar edi. Turmush hayotdan olingan xilma-xil temadagi ajoyib mi-niatyuralar ham qul yezmalarga bezak bo'lib xizmat qilar edi. Arablarda katta hajmli surat bosish uncha rivojlanmagan edi. Buning sabablaridan biri shu ediki, hur`on musulmonlarning ko'p xudolikka ("butparastlik") qaytishidan qo'rqib kishilar va hayvonlarning suratlarini solishni taqiqlagan edi.

14-§ XVI – XIX ASR BIRINCHI YARMI O'ZBEK MADANIYATI.

XV asr oxirida Movarounnahr taxti uchun temuriy shahzodalar o`rtasidagi tinimsiz kurashlar oqibatida saltanat tanazzulga yuz tutdi. Natijada Movarounnahrni egallashni o`z oldiga maqsad qilib qo`ygan Muhammad Shayboniyxon uchun qulay fursat vujudga kelgan. Uning temuriylarga qarshi 1500-1509 yillarda olib borgan shiddatli kurashlari oqibatida Movarounnahr, Xorazm va Xurosonni o`z ichiga olgan Shayboniylar davlati vujudga keldi va o`zbek davlatchiligi tarixida shayboniylar sulolasi hukmronligi davri boshlandi. Samarqand poytaxt shahar deb belgilandi. Biroq 1510 y. Muhammad Shayboniyxon Eron safaviylari shohi Ismoildan mag`lub bo`lib, qatl etilgach, Xuroson qo`ldan ketgan. Shayboniylar orasida yuz bergan ma`naviy parokandalikdan foydalanib Ismoil Safaviy Movarounnahr hududini egallab olmoqchi bo`lgan. Ammo Ubaydulla Sulton boshchiligidagi shayboniy sultonlar bu tazyiqni bartaraf etib, mamlakat hududini saqlab qolishga erishganlar.

Shayboniylar davrida, ayniqsa ulardan Ubaydullaxon (1533-1539) va Abdullaxon II (1583-1598) hukmronlik qilgan yillarda mamlakat iqtisodiy va madaniy hayotida birmuncha o`zgarishlar ro`y berdi. Ubaydullaxon davrida mamlakat poytaxti Buxoroga ko`chirilgach, shayboniylar davlati Buxoro xonligi deb ataladigan bo`ldi.

Buxoro xonligidagi madaniy hayot. Islom. O`rta Osiyo hududida X-XII asrlarda vujudga kelgan so`fiylik tariqatlari bu davrga kelib nafaqat diniy sohada, balki siyosiy, ijtimoiy-iqtisodiy hayotda ham muhim rol` o`ynay boshladilar. Ayniqsa naqshbandiylik tariqati keng quloch yozgan.

Siyosiy hokimiyat shayboniylar sulolasi qo`liga o`tishi bilan temuriylar davridagi diniy arboblar o`rnini yangilari egallay boshladi. Xususan, XVI asrning ikkinchi yarmidan Jo`ybor xojalari (shayxlari) nufuzi kuchaydi. Mashhur Maxdumi A`zam Kosoniy (1549 yil vafot etgan)ning shogirdi bo`lgan Jo`ybor xonlaridan Xoja Muhammad Islom va uning o`g`li Xoja Sa`dlar mamlakat ma`naviy, siyosiy – iqtisodiy hayotida etakchi rol o`ynaydilar. Ular XVI asrning ikkinchi yarmida Buxoroning shayxulislomlari, shayboniylar hukmdorlarining pirlari bo`lishgan. Ularning Jo`ybor xojalari nomini olishi Xoja Muhammad Islomning bobosi Xoja Muhammad Yahyo Buxorodagi Jo`ybor degan mavzega ko`chib kelishi bilan bog`liqdir. Jo`ybor xojalari o`zlarini islom dinini targ`ib qilish uchun Makkadan Nishopurga, undan Buxoroga kelgan Imom Ali Murtazo avlodi deb hisoblaganlar.

Xoja Muhammad Islom shayboniylar davlatidagi toj-taxt uchun bo`lgan kurashlarga aralashib, o`z

172

muridi Abdullaxon II ning taxtga chiqishiga yordam bergan. Shu tufayli unga Buxoro yaqinidagi Sumiton qishlog`i in`om etiladi. Jo`ybor xojalarning ota-bobolari Buxoro yaqinidagi Chor bakr mozoriga qo`yilgani uchun XVI asrdan boshlab bu er ziyoratgohga aylantirilgan.

XVI asrdan e`tiboran O`rta Osiyoda ijtimoiy-falsafiy tafakkur ikki bosqich (XVI-XVII asrlar va XVIII - XIX asrning birinchi yarmi)da rivojlangan. Birinchi bosqichga Mirzajon Sheroziy, Yusuf Qorabog`iy, Muhammad Sharif Buxoriy, Inoyatullo Buxoriy kabi o`z davrining etuk faylasuflarini kiritish mumkin. Ular falsafa, tarix, tilshunoslik bo`yicha ko`plab asarlar mualliflari bo`lishlari bilan birga falsafiy xarakterdagi ko`plab sharhlar va izohlar ham yozishgan.

Masalan, Yusuf Qorabog`iy (1563-1647) o`tmishdagi buyuk faylasuflarning an`analarini davom ettirib, XVI-XVII asrlarda falsafaning O`rta Osiyodagi taraqqiyotiga katta hissa qo`shgan. Uning "Risolai botiniyya" (bu asar "etti jannat" nomi bilan mashhur), "Fi ta`rifi ilm" ("Ilm ta`rifida"), "Mafotih" ("Kalitlar") va boshqa asarlari ma`lum. Olim, shuningdek, arab tili, mantiq, riyoziyot, lug`atshunoslik va fiqh masalalariga oid qator risolalar, she`rlar ham yozgan. O`rta Osiyo falsafiy tafakkuri Hindistondagi Boburiylar davlatiga ham yoyilib, hind falsafasi bilan ma`lum darajada uyg`unlashgan. Bunda Bedil falsafasi keng tarqalgan. Bedil inson erkinligi, tafakkuri haqida falsafiy fikrlar bayon etgan. Uning yirik asari "Chor unsur" ("To`rt unsur", 1703)da to`rt unsur - havo, suv, er, olov to`g`risida; o`simliklar, hayvonlar va odamning paydo bo`lishi haqida so`z yuritiladi. Bedil "Irfon" ("Bilim", 1711-12; "Komde va Mudan", "Nukot" asarlari ham shuning tarkibida) dostonida falsafa, tarix, tabiyot, adabiyot va ilohiyotning xilma-xil masalalariga to`xtalgan. Bedilning ijtimoiy masalalarga oid qarashlarida ma`rifatparvarlik, muruvvat va odamiylik asosiy o`rinni egallaydi. Uning asarlari ayniqsa XIX asrdan O`rta Osiyoda keng tarqalgan. Ikkinchi bosqichda ayrim sharhlar, falsafiy risolalar yozilgan. Falsafiy tafakkur sohasidagi yirik muallimlari bu davrda uchramaydi, tasavvuf ta`siri kuchaygan, ijtimoiy-siyosiy xarakterdagi she`rlar bitgan shoirlar ijod qilgan.

Tabiiy fanlar. XVI-XIX asrlarda o`tgan davrga nisbatan O`rta Osiyo tabiiy fanlar rivojida birmuncha turg`unlik holati vujudga keldi. Bu jamiyat madaniy hayotida va musulmon ruhoniylarining mutaassib qatlamini nufuzi kuchayib ketishi bilan bog`liq edi. Shunga qaramay

O`rta Osiyolik olimlar o`tmishdagi buyuk ajdodlari Xorazmiy, Forobiy, Beruniy, Ibn Sino, Ulug`bek, Jamshid Koshiy, Qozizoda Rumiy, Ali Qushchi kabi allomalarning asarlariga sharhlar yozdilar, yangi g`oyalarni o`rtaga tashladilar. Bu davr matematik olimlari qatorida Muhammad al -Xodi Toj al-Sayidiy, Latif Muhammad ibn Bobo Samarqandiy (Bobokalon Muftiy nomi bilan shuhrat qozongan), Muhammad Amin al-Mo`minobodiy, Abdusamad ibn Qozi Muhammad Akbarxon (Xon Ulum laqabi bilan mashhur), Tursun az-Zominiy al-Farxiziy, Soqi Muhammad ibn Muhammad Amin as-Son Chahoryoqiy, Mirza Bade` devonlarni ko`rsatish mumkin.

Bu olimlardan Latif Muhammad ibn bobo Samarqandiy (XVI asr)ning O`rta Osiyodagi madrasalarda XVII – XIX asrlarda darslik sifatida o`qitilgan. "Risola dar ilmi hisob" ("Hisob ilmi risolasi"), "Vasiyat bar chahor qism" ("To`rt xil vasiyat") va boshqa asarlari diqqatga sazovor.

Qozizoda Rumiyning nabirasi Mahmud Muhammad Miram Chalabiy astronomiya va matematikaga oid bir qancha asarlar yozgan.

Ashtarxoniylardan bo`lgan Buxoro xoni Subxonqulixon ilmi nujum (astronomiya)ga doir "Lubb ul-laviyih ul-qamar fil-ixtiyorot" ("Baxtli soatni aniqlashda oy manzillarining mohiyati") risolasi muallifi hisoblanadi. Astronomiya ilmi rivojiga, shuningdek Ahmad Donish (1827-1897) ham munosib xissa ("Manozir ul-kavokib"),

("Sayyoralarning joylashishlari" asari) qo`shgan. XVI-XIX asrlarda geografiya fani ham birmuncha rivojlandi. Goegrafiyaga doir maxsus asarlardan tashqari memuar xarakterdagi risolalar, sayohatnomalar paydo bo`ldi. Nizomiddin Abduvali al-Birjandiy, Bobur, Sulton Muhammad al-Balxiy, Hofiz Tanish al-Buxoriy, Mahmud ibn Vali, Sayid Muhammad Tohir ibn Abdulqosim, Abulg`ozi Bahodirxon, Abdulkarim Buxoriy, Xudoyberdi ibn Qushmuhammad, Abu Toxirxoja Samarqandiy kabilar bu sohaga munosib hissa qo`shganlar.

Jumladan, Birjandiy (taxminan 1525 yil vafot etgan) "Ajoyib ul-buldon" ("Mamlakatlar ajoyibotlari") asarida O`rta Osiyoda keng tarqalgan bo`lib, unda etti iqlimdagi dengizlar, tog`lar, daryolar, shuningdek yirik shaharlar – Samarqand, Buxoro va Xorazm haqida qiziqarli ma`lumotlar keltirilgan.

Boburning "Boburnomasi"da Farg`ona vodiysi, Buxoro, Toshkent, Hisor, Xirot, va Qobulning tabiiy sharoitlari keltirilgan hamda boshqa mamlakatlar haqidagi geografik ma`lumotlar, o`simlik va xayvonot dunyosi, aholisi haqida qiziqarli faktlar keltirilgan.

O`rta Osiyo xalqlari o`rtasida tibbiyotga doir asarlar keng tarqalgan. Ularning orasida Sharq olimlarining tibbiyotga oid mumtoz asarlarining tarjima qilingan nusxalari, shuningdek mahalliy olimlarning risolalari ham bo`lgan. Yusuf ibn

Muhammad ibn Yusuf al-Hiraviyning fors tilida yozilgan "Jome` al-favoid" ("Foydali ma`lumotlar to`plami") asari (1511y) ko`plab kasalliklarni davolashda qo`llanma bo`lgan. U 1882 yil Mulla Muhammad Zohir al-Xorazmiy tomonidan o`zbek tiliga tarjima qilingan. Shuningdek Nurulloh A`lo al-Hakim, Mulla Muhammad Yusuf Qahhol, Ubaydulloh ibn Yusuf Ali, Muhammad Kozim, Solih ibn Muhammad Solih Qandahoriy, Ja`farxo`ja ibn Nasriddinxo`ja, Junaydullo ibn Shayx al-Islom, Muhammad Sharif Buxoriy va boshqalar tibbiyot sohasiga oid ko`plab asarlar yozdi. Subhonqulixonning "Ihyo at-tibb Subhoniy" asari turli kasalliklarni davolashga bag`ishlagan.

Adabiy hayot. XVI asrda Samarqand va Buxoro mamlakatning madaniy va adabiy markazlari hisoblangan. Tarix va tilshunoslik, adabiyotshunoslik va sufiylikka doir XVI asrda yozilgan va bizgacha etib kelgan asarlar o`sha davrdagi adabiy, falsafiy va ijtimoiy qarashlarni o`rganishda katta ahamiyatga ega.

Bunday asarlar sirasiga Mas`ud ibn Usmon Ko`histoniyning "Tarixi Abulxayrxoniy", noma`lum muallifning "Tarixi guzida nusratnoma", Abdulloh Nasrullohiyning "Zubdat al-osor", Kamoliddin Binoiy va Muhammad Solhining "Shayboniynoma", Fazlullox ibn Ro`zbexonning "Mehmonnomayi Buxoro", Hofiz Tanish al-Buxoriyning "Abdullanoma" Gulbadanbegimning "Humoyunnoma", Muhammad Xaydarning "Tarixi

Rashidiy", Boburning "Boburnoma", Zayniddin Vosifiyning "Badoi al-vaqoe", Ali Safiy ibn Husayn Voiz Koshifiyning "Rashahat ayn ul hayot" kabilarni kiritish mumkin.

Hofiz Ko`hakiy (1490-1584) Ulug`bekning shogirdi Ali Qushchining avlodidan bo`lib, shayboniylar davrining etuk tarixchisi, mantiq, fiqh, kalom ilmidagi olimi bo`lgan. Uning "Tarixi ali Chingiz" ("Chingizxon va uning avlodlari tarixi"), "Sharhi odobul al-munozara" ("Odob va axloq to`g`risida munozara" kitobiga sharh), "Favoid ziyoiya" ("Munavvar foydalar") kabi asarlari ma`lum.

XVI asrning ikkinchi yarmida Buxoroda ko`plab adiblar, shoirlar bo`lib, ular orasida forsigo`y shoir Abdurahmon Mushfiqiy ajralib turadi. Hajviy shoir sifatida shuhrat qozongan. Mushfiqiy Abdullaxonning saroy shoiri bo`lgani uchun unga atalgan ko`plab madhiyalari saqlanib qolgan. Shayboniy hukmdorlar, shahzodalarning ko`plari ham shoir bo`lishgan. Shayboniy, Ubaydiy, Xoniy va boshqalarning she`rlari bizgacha etib kelgan. Shu davrda ijod etgan shoirlardan Majlisiyni qayd etib o`tish joiz. Uning "Qissai Sayfulmuluk" dostoni xalq mehrini qozongan.

Asarda adolat, yaxshilik va ezgulik madh etilgan, podshohlar adolatga chaqirilgan, xotin-qizlar huquqlarini himoya qilish g`oyalari ilgari surilgan. Shoir Ibodulla Sayid Podshoxoja ibn Abdulvahhobxoja ham mashhur bo`lib, u Xoja taxallusida ham nasr, ham nazmda ijod qilgan.

Buxoroda bu davrdagi adabiy hayot to`rtta asosiy tazkira-Mutribiyning "Tazkirat ash-shuaro", Maleho Samarqandiyning "Muzakkir al-ashob", Mulla Sodiq Samarqandiyning "Riyoz ash-shuaro" va Nurmuhammad Nasafiyning "Mazhar al-musannifin"larni yaratilishi bilan e`tiborga molik. Turdi Farg`oniy, Mulla Mastiy Oxundiy va boshqalar shu davr adabiyotida progressiv rol o`ynadilar. Ularning g`azallarida ijtimoiy-iqtisodiy hayotdagi adolatsizliklar qoralandi. Shuningdek, Sayid Nasafiy ijodi alohida ajralib turadi. Uning "Xayvonotnoma"asari mashhur. Shoir hayvonlar timsoli orqali adolatsizlik, poraxo`rlik, amaldorlarning kirdikorlarini fosh etadi.

Shoir Mujrim Obid o`zbek va tojik tillarida yozilgan she`rlaridan maxsus devon tuzgan. Bulardan tashqari Vola, Shavqiy Kattaqurg`oniy Xiromiy kabi shoirlar ham ijod qilishgan.
Xiva xonligidagi adabiy hayot. Xiva xonligining siyosiy va iqtisodiy hayotidagi voqealar madaniy hayotga ham ta`sir etmay qolmadi. Ijtimoiy tafakkurning barcha sohalarida reaktsion va progressiv dunyoqarash o`rtasida kurash olib borildi. Buni biz o`sha davrda yaratilgan tarixshunoslikka oid asarlarda va she`riy to`plamlardan kuzatishimiz mumkin. Abulg`ozi Bahodirxonning ikki tarixiy asari alohida e`tiborga sazovor.
Abulg`ozi (1603-1664) nafaqat Xiva xoni, balki turkiy

va forsiyda ijod etgan yirik tarixchi olim hamdir. Uning "Shajarayi tarokima" va "Shajarayi turk" asarlari O`rta Osiy xalqlari tarixi bo`yicha qimmatli manba hisoblanadi. Abulg`ozi tib ilmiga oid "Manofi`ul inson" ("Insonga foydali narsalar") asarini ham yozgan. Xiva xonligida ijod etgan adiblardan Andalib, Pahlavon Ravnaq, Rahim, Nishotiy, Muhammad Hokisorlarni sanab o`tish mumkin.

XVII – XVIII asrlarda "Go`ro`g`li" dostonlari turkumi va "Tohir va Zuhra", "Oshiq G`arib va Shohsanam", "Sayyodxon va Hamro", "Sanobar", "Yusufbek va Ahmadbek", "Bahrom va Dilorom" kabi xalq-fol`klor dostonlari xalq orasida keng tarqaldi. Bu davrda Muhammad Yusuf Rojiy, Bobojon Sanoiy, Xudoybergan Muhrkan, Muhammad Yoqub Devon Xorazmiy, Muhammad Rizo Oxund va boshqa xattotlar ijod etdi.

Munis va Ogahiylarning tarixiy asarlari "Firdavs ul iqbol", "Riyoz ad-davla", "Zubdat at-tavorix", "Gulshani davlat" va boshqalar Xiva xonligi tarixini o`rganishda beqiyos qimmatga ega.

Munisning "Savodi ta`lim" asari yoshlarni xattotlik san`atini o`rganishlariga bag`ishlangan.

Bu davrda Xorazimda ko`plab tarixiy, ilmiy va badiiy asarlar o`zbek, tiliga tarjima qilingan.

Xonlikda o`ziga xos tarjima maktabi shakllangan. Ogahiy, Komil, Sanoiy, Dilovar xoja, Muhammad Yoqubxo`ja va boshqalar ko`plab asarlarni tarjima qilishgan.

Komil Xorazmiy (1825-1899) shoir, bastakor, xattot va rassom bo`lgan. U musiqaga oid "Xorazm notasi"ni yozgan.

Qo`qon xonligidagi adabiy hayot. Qo`qonlik shoir Abdulkarim Fazliy Namangoniy tomonidan 1821 yilda yozilgan "Majmua ush shuaro" asari XVIII-XIX asr boshlarida Qo`qon xonligidagi adabiy hayot haqida batafsil ma`lumot beruvchi muhim manbadir. Vozehning "Tuhrat ul-ahbob fi tazkirat ul-ashob" tazkirasida 200 ga yaqin shoir va olim haqida ma`lumot to`plangan.

XVII asrning ikkinchi yarmi - XVIII asrning birinchi choragida Farg`ona vodiysida yashagan iqtidorli shoir va mutafakkirlardan biri Boborahim Mashrab edi. U adabiyotda progressiv yo`nalish taraqqiyotida katta rol` o`ynadi. Mashrab asarlarining aksariyati chuqur ijtimoiy yo`nalishga ega bo`lib, o`sha davr hayoti, jamiyatdagi voqea-hodisalar bilan chambarchas bog`liq. Xususan, u ba`zi ruhoniylarning kirdikorlari va xiylakorliklarini fosh etadi, tekinxo`rlar, mulkdorlar va johil amaldorlarning zo`ravonliklarini tanqid qiladi. Mashrabning bu tur asarlari qo`ldan qo`lga, og`izdan og`iga o`tib, tez tarqalgan.

XVIII asr o`zbek adabiyotining yana bir yirik namoyondalaridan biri Xuvaydo edi. Uning "Devoni Xuvaydo" kulliyotidagi she`rlarda insonparvarlik g`oyalari, sevgi, sadoqat, ahloqiy poklik tarannum etilgan.

Qo`qon xoni Umarxon va uning xotini, mashhur

o`zbek shoirasi Nodirabegim o`zlari ijodkor bo`lganlari tufayli shoir, tarixchi, adabiyotshunoslarga homiylik qilishgan. Ular atrofida Qo`qon adabiy muhiti vujudga kelgan. Bu muhit namoyondalaridan Akmal (Mahmurning otasi), Amiriy (amir Umarxon), Boqixon to`ra, Gulxaniy, Yoriy, Zavqiy, Zoriy, Ma`dan, Mahjub, Maxmur, Mushrif, Nizomiy, Nodir, Nozil, G`oziylarni sanab o`tish mumkin. Qo`qon adabiy muhiti shoirlari o`zbek va tojik tillarida ijod etishgan.

Gulxaniy "Zarbulmasal" asari bilan o`zbek adabiyoti tarixiga masal janrini boyitgan shoir sifatida kirdi. Maxmur "Hapalak" hajviy she`rida Qo`qon xonligidagi xalq turmush tarzini aks ettirgan. O`zbek mumtoz adabiyoti namoyondalaridan biri bo`lgan Maxmur ijodi merosida hajv san`atining murakkab, ayni zamonda, mahsuldor va yorqin usullaridan biri – o`z-o`zini fosh etish usulida yaratilgan asarlar alohida o`rin tutadi.

Qo`qon adabiy muhitini Jahon otin - Uvaysiy va Mohlaroyim-Nodirabegimlarsiz tasavvur etib bo`lmaydi. Uvaysiy she`riyatida el-yurt dardi, xalq qismati, hasrati bosh mezon bo`lgan.

Nodirabegim she`riyati asosini lirik she`rlar tashkil qilgan, ularda muhabbat, sadoqat, mehr-vafo, ayni paytda sharq ayollarining dard-alamlari kuylanadi. Nodirabegim nafaqat ajoyib shoira, ma`rifatparvar, balki etuk davlat arbobi ham bo`lgan. U mamlakatda bunyodkorlik ishlariga ham katta e`tibor bergan. Xususan, bozor va rastalar, masjid va madrasalar, karvonsaroylar qurilishiga oshchilik qilgan. Nodirabegimning adabiy merosi o`z g`oyaviy-badiiy ahamiyati nuqtai nazaridan mumtoz she`riyatining go`zal namunalaridir.

Badiiy madaniyat. XVI asrdan boshlab O`rta Osiyo xududida Buxoro, Xiva va keyinchalik Qo`qon xonliklarini barpo etilishi xonlikdagi xalqlar san`atining keyingi taraqqiyotiga o`z ta`sirini ko`rsatdi. Bunda har bir xonlikda san`at mahalliy ijtimoiy, etnik xususiyatlar, geografik muhit, mahalliy maktab yo`nalishida, an`analarga ko`ra rivojlandi. XVIII asr oxiri – XIX asr birinchi yarmida badiiy madaniyat markazlari Movarounnahrda (Buxoro, Samarqand), Xorazmda (Xiva) va Farg`ona vodiysida (Qo`qon, Andijon, Namangan) qaror topdi.

Me`morchilik. Me`morchilik taraqqiyotida to`rtta davr ko`zga tashlanadi. Birinchisi – XVI asrning boshidan 60-yillarigacha bo`lgan davr. Uning xususiyati shundan iboratki, temuriylar davri an`anasini davom ettirishga harakat qilindi. Xususan, poytaxt Buxoroga ko`chirilishi munosabati bilan uning bosh maydonida Kalon masjidi (1514), uning qarshisida esa Miri Arab madrasasi bunyod etildi. (1535/36). Mahalla guzarlari qo`ynida Xoja Zayniddin xonaqohi va baland masjid qurilgan. Ikkinchi davr – XVI asrning 60-yillaridan shu asrning oxirigacha bo`lgan davr.

Unda Abdullaxon hukmdorligi vaqtida davlat

hokimiyati mustahkamlanishi munosabati bilan qurilish va me`morchilik yuksalgan. Ayniqsa, Buxoro va uning atrofida keng qurilish ishlari olib borilgan.

Buxoroda o`z tarkibiga Modarixon madrasasi (1566) va Abdullaxon madrasalari (1588-90)ni birlashtirgan Qo`sh madrasa majmuasi, Govkushon madrasasi (1570) oldida maydon va Xoja masjidi (1598) qurildi. Shaharning bosh savdo yo`li chetlarida rastalar, markaziy bozor bunyod etildi. Rabodning sharqiy qismida yirik Ko`kaldosh madrasasi (1568-1569), shahar chetidagi Namozgoh masjidi qayta qurildi. Shuningdek, Abdullaxoni davrida mamlakatda 1000 dan ortiq rabot va sardoba, ko`plab masjid, madrasa, ko`prik, suv omborlari qurilgan. Xususan, shunday suv ombori qoldiqlaridan biri Nurota tumani markazidan 65 km sharqda, eski Oqchob qishlog`i yaqinidagi Beklarsoy darasida hozirgacha saqlanib qolgan. XVI asarda ushbu to`g`on yordamida 1,2 ming gektar er maydoni sug`orilgan. Abdullaxon davrida qurilish ishlari nafaqat Buxoro vohasi,balki Samarqand, Toshkent, Balh va boshqa shaharlarda ham keng ko`lamda olib borilgan.

Uchinchi davr – XVII asrda yirik me`moriy majmualar qurilishi davom ettirildi. Buxoroda Labihovuz (1619-1622) Nodir devonbegi madrasa va xonaqohi qurilishi yakunlandi. Ayniqsa, Samarqand hokimi Yalangto`shbiy bahodirning obodonchilik, qurilish ishlari sohasidagi faoliyati e`tiborga sazovor. U o`z mablag`lari hisobiga Registon maydonida Sherdor madrasa (1619-36), Ulug`bek davrida bunyod etilgan. Mirzoyi karvonsaroyi o`rnida Tillakori madrasasini qurdirgan (1641-46).

Tillakori madrasasidan jome masjidi va madrasa sifatida foydalanilgan. Masjid bezagida boshqa bir obida qurilishiga etadigan miqdorda oltin sarflangani uchun "tillakori" (tilladan ishlov berilgan) deb atalgan. To`rtinchi davr – XVIII asr oxiri - XIX asrlar me`morchiligi. Bu davr me`moriy obidalari O`zbekistonning butun hududida saqlanib qolgan. Bu davr o`zidan ajoyib shaharsozlik ansambli –Xivani qoldirdi. Uning obidalari aynan shu vaqtda bunyod etilgan. Muhammad Amin inoq (1805), Qutlimurod inoq (1809), Sayidboy (1842) madrasalari, Solihbiy masjidi (1842) va boshqalar jumlasidandir. Olloqulixon tomonidan qurilgan Xivadagi Toshhovli qasri (1832-1841) Xorazm me`morchiligining o`ziga xos uslubini o`zida aks ettirgan. Amaliy bezak san`ati. XVI-XIX asrlar amaliy bezak san`atida ikki asosiy yo`nalish-rasmiy va xalq san`ati mavjud bo`lgan. Xalq san`ati izchil, birmuncha erkin, hayotga yaqinroq bo`lgan.
Xalq san`ati ko`p turli an`analarni saqlab qolgan,

biroq XVII asr oxiridan e`tiboran uning rivojlanishida turg`unlik holatlari kuzatila boshlandi, buyumlar turi, shakli va bezagi soddalashib borgan. XVI asr oxiri – XVII asrda amaliy bezak san`ati sekin rivojlandi, bu mujassamot tuzilishidagi bir xillikda, bezakning murakkablashuvi va vazminlashuvida, gullarning maydalashuvi va takomillashuvida, tashqi bezakning kuchayishida o`z ifodasini topdi.

XVIII asrdagi murakkab tarixiy sharoitlarda amaliy bezak san`ati garchi sekin rivojlansada, biroq u o`zining asosiy hayotiylik mazmunini va ip matolar ishlab chiqarish, ipakchilik, gilamchilik, palos to`qish, zargarlik, kulolchilik, charm, tosh, yog`och, metalga badiiy ishlov berish kabi barcha turlarini saqlab qoldi. XVIII asrning oxirida amaliy bezak san`ati taraqqiyotida yuksalish ko`zga tashlanib, u XIX asrning so`nggi choragiga qadar davom etgan. XIX asrning birinchi yarmida qat`iy shakl mujassamotini tuzishga intilish kuzatiladi. Bu xususiyatlar, ayniqsa, badiiy hunarmandchilik (abrli matolar guli, zardo`zlik, kandakorlik)da aniq ko`zga tashlanadi.

Naqsh mujassamoti va mavzu shakliga ko`ra bir oz qat`iy, sipo va tashqi ko`rinishi takomillashgan. Xonadonlarda yaratilgan kashtalarda XVIII asr san`ati xususiyatlari (soddalik va go`zallik) uzoqroq saqlangan. Bu davr amaliy bezak san`atining barcha sohalari shakl, rasm va o`ziga xosligini saqlagan.

Miniatyura. Movarounnahrda miniatyura san`ati XVI-XVII asrning birinchi yarmida ravnaq topdi.

O`rta Osiyo xalqlari orasida miniatyura san`ati "naqshi nigor" nomi bilan ma`lum bo`lgan. Bugungi kunlarimizda jahon muzeylari to`plamlarida O`rta Osiyo musavvirlari tomonidan bezatilgan 60 dan ortiq nodir qo`lyozmalar saqlanadi. Mahalliy va Hirotlik ustalarning o`zaro ijodiy hamkorligi tufayli Samarqand va Buxoroda miniatyura maktablari gullab yashnadi. Behzod an`analari bilan bog`liq birinchi yo`nalish qalamtasvirining o`ta nozikligi, manzara va me`moriy tasvirlarga boyligi, jarangdor, tiniq ranglarning uyg`unligi, murakkab mujassamoti bilan diqqatgasazovor. Mahmud Musahhib va Chag`ri Muxassin (Nizomiy asarlariga ishlangan rasmlar, 1537-38yillar), "Ash`or"ni bezagan noma`lum musavvir (1529 y.) va boshqalar mashhur bo`lgan.

Ikkinchi yo`nalish qahramonlar sonining cheklanganligi, tasviriy vositaning lo`ndaligi, ixcham mujassamoti, keskin ranglarga boyligi bilan farqlanadi. Jumladan, Shayboniylar davrida hukmdorlar uchun shajaraviy, tarixiy asarlar ko`plab yaratilib, ular miniatyuralar bilan bezatildi. Xususan, Muhammad Shodining "Fathnoma" (1502-1507), Ma`sud ibn Usmon Qo`histoniyning "Tarixi Abdulxayrxoniy" va boshqalar shular jumlasidandir. Miniatyuralarda hukmdorlar va ularning turli hayotiy jarayonlardagi tasvirlaridan tashqari, tasavvuf g`oyalari, fol`klor, mehnat va ijod, tabiat, hayvonot dunyosi kabi mavzular aks ettirildi.

XVIII asrda madaniy hayotning keskin pasayishi

kuzatiladi. Ammo shunday bo`lsada kitobat san`atining rivojlanishi musavvirlarning faollashuviga olib keldi. XIX asr boshlarida yaratilgan qo`lyozmalardagi suratlarda avvalgi badiiy nafosat ko`rinmaydi. Hindiston, Qashg`or va Eron miniatyura maktablariga taqlid ortdi. Xususan, Navoiyning "Xamsa"siga ishlangan miniatyuralar (1824, Farg`ona qo`lyozmasi) mavzui badiiy talqini o`ta sodda, ranglar majmui tor, ohangi so`niq va yasamaligi bilan ajralib turadi.

Musiqa. XVI-XIX asrning birinchi yarmida musiqiy hayot asosan poytaxt va yirik shaharlarda jonlandi. Mohir musiqachilar xuddi avvalgi davrlardagi kabi hukmdorlar saroyida to`plangan. O`tmish an`analariga sadoqat, vorisiylik, mohirona ijrochilik san`ati tufayli Buxoro va Samarqand O`rta Sharqning musiqa markazlariga aylandi.

XVI asr boshida Xurosonning, Hirot va boshqa shaharlaridan Movarounnahrga ko`plab musiqachilar keldi. Buxoroga Husayn Udiy, G`ulom Shodi va boshqa atoqli qo`shiqchilar, sozandalar, musiqa nazariyotchilari ko`chib keldi. Bu ma`lum darajada mahalliy musiqa-ijrochilik va musiqiy-nazariy faoliyatning jonlanishiga olib keladi. XVI-XVIII asrda maqom janri taraqqiy etdi. XVIII asr o`rtasida Buxoro (tojikcha-o`zbekcha) Shashmaqomi shakllandi. Movarounnahr musiqachilari Hindiston, Turkiya, Eron, Afg`oniston, Xitoy, Rusiya davlati bilan musiqiy aloqalar o`rnatganlar. Ushbu mamlakatlarning musiqachilari va shoirlari ijodi

O`rta Osiyo shaharlarining musiqiy hayotini qandaydir ma`noda boyitishga xizmat qildi.

Bu davrning musiqiy hayotida Najmiddin Kavkabiy, Ja`far Qonuniy, Ali Do`st Nayi, Hofiz Mahmud, Hofiz Miraklar mashhur bo`lishgan. Xususan, Najmiddin Kavkabiy musiqashunos, shoir, bastakor bo`lib, musiqa ilmi va amaliyotining turli masalalariga doir ilmiy qismlar yozgan. "Risolai musiqiy" asarida ilmi musiqiy, o`n ikki maqom tizimiga oid nazariy tushunchalar berib, turli zarb-usullarining nomini keltirib ta`riflagan, kuyning amaliyotidagi xillari haqida ma`lumot bergan.

Kavkabiy maqomlarni kecha-kunduzning qaysi soatlarida ijro etilishi va har xil ruhiy halovatdagi kishilarga ta`siri masalalarini bayon etgan. Ayniqsa Darvish Ali Changiy shuhrat qozongan. Uning "Risolayi musiqiy" asarlarida XV asr oxiri – XVII asr boshida Movarounnahrda yashagan, ijod etgan ijrochilar, bastakorlar haqida batafsil ma`lumot to`plangan.

Shunday qilib XVI-XIX asr birinchi yarmida ijtimoiy-iqtisodiy hayotning rivojlanishi bir muncha susaygan bo`lsada, Movarounnahr aholisining madaniy darajasi nisbatan yuqoriligicha qolgan.

Teatr. XVI-XVIII asrlarda masxarabozlik teatri nafaqat poytaxt shaharlar – Buxoro, Xiva, Qo`qonda, balki boshqa shaharlarda ham faoliyat olib borgan. Turli xonliklardagi teatr guruhlari bir-biridan ijro usuli, mahorati, repertuari va taqdim etish shakllari bilan farq qilishgan.

Buxoro vohasida XVIII-XIX asrlarda Sayfulla masxara, Zokir masxara, Ergash masxara va boshqalar o`z spektakllari bilan tomosha ko`rsatganlar. Qo`qon xonligida XVIII asr boshida qiziqchilik teatri faoliyat yuritgan. Muhammad Solih Bidiyorshum ko`plab og`zaki p`esalar ijro etgan. Bidiyorshum truppasida 30 dan ortiq aktyorlar, qiziqchilar (Bahrom qiziq, Mo`min qiziq, Davlatyor qiziq va boshqalar) bo`lgan. Ular shaharning Chorsu maydonida, ba`zan xon saroyida qiziqchilik qilganlar.

XVI-XIX asrning birinchi yarmida O`rta Osiyoda qo`g`irchoq teatri keng tarqalgan. Uning "Qo`l qo`g`irchog`i", "Chodir xayol" kabi turlari bo`lgan. Ularning har ikkisida bittadan asosiy pyesa – Polvon kachal ("Qo`l qo`g`irchoq") va "Sarkardalar" – "Amaldorlar" ("Chodir xayol") bo`lgan. XIX asrda O`zbekiston hududida Shosolih, G`afur, Xalfarang (Qo`qon), Orifjon qo`g`irchoqboz, Azim burun, Doniyor (Toshkent), Jo`ra Qayroq, Hamro qo`g`irchoq boz (Samarqand), Sharif Sayyoh, Qori xoji (Buxoro) va boshqa usta-qo`g`irchoqbozlar o`z maktablarini yaratganlar.

Bu davrda raqs san`ati ham yuksak rivojlangan. Xalq-raqs san`atining Farg`ona maktabi o`z tarkibiga quyidagi raqs turlari va guruhlarini olgan: "Katta o`yin", "Xonaki o`yin", "Yalla" va boshqalar. Shulardan "Katta o`yin" murakkab raqs kompozitsiyasiga ega bo`lib, 60 usuldan tashkil topgan.

Xorazmda "Maqom o`yin", "Lazgi", "Qayroq o`yin", "Yalla" va boshqa raqs turlari tarqalgan. Buxoroda raqs maktabi ettita katta va kichik shakllardan tashkil topgan: "Maqom o`yin", "Qayroq o`yin", "Xonaki o`yin", "Zang bozi", "Yalla" va boshqalar.

XVI-XIX asrning birinchi yarmida sayyor tsirk artistlari – dorbozlar, akrobatlar, ko`zboylag`ichlar, jonglyorlar, hayvon o`rgatuvchilar va boshqalar shahar va qishloqlar maydonlarida tomosha ko`rsatib o`zlarining mahoratlarini namoyish etishgan.

XVIII asr oxiri - XIX asr boshida O`rta Osiyo xonliklarida an`anaviy teatr faoliyatida o`ziga xos uslubiy ko`rinishlar paydo bo`ldi. Buxoro amirligida, masalan, masxaraboz, qo`g`irchoqboz, raqqos va boshqalarning uyushmalari vujudga keldi, bu o`z navbatida ularning reperturarlari boyishga va ijrochilik mahoratining oshishiga olib bordi.

Xorazm an`anaviy teatrida 2 turkum tomoshalar - "To`qma" va "Xatarli" o`yin yaxshi shakllandi. Farg`ona va Toshkentda qiziqchilik va askiya taraqqiy etib, so`z san`atiga alohida e`tibor berildi.

Shunday qilib XVI-XIX asrning birinchi yarmida O`rta Osiyo xonliklari tarixi faqat o`zaro urushlar, ichki nizolardan iborat bo`lib qolmagan. Xatto shunday og`ir kezlarda ham mamlakatda madaniy hayot o`z rivojlanishida davom etgan. Garchi XIV-XV asrlardagi kabi yuksak darajaga erishilmagan bo`lsada, uning yutuqlarini saqlab qolishga, uni yangi g`oyalar bilan boyitishga harakat qilingan. Shunday qilib, XVI-XIX asrning birinchi yarmida O`rta Osiyo jamiyati hayoti notekis rivojlangan; ayrim o`n yilliklarda erishilgan yutuqlar, ko`pincha o`zaro nizolar tufayli yuzaga kelgan navbatdagi tanazul davri bilan almashgan. Biroq ana shunday og`ir damlarda ham o`zbek xalqining ijodkorlik faoliyati to`xtamaganidan faqat faxrlanishimiz mumkin. Qishloq, shaharlar qayta qad ko`targan. Hunarmandchilik turlari rivojlangan. Xalq ustalari tomonidan bunyod etilgan mahobatli me`moriy obidalar butun dunyoga mashhur bo`lgan. Har qanday og`ir, noqulay sharoitlarda ham xalqimizning ijodiy tafakkuri rivojlanishda davom etgan. Ular orasidan ko`plab iqtidorli olimlar, mutafakkirlar, qo`shiqchilar, musiqachilar, rassomlar, me`morlar va quruvchilar etishib chiqdi. O`zbekiston madaniyatining bir qator arboblarining ismlari insoniyat hayoti solnomasiga abadiy yozib qo`yilgan.

15-§ MUSTAMLAKA VA MUSTABID TUZUM SHAROITIDA O'ZBEK MADANIYATI

O`rta Osiyo xonliklarining siyosiy-iqtisodiy, xarbiy jihatdan qoloqligi, tarqoqligi, o`zaro adovatidan unumli foydalangan podsho Rossiyasi Turkistonni bosib olishga kirishgan. 1868 y. Buxoro xonligi, 1873 y. Xiva xonligi Rossiya vassaliga aylanib, siyosiy mustaqillikdan mahrum bo`lgan. 1876 y. Qo`qon xonligi tugatilib, 1867 yil tashkil etilgan Turkiston general-gubernatorligi tarkibidagi Farg`ona oblastiga aylantirilgan. Shu tariqa o`lkada chorizmning mustamlakachilik rejimi o`rnatilgan.

Turkiston o`lkasi xalqlari og`ir mustamlaka sharoitida yashashlariga qaramay, ularning ijodkorlik faoliyati to`xtab qolmagan. Buni Xiva xonligi misolida ham ko`rishimiz mumkin, xususan Muhammad Rahimxon II (Feruz) (xonlik davri 1864-1910) davrida Xivada mashhur kutubxona tashkil etiladi. Kutubxona dunyoning turli burchaklaridan keltirilgan nodir qo`lyozmalar bilan muttasil boyitib borilgan. O`rta Osiyoda birinchi marta Xivada litografiya tashkil qilinib, noshirlik ishlari yo`lga qo`yiladi. Bu hol ma`naviy-ma`rifiy ishlarni rivojlantirishda, o`lka milliy-madaniy merosini boyitishda katta ahamiyatga ega bo`ldi. Shu o`rinda, Muhammad Rahimxonning o`zi ham shoir va bastakor bo`lib, she`rlarini "Feruz" taxallusi bilan nashr ettirgani, shular qatorida zamondosh adibu olimlar asarlarini ham chop qildirganligini alohida ta`kidlab o`tish lozim. Uning Xorazm shoirlari haqidagi "Majmuat ush shuaro" tazkirasi juda mashhur edi. Xivaga kelgan sharqshunos olim A.N.Samoylovich xon kutubxonasini ko`rishga muyassar bo`lgan. Rus olimida kutubxonaning boyligi va undagi kitoblarning muayyan tartib va tabaqalar bilan saqlanishi juda katta taassurot qoldiradi. U o`zining "Xiva saroy kutubxonasi va kitob chop etish" nomli maqolasida bu kutubxonaga katta baho beradi.

Bu kutubxonalarda nafaqat O`rta Osiyoda yozilgan, balki xorijiy mamlakatlarda nashr etilgan ko`plab kitoblar ham saqlanar edi. Bu erda arab va fors tillaridan o`zbek tiliga tarjima qilingan asarlar ham mo`l bo`lgan, xonning o`zi saroyga shoir va olimlarni to`plagan. Kutubxona qoshida xattotlar va musavvirlardan iborat katta guruh faoliyat ko`rsatgan. Kitob, qo`lyozmalarni yig`ib borish, ularni ma`naviy-milliy boylik sifatida e`zozlash va saqlash, kelajak avlodga berish xalqimiz orasida uzoq yillar davomida an`ana va odatga aylangan edi. Qo`qon qadimdan hunarmandchilik markazi bo`lgan. Qo`qonda misgarlik, zargarlik, o`ymakorlik, qurolsozlik, kulolchilik, qog`ozgarlik, badiiy to`qimachilik, do`ppichilik, kashtachilik, temirchilik, ko`priksozlik kabilar rivoj topgan. Qo`qon gazmollari Sharqda va Rossiyada mashhur bo`lgan.

Ayniqsa, Qo`qon qog`ozi hunarmandchilikning alohida tarmog`i sifatida nom qozongan va O`rta Osiyoda eng sifatli qog`oz hisoblangan.

XX asr boshiga kelib Qo`qonda 52 madrasa 120 ta eski maktab, o`ndan ortiq jadid maktabi, 3 ta rus-tuzem maktabi, savdo-tijorat maktablari bor edi. "Sadoi Farg`ona", "Yangi Farg`ona", "Qo`qon sadosi" gazetalari chop etila boshlagan. Chorizmning Turkistonda maorif, fan va madaniyat soxasidagi siyosati. Turkiston podsho Rossiyasi tomonidan bosib olingach, rus olimlari tomonidan mahalliy xalqlar tarixi, etnografiyasi, arxeologiyasini o`rganishga oid dastlabki ilmiy ishlar yaratildi. Turkistonda muzey ochildi, kutubxona ish boshladi. Bu davrda O`rta Osiyo tarixi, etnografiyasi, iqtisodi, botanikasi, arxeologiyasi va madaniyatiga oid noyob bibliografik asar – "Turkiston to`plami" (594 j.dan iborat) hamda «Turkiston al`bomi» yaratildi. Rus va o`zbek tillarida gazetalar ("Turkestanskie vedomosti", "Turkiston viloyatining gazeti" va boshqalar) hamda jurnallar chop etildi.

Maorif sohasi ham rivojlandi. Ammo bu sohadagi har qanday o`zgarishlar Rossiya imperiyasi mustamlakachilik manfaatlariga bo`ysundirilgan edi.

Mustamlakachilar madaniyat sohasida ruslashtirish siyosatini yurgizdilar. Bu avvalo maorif tizimi-maktab va madrasalardan boshlandi. O`lkada «rus-tuzem» maktablari ochila boshlandi.

Dastlabki «rus-tuzem» maktabi 1884 yil 19 dekabrda Toshkentda ochildi. XIX asr oxirida ularni soni yuzdan oshib ketdi. 1917 yilning boshlarida esa 170 taga etgan edi. Bunday maktablarda o`quv jarayoni ikki qismdan iborat bo`lib, birinchi qismda 2 soatlik mashg`ulotni rus o`qituvchisi (o`quv, yozuv, hisob bo`yicha), ikkinchi qismda esa saboqni o`zbek muallimi olib borgan.

Uni ochishdan asosiy maqsad – mustamlaka ma`muriyati uchun tarjimon (tilmoch)lar tayyorlash edi. Rus-tuzem maktablari uchun S.M.Gramenitskiyning 3 qismdan iborat ruscha kitoblari, Saidrasul Saidazizovning «Ustodi avval» (1902), Ali Asqar Kalininning «Muallimi soniy» (1903) darsliklari nashr etildi. Mahalliy aholi turmushiga ma`naviy – ruhiy tazyiq o`tkazish dasturida o`lka xotin-qizlarini va oilalarni ruscha hayot tarziga o`rgatish alohida o`rin egallagan. Buning uchun o`lkada xotin-qizlar ambulatoriyalari ko`paytiriladi.

XIX asr oxiriga kelib jahonning bir qancha mamlakatlarida hayot tarzining yuksakligi, ijtimoiy tartibotlarning inson tabiatiga muvofiqligi, ilm-fan taraqqiyotining yuqoriligi turkistonlik ziyolilarni ham sergaklantirdi. Ta`lim tizimini yaxshilash, uning samaradorligini ko`tarish ehtiyoji paydo bo`ldi. Dastlab, 1884 yilda Qrimning Boqchasaroy shahrida Ismoilbek Gaspirali tomonidan birinchi jadid maktabi tashkil etildi. Musulmoncha ta`lim tizimining mohiyatiga dahl qilmagan holda ta`limning mazmunini boyitish, chuqurlashtirish va uni dunyoviy ruh bilan sug`orish, yoshlarni tezkor sur`atlar bilan hayotga tayyorlash, ularni zamonaviy ilm-fanni qiynalmay o`zlashtira olish darajasiga etkazish jadid maktablarining oldidagi asosiy vazifa edi. Turkiston o`lkasida ham jadid maktablari ochildi. Ushbu maktablar uchun Mahmudxo`ja Behbudiy, Munavvarqori Abdurashidxonov, Abdurauf Fitrat, Abdulla Avloniy, Xamza, Isoqjon Ibrat, Saidrasul Saidazizov, Saidahmad Siddiqiy va boshqa jadidchilik namoyandalarining tuzgan darslik va o`quv qo`llanmalari saviyasi jihatidan eng zamonaviy pedagogik asarlar darajasida edi. Podsho ma`muriyati bunday maktablar milliy madaniyatning o`sishiga yordam berishidan cho`chib, ular faoliyatini bo`g`ish uchun turli tadbirlar ko`rdi.

Teatr. Rossiya mustamlakachiligi davrida Turkiston o`lkasiga o`z g`oyaviy-estetik xususiyatlari bilan mahalliy an`anaviy teatrdan keskin farq qiluvchi rus, keyinroq tatar va ozarbayjon teatr to`dalari kirib kela boshladi. O`zbek madaniyatining ilg`or namoyandalari (Furqat, Ahmad Donish, Behbudiy, Abdulla Avloniy va b.) mahalliy aholini ulardan o`rganishga chaqirdilar. Shu tarzda milliy teatr yaratish harakati yuzaga keldi, unga jadidlar bosh bo`ldi. 1914 yil Samarqandda Behbudiy boshchiligida tashkil etilgan birinchi o`zbek havaskorlik teatr guruhi, uning «Padarkush» dramasini sahnalashtirdi. O`sha yil Toshkentda Abdulla Avloniy tuzgan teatr guruhi ham «Padarkush» bilan ochildi. Tadqiqotchilarning ma`lumotiga qaraganda «Padarkush» pyesasidan keyin 1917 yilgacha o`zbek dramalarining soni 40 ga etgan.

Kitob san`ati. Turkistonda bosmaxonalar tashkil topishi va ularda gazetalar, jurnallar va kitoblarning chiqishi tasviriy san`at rivojiga ta`sir qildi, mahalliy tillarda kitob, gazeta, ilmiy to`plam va taqvimlar nashr etila boshladi. Bu nashrlarda tasviriy san`atning ilk namunalari yuzaga kela boshladi. Nashr qilinayotgan kitoblarni bezashga mahalliy rassomlar ham jalb etila boshlandi.

1908 yili Toshkentda nashr qilingan «Shohnoma», «Farhod va Shirin» kabi kitoblar suratlar bilan bezatildi. XIX asr oxiri – XX asr boshlarida badiiy hayot birmuncha rivoj topib san`at uslublari evropa san`ati uslublari bilan uyg`unlasha boshladi. Kitob san`atida XX asr evropa san`atida keng tarqala boshlagan «modern» uslubi o`z aksini topa borgan. «O`rta Osiyo al`manaxi» shunday nashrlardan bo`lib, unda geometrik shakl va chiziqlar, ularning murakkab birlashma va hosilalari yaratilgan. XIX asr oxirida xattotlik, qo`lyozmalar tayyorlash bosmaxonalar yordamida kitob yaratish jarayoni juda kengayib ketdi. Bu so`zsiz xattotlik san`atiga bo`lgan talabni ham kamaytirib yubordi. Plakatning turli ko`rinishlari, afisha, reklama, amaliy grafik asarlar bu davrdagi Turkiston badiiy muhitida etakchi o`rinni egallab, ijtimoiy hayotda faol ishtirok etdi.     Tasviriy san`at. XIX asr oxiri – XX asr boshlaridagi Turkiston o`lkasi badiiy    hayotida qalamtasvir    va ayniqsa rangtasvir san`ati etakchi mavqeni egallab, bu san`at turlarida rus ijodkorlari peshqadam bo`ldilar. Bulardan V.Vereshchagin, N.Karazin, V.Veleje, O.Fedchenko va boshqalarni ko`rish mumkin. V.Vereshchagin «Turkiston» asarlari turkumini yaratdi, unda rus quroli, rus shuhrati ko`klarga ko`tarildi, jang manzaralari, mahalliy xalq vakillarini jazolash mavzui etakchilik qildi. S.Yudin manzara janrida san`at muhlislari orasida shuhrat qozongan edi. U 1889-1923 yillarda Turkiston o`lkasi badiiy maktabida ustozlik qildi.      An`anaviy tasviriy san`at Samarqand, Buxoro, Qo`qon naqqosh –musavvirlari (Abdulhaq Maxdum, A.Donish, S.Siddiqiy va b.) ijodida ko`rinadi. Uy-joylardagi (maskovchi boylarning) devoriy rasmlari orasiga daryolarda suzib yurgan paroxod, temir yo`l, hayvonlar tasviri kabi yangi tasviriy ko`rinishlar kiritila boshlandi. Bu esa azaliy an`analarni o`zgarishiga olib keladi.

Fan. XIX asrning ikkinchi yarmida O`rta Osiyoni   Rossiya bosib olganidan so`ng   o`lkani ilmiy jihatdan har tomonlama o`rganishga kirishildi. 1867 yil Turkiston harbiy topografiya bo`limi tashkil qilindi. Bu bo`lim o`lkaning topografik xaritasini tuzish bilan shug`ullandi. 1867 yili Toshkentda metereologiya stantsiyasi ochildi. Birin-ketin tabiat, antropologiya va etnografiya havaskorlari jamiyatining Turkiston bo`limi (1870), O`rta Osiyo ilmiy jamiyati (1870) va boshqalar tashkil qilindi.

O`lkada ishlayotgan arxeologlar 1895 yilda Turkiston arxeologiya xavaskorlari to`garagiga birlashdilar. XIX asr oxiri - XX asr boshlarida Geografiya jamiyatining Turkiston bo`limi (1895) a`zolari tomonidan Orol dengizi, muzliklar, o`lkaning o`simliklar va hayvonot dunyosi, seysmik jarayonlari tadqiq etildi, foydali qazilma konlari ochildi. Rus olimlarining maxsus ekspeditsiyalari tuproqshunoslik va gidrologiya tadqiqotlari o`tkazdi. 1870 yilda Turkiston ommaviy kutubxonasi, 1876 yilda Toshkent ommaviy muzeyi rus sharqshunoslarining sa`y-harakati bilan tashkil topdi. Bu muassasalar aslida Turkiston ma`naviy boyliklarini chorizm manfaatlari yo`lida o`zlashtirish o`lida xizmat qilishi kerak edi. Muzeylardagi eng noyob boyliklar markazga - Sankt Peterburg va Moskvaga olib ketilgan.

Samarqand viloyatining Xo`jand tumanida Xoji Yusuf Mirfayozovning ilmiy-madaniy faoliyati ham diqqatga sazovor. Uning uyi Xo`jand madaniy markaziga aylangan. Falakiyotshunos, matematika, geografiya, tabobat, tarix bo`yicha bilimdon Xoji Yusuf rahbarligida yaratilgan er shari globusi XIX asr ikkinchi yarmidagi ilmiy kashfiyotlardan biri edi. Globusda 1000 dan ortiq geografik nomlar joylashtirilgan. Umuman olganda, XIX asr oxiri - XX asr boshlarida Sattorxon Abdug`afforov, Saidrasul Saidazizov, Jo`rabek Qalandar qorio`g`li, Shohimardon Mirg`iyos o`g`li va boshqa ma`rifatparvarlar guruhi shakllangan.

Musiqa san`ati. An`anaviy qo`shiqchilik san`ati. Ma`lumki o`tmishda mahalliy hukmdorlar musiqa san`ati ahliga homiylik qilib kelgan. Turkiston Rossiya imperiyasi tomonidan bosib olingandan so`ng, bu an`analar yo`qqa chiqarildi. Mahalliy xalq orasidagi milliy musiqa san`atiga bo`lgan azaliy qiziqish evropacha musiqa janrlari, ijrochiligi va ta`lim tizimini astoydil singdirish yo`li bilan paymol qilindi. Toshkent, Qo`qon, Farg`ona, Buxoro, Samarqand kabi yirik shaxarlarda rus imperatori musiqa jamiyati bo`limlari, uning tarkibida esa «Lira» xor jamiyati (1898), Musiqa va drama (1907), Simfonik va kamer musiqa (1908), Vokal musiqa (1914) singari evropacha musiqa shahobchalari keng faoliyat boshladi.

Bunday sharoitda mahalliy atoqli xonanda, bastakor, sozandalar atrofida muayyan «ustoz-shogird»tarzidagi maktablargina mahalliy an`analarni davom ettirib keldi. Xususan, Buxoroda – «Shashmaqom" ijrochilik maktabi Ota Jalol (1845-1928), Ota G`iyos (1859-1927) va Levi Boboxon (1873-1926)lar, Samarqandda – maqomchilik va bastakorlik Xoji Abdulaziz (1852-1936),Xorazmda – maqomchilik Pahlavon Niyoz Mirzaboshi (Komil Xorazmiy, 1825-1897), Farg`onada - sozandalik Rustam Mehtor (1860-1933), katta ashulachilik Erkaqori (1877-1954), Toshkentda –maqomchilik va ashullachilik To`ychi Hofiz (1868-1943) singari ustozlar atrofida taraqqiy topdi.

Mustamlaka sharoitida bo`lishiga qaramasdan, Turkiston o`lkasida an`anaviy qo`shiqchilik san`ati taraqqiy eta bordi. Ayniqsa, Farg`ona vodiysida yaratilgan kuylar va qo`shiqlar o`sha davrning og`ir kunlarini, ezilgan mehnatkash xalq ommasining orzu umidlarini ifodalaganligi bilan xarakterlanadi.

XIX asr ikkinchi yarmi - XX asr boshlaridagi murakkab iqtisodiy, siyosiy vaziyatga qaramasdan o`zbek san`atkorlarining nomi boshqa davlatlarga ham tarqalgan. Masalan, Samarqandlik mashhur hofiz Xoji Abdulaziz Rasulov Eron, Afg`oniston, Hindiston, Iroq vaYunoniston mamlakatlarida o`z san`atini namoyish qilgan. Toshkentlik Mulla To`ychi Toshmuhammedovning ovozini Yorkent, G`ulja, Chuguchak ahli sevib tinglagan. To`ychi hofizning 25 ga yaqin qo`shig`i Riga «Grammafon» jamiyati tomonidan 1905 yilda yozib olinib,tarqatilgan.

An`anaviy o`zbek qo`shiqchilik madaniyatining rivojlanishida Hamza Hakimzoda Niyoziyning alohida o`rni bor. U o`z she`rlarini xalq kuylariga solib, tanish ashula yoki qo`shiqlar ohangiga mo`ljallab yozilishini ta`minladi va bu bilan ushbu asarlar tezroq xalq orasida yoyildi. Me`morchilik. Xalq me`morchiligi. XIX asrga kelib O`rta Osiyo xonliklarida o`ziga xos me`morlik maktablari shakllandi. Xivada bino bezagiga olgan uch xil rang (ko`k, oq va qora) qo`llanilgan. Masalan, Muhammad Aminxon madrasasi (1851-52), kaltaminor (1885) va boshqalar. Buxoro me`morlik maktabiga xos uslublar Xalifa Niyozqul madrasasi, Sitorai Mohi xosa (XIX asr oxiri)da ko`zga yaqqol tashlanadi. Buxoro Arkidagi uy-joy binolari, atrofdagi guzarlar tarkibi, sinchkori uy-joy va hovlilar me`moriy uslubi, bezaklari yuksak san`ati va mahorati bilan hozirgacha alohida e`tiborni tortadi. Xiva shahrining Ichan qal`asidagi Sherg`ozixon madrasasi,Bog`bonli masjidi, Pahlavon Mahmud maqbarasi majmuoti, Toshhovli saroyi, Olloqulixon karvonsaroyi va timi, Muhammad Aminxon madrasasi, Kaltaminor va atrofidagi uy-joylar Xorazm me`moriy maktabi, mahalliy an`analari yangidan qad ko`tarib, rivojlanganidan darak beradi. Ichan qal`adagi eng baland Islomxo`ja minorasi (1908) Xorazm me`morchiligining eng so`nggi yorqin nidosi desak bo`ladi. Qo`qon maktabidagi me`moriy uslub xususiyatlarini Xo`ja Amir maqbarasi XVIII-XIX asr birinchi yarmida qurilgan Norbo`tabiy madrasasi, Dahmai Shohon va Modarixon dahmalari (1825), Norbo`tabiy va uning avlodlari maqbaralari hamda keyingi davrda bunyod etilgan Xudoyorxon o`rdasi, Andijon, Marg`ilon va Qo`qondagi jome masjid va madrasalar misolida kuzatish mumkin.

Marg`ilondagi Said Ahmadxo`ja madrasasi, Shahrixondagi Ponsod masjidi, Andijondagi Jome madrasa masjidining ichki ko`rinishi Farg`ona me`morligining yuksak badiiy mahorati haqida tasavvur beradigan nodir manzarali bezaklarga boy.

Xalq me`morchiligining o`ziga xos tomonlari XX-asr boshlarida qurilgan Ayubboy,Olimxon hoji, Abdurahmon qozi, Sa`dixon qozi, Ahmadbek hoji va boshqa uylarda o`z ifodasini topgan.Ayubboy uyi ikki hovlili (ichkari va tashqari), poydevori baland qilib qurilgan. Tashqari hovlida mehmonxona, G simon ayvon bo`lib, ayvonda qator o`ymakor ustunlar ishlangan. Mehmonxona ichki devorlaridagi tokchalar atrofi ganchkor turli shakllar hamda arabiy yozuvlar uyg`unlashgan naqshlar bilan bezatilgan. Shift bezagida qizil zaminda bosma handasiy naqshlar, islimiy bezaklar, markaziga esa muqarnasli havzak ishlangan. Olimxon hoji uyi bir qavatli o`zaro mutanosib tarixga ega bo`lib, xom g`ishtdan qurilgan kvadrat dahliz, ikkita to`g`ri burchak tarhli xona va P simon ayvon, mehmonxonadan iborat. Dahliz va sharqiy xona evropacha uslubda pardozlangan, shiftlari ganchkor turunjlar bilan bezatilgan va och yashil zaminga naqshlar, deraza va eshiklarga shakldor hoshiyalar ishlangan. Xarbiy xona va ayvon mahalliy ayvonlarga muvofiq holda pardozlangan: qizil zaminda handasiy va islimiy naqshlar bilan bezatilgan.

Sa`dixon qozi uyi ikki hovlili, o`zaro qo`shilib ketgan tashqari va ichkaridan iborat, bu ikki qismning kiriladigan alohida-alohida eshigi bo`lgan. Ko`cha tomon (tashqari) dahlizdagi molxona va unga taqab qurilgan ayvondan iborat. To`g`ri burchakli ichkari hovlida esa ikkita ayvonli xona va bir necha xo`jalik binolari qad ko`targan. Uning poydevori 2 m, uning birinchi qavati (tagxona)da molxona va omborxona joylashgan. Ayvonga toshdan ishlangan zina orqali chiqilgan. Zina bo`ylab temir panjara, ayvonning to`sinlari orasida toq o`rnatilgan. To`sinlarni salobatli yog`och ustunlar ko`tarib turgan. Ayvonlar tosho`choqlar bilan isitilgan. Xona devorlari tokchali ganchkor naqshlar bilan ishlangan. Shiftiga to`ldirib gul solingan. Andijonlik savdogar Ahmadbekhojining uyi P simon tarhli, janubga qaratib qurilgan.

Uyning ikki qavatli g`arbiy qismi uy egasining idorasi vazifasini o`tagan, qolgan qismi turar joyi bo`lgan. Hovlining tevarak atrofi bo`ylab ayvon qurilgan. Ikkinchi qavat yo`lagi qator xonalarni birlashtirgan. Hamma darvoza va eshiklar an`anaviy holda hovli tomonga qaragan. Uyning idora vazifasini o`taydigan qismi evropacha usulda pardozlangan-shifti naqshinkor ganch bilan bezatilgan, katta xonalarga naqshinkor sirlangan pechlar qurilgan, devorlar tokchasiz bo`lib, moybo`yoq bilan pardozlangan, ayvon eshiklarining orasiga Farg`ona turar joylari uchun an`anaviy bo`lgan ko`k rangda islimiy va handasiy naqshlar ishlangan. Yog`och karniz jimjimador qilib qo`yilgan. XIX - asr oxiri XX - asr boshlarida O`zbekistonning yirik shaharlari Toshkent, Samarqand, Buxoro, Qo`qonda rus harbiy muhandis va me`morlari tomonidan eng zamonaviy loyihalari asosida ma`muriy va turar joy binolari qurilgan. Bu loyihalar modern uslubida evropa me`morlariga taqlidan yaratilgan edi. Bular Toshkentdagi Romanov saroyi (1880), O`qituvchilar seminariyasi (1881), Erkaklar gimnaziyasi (1883), Marg`ilonda Farg`ona gubernatori qarorgohi (1885) va boshqalarni misol keltirish mumkin. "Nemis renessans" me`moriy uslubida esa asosan mehmonxonalar, savdo markazlari, qurilgan: XX - asr boshlarida shaxsiy uylarni qurishda rus me`morlari mahalliy me`morlik an`analaridan ham keng foydalandilar – Toshkentdagi A.L.Polovtsev uyi (1900, hozirgi Xalq amaliy san`at muzeyi) qurilishiga mahalliy xalq me`morlari jalb etilgani uchun arxitektura jihatidan keng omma e`tiborini qozondi. XIX asrning ikkinchi yarmi o`zbek amaliy bezak san`atida hayotni chuqur his etish, san`at turlarining qadimgi, foydalaniladigan materiallarning xilma-xilligi, yuksak mahorat ko`zga tashlanadi. XIX asr oxiri XX asr boshlarida san`atda soddalashtirishga intilish kuzatildi iqtisodiy va texnika taraqqiyotining yangi sharoitlarida yangi xususiyatlar yuzaga keldi. Bu davrda amaliy bezak san`ati sekin va notekis rivojlandi, unga uslubiy birlikning yo`qligi xos bo`lib, qarama-qarshi an`analar va xususiyatlarni kuzatish mumkin. Mavjud ijtimoiy-iqtsodiy sharoitlar amaliy bezak san`ati badiiy yo`qotishlarga olib keldi.

Qiziqchilik - o`zbek an`anaviy teatr turi. Qiziqchilik teatri, asosan Qo`qon xonligi hududida (ayniqsa, Farg`ona vodiysi va Toshkentda) rasm bo`lgan, ijrochisi qiziqchi (qiziq), to`da boshlig`i va ish yurituvchisi korfarmon deb atalgan. XIX asrda qiziqchilarning truppalari (mas. Bidiyorshum, Zokir Eshon boshchiligidagi to`dalar) faoliyat ko`rsatgan. Bidiyorshum truppasi XVIII asr oxiri - XIX asr birinchi yarmida Qo`qonda ijod qilgan. Uning repertuari, asosan, hajviya, askiya, musiqa, ashula va raqslardan iborat bo`lgan. XIX asr ikkinchi yarmida Zokirjon qiziq to`dasiga 20 dan ziyod qiziqchi uyushgan bo`lib, yuzga yaqin tanqid, muqallid, kulki-hikoyalar va latifalar namoyish etishgan.

Davriy matbuot. O`zbekiston hududida matbuotning paydo bo`lish jarayoni XIX - asrning 70 - yillariga to`g`ri keldi. Mustamlakachilar mintaqada yashovchi erli xalqlarga o`zlarining siyosatlarini targ`ib va tashviq etish maqsadida 1870 yilda Toshkentda "Turkestanskie vedomosti" va "Turkiston viloyatining gazeti"ni tashkil etgan. Markaziy Osiyoda davriy matbuot shu tariqa paydo bo`ldi.

Mazkur gazetalarning har ikkisi ham 1917 yilgacha chop ettirilgani bois Turkiston matbuoti tarixida uzoq muddat davomida uzluksiz faoliyat ko`rsatgan davriy nashrlar sanaladi. Turkiston viloyatining gazeti" o`zbek publitsistikasining shakllanishiga yo`l ochdi. Zokirjon Furqat, Sattorxon Abdug`afforov, Ishoqxon Ibrat, Mahmudxo`ja Behbudiy va boshqa ko`plab ziyolilarning bu gazeta bilan ijodiy hamkorligi natijasida Turkiston o`lkasida jaholatga qarshi kurash, ommani, ayniqsa, yosh avlodni har tomonlama ilm-ma`rifatli qilib tarbiyalashga intilish harakatining kuchayishini ta`minladi. Boshqacha aytganda, mazkur nashr ma`rifatparvarlarning fikr va so`z aytishi uchun ilk minbar vazifasini o`tadi. XIX asrning 90-yillariga kelib Turkistonda matbuot sohasida o`ziga xos yangilanish jarayonlari kuzatildi. Rus tilidagi dastlabki xususiy gazetalar nashr qilina boshlandi. Dastlab Samarqandda, keyinroq Toshkentda nashr etilgan "Okraina" (1890-1907), Toshkentda chiqqan "Russkiy Turkestan" (1898-1907) gazetalari shular jumlasidandir.

Aynan shu davrda "Sredneaziatskiy vestnik" (1896), "Turkestanskiy skorpion" (1907,hajviy), "Srednyaya Aziya" (1910-11), "Turkestanskiy karakurt" (1911, hajviy) jurnallari Turkiston jurnalchiligining ilk namunalari edi. O`zbek tilida esa "Oyna" (1913-15), "Al-isloh" (1915) kabi jurnallar hamda "Al-izoh" (1917) va boshqa al`manaxlar ham o`lkaning tarixini, o`sha kezdagi ahvolini o`rganishga, o`quvchilarning madaniy-ma`rifiy ehtiyojlarini qondirishga ko`maklashdi. Chorizm mahalliy xalqlar ongi va bilim saviyasining yuksalishidan manfaatdor bo`lmagan. Shu bois hukmron siyosat milliy ongning yuksalishiga xizmat qiladigan vositalarning, jumladan, milliy tildagi davriy nashrlarning yuzaga kelishiga imkon qadar yo`l qo`ymadi. 1906 yilga qadar butun o`lkada yagona "Turkiston viloyatining gazeti"dan bo`lak mahalliy tilda bironta gazeta nashr qilinmagani ham buning isbotidir. Turkiston jadidlarining etakchi namoyandalari: Mahmudxo`ja Behbudiy, Munavvarqori Abdurashidxonov, Abdulla Avloniylar demokratik yo`nalishdagi o`zbek matbuotini shakllantirishga katta hissa qo`shdilar. Jadidlar milliy davriy nashrlar faoliyatini tashkil etish va yo`lga qo`yishda mahalliy rus matbuoti hamda Rossiyaning turli hududlarida tatar tilida nashr qilingan gazetalarning, xususan, ma`rifatchi Ismoilbek Gaspirali muharrirligida chiqqan "Tarjumon" gezetasining ish tajribasiga tayandilar.

O`zbekistonda chinakam milliy matbuotning yuzaga kelishi 1906 yil 27 iyundan Toshkentda chiqa boshlagan jadidlarning "Taraqqiy" gazetasi bilan bog`liq. Uning sahifalarida podsho Rossiyasining mustamlakachilik siyosatini fosh qiluvchi maqola, xabarlar bosilgan. Gazeta materiallaridagi tanqidiy ruh mustamlakachi ma`murlarga yoqmagan. 19 soni chiqqach, gazeta yopib qo`yilgan. Gazetaning ilk soni chiqqan 27 iyun` 1993 yildan buyon mamlakatimizda «Matbuot va ommaviy axborot vositalari xodimlari kuni» sifatida nishonlanadi. "Sadoi Turkiston" (Toshkent, 1914-15), "Samarqand" (1913), "Sadoi Farg`ona" (1914) gazetalari hamda "Oyna" (Samarqand, 1913-15) jurnallarini saviyasi, omma ongiga ta`siri jihatidan o`zbek matbuoti tarixidagi eng ibratli nashrlardan deb hisoblash mumkin. 1917 yil Rossiyadagi fevral` inqilobi Turkistondagi ijtimoiy munosabatlar, shu jumladan, matbuot rivojiga ham ta`sir ko`rsatmay qolmadi. Milliy birlik harakatini avj oldirishga, o`zbek xalqining istiqlolga erishish yo`lidagi ijtimoiy-siyosiy faolligini oshirishga 1917 yilda tashkil etilgan "Najot", "Turk eli", "Turon", "Ulug` Turkiston", "Hurriyat" (Samarqand), "El bayrog`i" (Qo`qon) gazetalari va "Yurt" (Qo`qon), "Chayon" jurnallari o`ziga xos hissa qo`shdi. Madaniyatimizning dunyoga sochilgan durdonalari. Tarixdan ma`lumki, Turkiston hududi qadimdan turli mamlakatlar uchun o`lja manbai bo`lib kelgan. O`rta Osiyoga turli maqsadlarni ko`zlab kelib-ketgan ilmiy, harbiy ekspeditsiyalar, sayyohlar, tijorat vakillarini eng avvalo O`rta Osiyoning qimmatbaho, betakror boyliklari qiziqtirgan. Rossiya imperiyasining O`rta Osiyoga bosqini nafaqat uning hududini egallash, aholisini talash bilan cheklangan, balki o`zbek xalqining madaniy merosini talon-taroj qilib, tashib ketish va madaniyat yodgorliklarini harob qilish bilan birga sodir etilgan.      Rossiya imperiyasi mustamlakachiligi davrida Samarqand, Buxoro, Xiva va Qo`qon kabi ko`hna shaharlar xazinasida to`plangan boyliklar maxfiy rejalar asosida ba`zan ochiqchasiga talon-taroj etildi.      Xiva yurishi vaqtida harbiy maslahatchi bo`lgan sharqshunos A.L.Kun   turli yo`llar bilan to`plangan 300 kitobdan iborat sharq qo`lyozmalarini 1873 yil Imperator xalq kutubxonasiga topshirgan. A.L.Kun va uning guruhi Xivadan tanga zarb qilishga mo`ljallangan   200 nusxa qolip, muhrlar   bog`lami, xon taxti, 172 nusxa Jo`jixon tangalari, Qo`ng`irot sulolasidan bo`lgan Xiva xonlarining 3 nusxa tanga va bir qator etnografik ashyolarini, xususan, ayollar va  bolalar  kiyim-boshlari, ko`plab tilla va kumush bezaklarini olib ketgan.

Qo`qon bosqini vaqtida ham tarix, tibbiyot, huquq va ilohiyotga doir 130 qo`lyozma kitob Rossiyaga olib ketilgan va Imperator xalq kutubxonasiga topshirilgan.   Demak, Qo`qon arxivi ham, xuddi Xiva xonlari arxivi kabi bosqinchilar tomonidan zo`ravonlik bilan olib ketilgan.

Turkiston general - gubernatorlarining o`zlari Turkistondagi boyliklarning eng birinchi qaroqchilari va shaxsiy kollektsiyalarning tuzuvchilari edi.

Xulosa qilib aytganda, Turkiston xalqlarining fan va madaniyati mustamlaka tuzumining biqiq tarkibida ham, ruslashtirish siyosatining barcha zug`um sitamlariga qaramay, rivojlanishdan to`xtamadi. Mustamlakachilar xalqimizning ilm-ma`rifatga intilishi, ilg`or g`oyalar va istiqlol istagini bo`g`ib tashlay olmadilar. Chorizmning madaniyat sohasidagi siyosatining asosiy yo`nalishlarini quyidagicha belgilash mumkin. Chor hukumati Turkistonda turg`unlik xolatini saqlash, o`zaro nizo-adovatlar urug`ini sepib turgan xolda ulardagi millatparvarlik, yurtsevarlik va jangovarlik tuyg`ularini o`ldirish.O`lka xalqlarini o`z tarixi va madaniyatidan uzoqlashtirish. Bu sohada chorizm juda izchil ish yuritdi. Olimlar, ilmiy jamiyatlar tomonidan Turkiston tarixiga doir moddiy va ma`naviy yodgorliklar yig`ib olindi va Moskva hamda Sankt-Peterburgga jo`natildi. Shunday qilindiki, endilikda o`lka tarixini o`rganish uchun turkistonliklar ana shu markazlarga borishga majbur bo`lishdi.mustamlaka ma`muriyati o`lkadagi tarixiy adabiyotlarning qarovsiz qolib vayron bo`lishiga ataylab yo`l qo`ydi. Chorizm xalq maorifi sohasidagi ruslashtirish siyosatini rus-tuzem maktablari tizimini vujudga keltirish va rus tiliga davlat maqomi berish vositasida amalga oshirdi.

**Mustabid sovet davlati davrida O`zbekiston madaniyati.** 1925 yil SSSR tarkibidagi O`zbekiston SSR tuzilgan. Albatta, bu «o`zbek xalqining milliy davlatchiligi tashkil qilindi" degan fikrni anglatmaydi. Chunki O`zSSR amalda hech qanday suverenitet va mustaqillikka ega emas edi. Rossiya imperiyasi davrida bo`lgani singari sovet davrida ham O`zbekiston markazning chekka mustamlaka o`lkasi bo`lib qolaverdi.

Sovet davlati o`zining dastlabki yillaridayoq madaniyatga nisbatan sinfiylik va partiyaviylik nuqtai nazaridan yondoshib, butun mamlakat bo`yicha "markscha-lenincha metodologiya"ga asoslangan sotsialistik madaniy-ma`rifiy qurilishni amalga oshirishni o`z oldiga maqsad qilib olgan edi.Mamlakatda ko`plab klublar, madaniyat uylari, saroylari, kinoteatrlar, muzaylar barpo etila boshlandi.

Bu sohada kommunistik partiya rolini kuchaytirish, siyosiy mafkurani omma ongiga turli yo`llar bilan singdirishga katta e`tibor berildi. Sho`rolar davrida madaniyat hukmron mafkura, mustabid tuzum tazyiqida G`arb madaniyatiga taqlidan rivojlandi. Ikkinchidan, milliy madaniyatning boy o`tmishi bir yoqlama o`rganilib, uning ko`pgina bebaho durdonalaridan xalqimiz bebahra bo`lib keldi. Ammo har qanday to`siqlarga qaramay madaniyat sohasida O`zbekistonda bir muncha yutuqlar qo`lga kiritildi. O`zbekiston ma`naviy-siyosiy hayotida madaniy-ma`rifiy muassasalarning eng sinalgan shakli sifatida klub muassasalari ochilib, ularning faoliyati siyosiy-iqtisodiy, ijtimoiy-ma`rifiy, mafkuraviy masalalarni hal qilishga yo`naltirildi. O`zbekistonda birinchi klublar 1918 yil Toshkent (Turkiston xalq universiteti huzurida) va Samarqand (Qushhovuz mahallasidagi musulmon klubi)da ochildi. 1920 yillarda maxsus madaniy -ma`rifiy muassasalar (klub, xalq uyi, qizil choyxona, qiroatxona va boshqalar) tizimi mehnatkashlarning kommunistik tarbiyasi» va Xalq ma`rifatining asosiy vositalaridan biri sifatida xalq maorif komissarligi tarkibida tashkil topgan. 1924 yili klub muassasalari soni 134 taga etgan bo`lsa, 1978 yili O`zbekistonda 3880 ta madaniyat uyi va saroylari faoliyat ko`rsatdi. Madaniy-ma`rifiy, siyosiy-mafkuraviy ishlar tizimida kutubxona alohida e`tibor berildi. Ularga partiya va sovet davlatining siyosatini keng omma orasida targ`ib etishning muhim vositasi sifatida qaraldi.Ushbu kutubxonalar asosan ommaning g`oyaviy-siyosiy ongini oshirish uchun ish olib borar edilar. Shu maqsadda kutubxonalardagi sovet mafkurasiga zid ko`plab nashrlar yo`q qilindi.

Natijada, o`zbek milliy madaniyati, tarixi, ma`naviy merosiga oid ko`plab noyob asarlar ilmiy-badiiy muomaladan olib tashlandi. Madaniy - ma`rifiy ishlarda muzeylarning rolini oshirishga katta ahamiyat berildi. Muzeylar asosan g`oyaviy-mafkuraviy vazifalarni bajarar edilar.respublikadagi mavjud muzeylar ish faoliyatini takomillashtirish, ularga yagona markazlashgan rahbarlikni tashkil etish maqsadida 1921 yil 20 mayda Turkiston Respublikasi muzey, qadimiy yodgorliklar, san`at, tabiatni muhofaza qilish qo`mitasi (Turkkomstaris, 1927 yilda Uzkomstaris) tashkil etildi. Qo`mitaga respublikadagi barcha tarixiy yodgorliklarni himoya qilish, hisobga olish va undan foydalanish huquqi berildi. Natijada, shu yilning o`zida 52 ta yirik yodgorliklar hisobga olindi, 114045 ta moddiy va madaniy boyliklar muzeylarga to`plandi. 1975 yilda 34 ta davlat muzeyi mavjud bo`lib, shulardan 4 tasi tarixiy 4 ta memorial, 2 san`at va 15ta o`lkashunoslik muzeylari edi. Xiva (1964), Samarqand (1982), Buxoro (1985)da muzey-qo`riqxonalar tashkil etildi.

Sho`rolar davrida O`zbekiston adabiyoti o`ziga xos tarzda, keskin mafkuraviy tazyiqlar ta`siri ostida rivojlandi. Sovet davlatining izchil mafkuraviy targ`ibot ishlari natijasida kechagi jadid yozuvchilarining bir qismi sho`rolar tomoniga o`tgan, o`tmaganlar esa ta`qib qilina boshlandi. Sovet davlati nazoratidagi «Qizil qalam» adabiy tashkiloti (1926-30), Turkiston yo`qsil yozuvchilari uyushmasi hamda bu uyushma viloyat va shahar bo`limlari (1928-32)ning tashkil etilishi, yozuvchilarning «o`ng», «so`l», «yo`lovchi» kabi turli guruhlarga ajratilishi o`zbek adabiyotining taraqqiyotiga katta zarba berdi. Mustabid tuzumning insoniyat tarixida misli ko`rilmagan qatag`on siyosati natijasida 30-yillarning ikkinchi yarmiga kelib A.Qodiriy, Fitrat, Cho`lpon, Tavallo, Elbek, G`ulom Zafariy, G`ozi Yunus, Usmon Nosir singari o`nlab shoir va yozuvchilar yo`q qilib yuborildi. 50-yillarning boshlarida esa M.Shayxzoda, Shuxrat, Shukrullo, Said Axmad,

M.Ismoiliy, Hamid Sulaymon singari yozuvchi va adabiyotshunoslar qatag`on etildi.

20 – yillarda yo`qsil (proletar) adabiyotining barpo etishga qaratilgan sa`y-harakat natijasida shunday nasriy asarlar maydonga keldiki, ular boylar faqat zolimlar, kambag`allar esa yangi jamiyatni barpo etuvchi ilg`or kuchlar sifatida talqin etila boshladi va xalqning bu har ikkala qatlami o`rtasidagi ziddiyat shu davr adabiyotining asosiy konflikti sifatida tasvirlandi.

Sovet yozuvchilarining 1-qurultoyi (Moskva, 1934)da sotsialistik realizm sovet yozuvchilari uchun yagona ijodiy metod deb e`lon qilingan. Bu metodga ko`ra sovet voqeligini «inqilobiy taraqqiyot»da, ya`ni pardozlab ko`rsatish va aksincha, «feodal o`tmish»da ro`y bergan voqea-hodisalarni qora bo`yoqlar bilan tasvirlash zarur edi. Ammo shunday davrda ham A.Qodiriyning «O`tgan kunlar» va «Mehrobdan chayon» singari davrning mafkuraviy panjaralarini yorib-parchalab tashlagan romanlari ham yaratildi.

Jadid yozuvchilari boshlab bergan zamonaviy o`zbek adabiy tili va uslubini yaratish jarayoni shu davrda, birinchi navbatda, A.Qodiriy va Cho`lpon, shuningdek Oybek, G`.G`ulom, H.Olimjon va boshqa yozuvchilarning ijodiy mehnatlari bilan ma`lum darajada o`z yakunini topdi. Oybekning «Qutlug` qon» romani 20-30 yillarda o`zbek nasrida olib borilgan ijodiy izlanishlarning sintezi sifatida yuzaga keldi.

Ikkinchi jahon urushi yillarida adabiyot urush mavzusini yoritishga safarbar etildi. Oybek, G`.G`ulom, H.Olimjon, Shayxzoda, Uyg`un, Mirtemir va boshqa yozuvchi, shoirlar o`z asarlari bilan front va front orqasida kurashayotgan armiya va hamda dushmanga nisbatan nafrat va g`azab tuyg`ularini uyg`otuvchi, ularni g`alabaga undovchi urushida qahramonona kurashga rag`batlashtiruvchi asarlar yozdilar. Ayniqsa, Oybekning Navoiy romani bu davrning o`lmas asari bo`lib, adib bu asari bilan o`zbek adabiyotida tarixiy-biografik roman janrini boshlab berdi. Davlat va partiya urushdan keyingi dastlabki yillarda (1946-48) adabiyot va san`atni tamomila izdan chiqaruvchi, yana 1937-38 yillar qatag`onini yodga soluvchi mafkuraviy qarorlarni chiqardi. Bu qarorlar asosida o`zbek xalq og`zaki ijodining durdonasi - «Alpomish» eposi «feodal davr mafkurasi bilan sug`orilgan», «sovet xalqiga yot asar», deb e`lon qilindi. Aruz vazni she`riyatda sovet davrida ro`y berayotgan «olamshumul o`zgarishlarni ifodalashga qodir bo`lmagan vazn» sifatida quvg`inga uchradi.

Urush va urushdan keyingi mashaqqatli yillar tasviri Sh.Rashidovning «Bo`rondan kuchli», I.Rahimning «Ixlos» (1958) romanlarining g`oyaviy yo`nalishini belgilab berdi. Shu davrda tarixiy o`tmish mavzuida yozilgan asarlar orasida atoqli adib M.Osimning «To`maris», «Shiroq», «Temur

Malik», «Maxmud Torobiy», «O`tror» qissalari, shuningdek, 20-asrning 20-30 yillarida o`zbek diyorida bo`lib o`tgan murakkab voqealar haqida hikoya qiluvchi M.Ismoiliyning «Farg`ona tong otguncha» (1959, 1967) dilogiyasi yaratildi. 50 - yillarning oxiri - 60 - yillarning boshlarida adabiy hayotga E. Vohidov, Yu.Shomansur, B.Boyqobulov, X.Saloh, A.Oripov, M.Jalilov, O.Matchon va boshqa o`nlab yosh shoirlar avlodi kirib keldi.

Shu davr o`zbek she`riyatining muhim xususiyatlaridan biri ijtimoiy adolatsizliklar bilan murosa qila olmagan kenja avlod vakillari (A.Oripov, R.Parfi, U.Azim, Sh.Rahmon va b.) o`z asarlarida turli yo`llar bilan millatparvarlik va erkparvarlik g`oyalarini kuyladilar. 80 - yillarda voqelikda ro`y bergan voqea va hodisalar mustabid sovet tuzumining inqirozga yuz tutgani, uning yolg`on ideal va g`oyalarga asoslanganidan darak bera boshladi. Dramaturglar jamiyatdagi ko`ngilsiz hollarga qarshi kurashda komediya janri imkoniyatlaridan samarali foydalandilar. Istiqlol arafasida Sh.Boshbekov «Temir xotin» asari bilan komediyaning kishilarga shunchalik hordiq beradigan, ularni dunyo tashvishlaridan forig` etadigan janr emas, balki ularni o`ylatadigan, ular orqali jamiyatni haq yo`lga etaklaydigan vosita ekanini to`la asoslab berdi. O`zbek xalqining ma`naviy - mafkuraviy hayotida san`at har doim ham muhim rol o`ynagan. San`at va uning barcha turlari bilan shug`ullanish, bu borada yangiliklar yaratish, ularning jahon andozalari darajasida yaratilishini ta`minlash o`zbek xalqi uchun yangilik emas edi. Sovet mustabid tuzumining dastlabki davrida teatr, musiqa, tasviriy san`at va kino san`atida ma`lum ijobiy siljishlar ko`zga tashlandi. Ammo bu san`at turlari kommunistik mafkuraning siyosiy aqidalari tazyiqi asosida «rivoj» topdi. Sovet hukumatining O`zbekistonda san`at turlarini rivojlantirishga bo`lgan intilishini esa ushbu vosita orqali o`z mafkuraviy maqsadlariga erishish ma`nosida tushunish kerak. Shuning uchun ham o`zbek san`atkorlarining u yoki bu san`at turini rivojlantirishga bo`lgan barcha sa`y-harakatlari sovet hukumati tomonidan qo`llab-quvvatlab turildi.

Yaratilayotgan asarlarning mezoni esa siyosiy - mafkuraviy qarashlarning darajasi bilan belgilanar edi. O`zbekiston teatr san`atining shakllanish jarayoni juda murakkab sharoitda yuz berdi. Bir tomondan, milliy san`at arboblari xalq madaniy merosi, o`ziga xos madaniy qadriyatlar asosida sahna asarlarini yaratishga harakat qilgan bo`lsalar, boshqa tomondan, hukmron siyosiy kuch «proletar madaniyatini barpo etish» bayrog`i ostida teatr san`atida «sovetlashtirish» ishini kuchaytirib yubordi. 1918 y. Hamza Farg`onada o`lka sayyor siyosiy truppasini tashkil etdi. M.Qoriyoqubov, Y.Egamberdiev, H.Islomov, M.Kuznetsovalar shu teatr qaldirg`ochlari bo`ldi. O`sha yili Mannon Uyg`ur Toshkentda «Turon» jamiyati qoshida teatrni tikladi. Bu to`da keyinchalik O`lka davlat namuna teatriga aylandi. Abror Xidoyatov, Obid Jalilov, Sayfi Olimov, Ziyo Said va boshqalar teatrning birinchi aktyorlari bo`lishgan.

Teatrlar soni asta - sekin orta borgan. Andijon (1919), Xivada (1922) teatr tashkil topdi. 20 – yillarda Moskava va Boku shaharlarida tashkil bo`lgan teatr studiyalarida M.Uyg`ur boshchiligidagi artistlar tahsil ko`rib (1924-27) qaytdilar. 1924 y. Samarqandda O`zbek davlat drama teatri barpo etildi. 20 – yillar oxiri Rus yosh tomoshabinlar teatri (1928), O`zbek yosh teletomoshabinlar teatri (1929) tashkil topdi. 30-yillarda Farg`ona (1930), Namangan (1931), Qashqadaryo (1932), Surxondaryo (1955) viloyat teatrlari, o`nlab shaxar va tuman teatrlari tashkil qilindi. Toshkentda M.Gor`kiy nomida Rus drama teatri (1934), Respublika qo`g`irchoq teatri (1939) ochildi. 1939 yil dastlab kinoteatrlar tashkil etilib, bir yildan so`ng Muqimiy nomidagi Respublika musiqali drama va komediya teatriga aylantirildi. Garchi teatrlar soni ko`payib borsada, kommunistik mafkura, sinfiylik talabi ko`pgina dramaturglar va teatr arboblarining qatag`on qilinishiga sabab bo`ldi, sahna san`atining erkin rivojlanishiga to`sqinlik qildi. Ikkinchi jaxon urushi yillarida o`zbek teatri namoyondalari «Muqanna» (H.Olimjon), «Jaloliddin Manguberdi» (M.Shayxzoda), «O`lim bosqinchilarga» (K.Yashin) va b., musiqali dramalardan «Nurxon» va

«Oftobxon» (K.Yashin, T.Jalilov) spektakllari shuhrat qozondi.

1968 yili «Yosh gvardiya» (1990 - yillardan Abror Hidoyatov nomidagi o`zbek drama teatri tashkil qilindi). 70 - yillarning birinchi yarmi o`zbek teatrida ziddiyat davri bo`ldi: bir tomondan, turli teatr anjumanlari o`tkazilib, ba`zi rejissyorlarda (B.Yo`ldoshev va b.) milliy meros va an`analarga e`tibor kuchayib, bu ijobiy natijalar, hatto kashfiyotlarga olib kelgan bo`lsa, ikkinchi tomondan dabdababozlik, ho`jako`rsinga ishlash, haqiqatdan qo`rqib, hayotni xaspo`shlab ko`rsatish teatr san`atining imkoniyatlarini cheklab qo`ydi. Bu davrda o`zbek teatrlari tarixiy mavzuda va mumtoz asarlar talqinida bir muncha yutuqlarga erishdi. Hamza teatrining «Tirik murda» (L.Tolstoy), «Otello» (Shekspir) spektakllari shular jumlasidandir. Ba`zi komediyalar («Oltin devor», «Kelinlar qo`zg`oloni») xalq qadriyatlari ruhida ishlandi. 1986 y. Respublika satira teatri tashkil topdi.

80 - yillar ikkinchi yarmidagi oshkoralik davrida teatr san`atida ham ahvol bir qadar o`zgardi: hayotni haqqoniy aks ettirish, nuqsonlarni ro`y-rost ochish, uslub va janr rang-barangligi kuchayib bordi. Bu davrda Abror Hidoyatov teatri etakchi o`ringa chiqdi. Teatr «Maysaraning ishi», «Paranji sirlari» (Hamza), «Qora kamar», «Ziyofat» (Sh.Xolmirzaev), «Iskandar» (Navoiy dostoni asosida Sh.Rizaev p`esasi) spektakllari bilan tarixiy va

zamonaviy mavzularni aks ettirishda milliy vositalarni keng ishlatish, ijroda katta yutuqlarga erishdi. Me`morlik. 1917 yilgi Oktyabr` to`ntarishi va fuqarolar urushi oqibatida o`lka me`morchiligi tamoman tanazzulga uchradi. Sho`ro tuzumi davrida er, suv qatorida, me`morlik ham davlat tasarrufiga o`tdi. Yirik binolar musodara qilindi, masjid va madrasalar berkitildi. 1930-yillardan boshlab esa yangi tipdagi binolar qurila boshladi: kommuna uyi, ishchilar shaharchasi,maktab, bolalar bog`chasi, ishchi-yoshlar klubi, kinoteatr, muzeylar, istiroxat bog`lari paydo bo`ldi, suv omborlari qurildi. Yangi tartibdagi loyixali shaharlarga asos solindi. Ayniqsa, 1940-yillardan boshlab Yangiyo`l, Chirchiq, Olmaliq, Angren, Bekobod kabi shaharlar tez taraqqiy etdi, yangi tipdagi zavod-fabrikalar qad ko`tara boshladi. Toshkentda urushning eng og`ir yillarida (1943) Muqimiy teatri qurildi. Alisher Navoiy teatri (1947) binosi umuman o`zbek me`morchiligi ijobiy imkoniyatlarining yorqin namoyishi bo`ldi.

20-asrning ikkinchi yarmida binokorlik tez sur`atlar bilan rivojlandi. Davlatning me`morchilikda ortiqcha bezakdorlik alomatlariga chek qo`yish, binokorlik industriyasini rivojlantirish haqidagi qarori 1950-60 yillarda temir - beton zavodlari tayyorlagan konstruktsiyalar bilan, bir qolipdagi (tipovoy) loyixalar asosida kata - kichik mikrorayonlar qurish odatga aylandi.

Qurilishda temir - beton bilan bir qatorda yaxlit yirik oynalardan foydalanildi: San`atshunoslik instituti, ma`muriy binolar, san`at muzeyi va boshqalar. 1960 - yillarning ikkinchi yarmi -70 yillarda sinchli, yirik panelli va yirik blokli, zilzilabardosh binolar qurish avj oldi. Qurilishlar ko`cha bo`ylab qurilmasdan yangi uslub - mikrorayon qurilishi joriy etildi. Toshkentdagi Chilonzor, Shimoliy-Sharqiy, Yunusobod, Qoraqamish, Qorasuv massivlar qad ko`tardi. Qishloq bilan shahar orasidagi tafovutni yo`qotish shiori ostida yangi o`zlashtirilayotgan hududlarda, ayniqsa, Mirzacho`lda o`nlab sovxoz shaharchalari qurildi, namuna tarzida ikki qavatli kottejlar dexqonlarga tavsiya etildi, lekin qishloq sharoitida bunday binolar g`ayri tabiiy, begona tarzida aholiga ma`qul bo`lmadi. Qishloqlarda 3-4 qavatli uylar qurilishi butunlay salbiy natija berdi.lekin shunday bo`lsada, yakka tartibdagi yirik imoratlar me`morchiligi ba`zan ijobiy yutuqlarga erishildi. Toshkentdagi San`at saroyi kinoteatri (1964), Markaziy universal magazini (1964), O`zbekiston tarixi muzeyi (1970), Bosh unversal magazin (1972), «O`zbekiston» mehmonxonasi (1974), Toshkent teleminorasi (1981), Xalqlar do`stligi saroyi (1981) kabi imoratlar yangi davr ruxida yaratilgan. Toshkentda metropoliten ochilishi (1977) milliy me`morchilikning yangi imkoniyatlarini namoyish etdi. Metro bekatlarining me`moriy tuzilishi, husnu jamoli esda qoladigan shohona ko`rinish kasb etdi. Amaliy bezak san`ati.

20 - asrning 20-yillaridan keyin o`zbek bezak san`ati qo`shni xalqlar san`ati bilan bir oqimda rivojlandi. G`oyaviy-badiiy jihatdan bu davr tushkunlik an`analarini engib o`tish, o`tmishning yaxshi an`analariga tayangan xolda yangi taraqqiyot yo`llarini izlash davri bo`ldi. 1920-30 yillarda O`zbekistonda maxalliy badiiy san`at vujudga keldi. Badiiy hunarmandchilikning ko`plab sohalari (ipakchilik, kashtachilik, zardo`zlik va boshqalar) tiklandi. 30 - yillarning o`rtalarida amaliy bezak san`atining sanoat taraqqiyoti boshlandi. Badiiy san`atning dastlabki korxonasi – Toshkent to`qimachilik kombinati ishga tushdi (1934), chitga gul bosishning yangi tarmog`i yuzaga keldi. Ikkinchi jahon urushi yillarida to`qimachilik va kulollik taraqqiy etdi. Marg`ilon shoyi to`qish kombinati ishga tushdi (1943-47). Xalq ustalari Usta Shirin Murodov, Mahmud Usmonov, Abdulla Boltaev va b. binolarni bezashda faol qatnashib, milliy ganchkorlik, naqqoshlik va yog`och o`ymakorligining noyob namunalarini yaratdi.

Buyumlarida an`anaviy va zamonaviylik uyg`unlashgan zargarlik sanoati vujudga keldi Toshkent zargarlik zavodi, 1963). Chinni sanoati yaratildi. Respublikada birinchi chinni zavodi 1953 yilda ochildi. 1960-70 yillardan boshlab O`zbekistonda amaliy bezak san`atining noan`anaviy shakllari yuzaga keldi. Badiiy mato, an`anaviy bo`lmagan chinni, shisha, kulollik, zargarlik buyumlari ko`rgazmalarda namoyish etildi.

1970-yillarda badiiy shishasozlik noan`anaviy amaliy bezak san`atining gobelen, batik kabi turlari ham 70 - 80 yillarda paydo bo`ldi. Kashtachilik, gilamchilik, kigizchilik, naqqoshlik bo`yicha ustalar kasabachilik guruhiga birlashgan. 1978 yilda Rassomlar uyushmasi qoshida tuzilgan «Usto» birlashmasi mohir xalq ustalarini birlashtirgan. Bu uyushma tizimida ustaxona ochilib, Ch.Ahmarov boshchiligida qadimgi san`at turlaridan bo`yama naqshli buyumlar tayyorlash yo`lga qo`yildi. Bu davrda ma`muriy - buyruqbozlik tizimining qattiq tazyiqlariga qaramasdan qo`shiqchilik - musiqiy san`at ham rivoj topdi. 1928 yili Samarqandda O`zbekiston xalqlari musiqiy madaniyatini o`rganish bo`yicha maxsus ilmiy - tadqiqot instituti barpo etildi. Bu yillarda ijodkorlarimiz tomonidan «O`zbeklar musiqasi» va «Farg`ona, Buxoro va Xiva qo`shiqlari» nomli turkum tadqiqotlar yaratildi.

20-30-yillarda musiqa ta`limi, ijrochiligi va ilmida ma`lum o`zgarishlar sodir bo`ldi.toshkentda Turkiston xalq konservatoriyasi (1918), musiqa texnikumi (1924,1936 yildan musiqa bilim yurti), davlat konservatoriyasi (1936), ilk o`rta maxsus (1927, keyinchalik R.Glier nomidagi) va boshlang`ich musiqa maktablari kabi evropa tizimidagi muassasalar ochilgan. Samarqanddagi O`zbekiston musiqa va xoreografiya instituti (1928) ham o`quv, ham ilmiy dargoh bo`lgan.

Bu davrda o`zbek ijrochilari chet el gastrollarida bo`lishgan: Tamaraxonim va M.Qoriyoqubovlar Parij va Berlin(1925), Tamaraxonim, Usta Olim Komilov, To`xtasin Jalilov va Abduqodir Ismoilovlar London (1935)da katta muvaffaqiyat qozonishgan. O`zbek davlat filarmoniyasining tashkil etilishi (1936) ijrochilik san`atining ma`lum darajada tizimlanishiga asos bo`ldi.

1958 y. O`zdavestrada tarkibida, 1963 yilda esa O`zteleradio qoshida estrada orkestrlari tashkil etilganidan so`ng estrada qo`shiqchiligi jadallashdi.1960-80-yillarda an`anaviy mumtoz musiqa ijodining badiiy madaniyatdagi mavzu qayta tiklanib, ko`tarildi. I. Rajabovning milliy musiqa merosiga bag`ishlangan «Maqomlar masalasiga doir» (1963) ilk yirik tadqiqoti chop etildi. Buxoro Shashmaqomi (Yu.Rajabiy, 1966-75), Xorazm maqomlari (M.Yusupov, 1980-87)ning yangi turli nashrlari e`lon qilindi. Maqom ijrochiligi bo`yicha xonanda va sozandalarning respublika tanlovlari (1983 yilda) o`tkazildi.

1970 - yillarda shahar, rayon va qishloq madaniyat uylarida fol`klor – etnografik ansambllar faoliyat ko`rsata boshladi. 1980 yillardan fol`klor – etnografik ansambllari, baxshi- shoirlar va ko`rik-tanlovlarining o`tkazilishi o`zbek xalq musiqa ijodining targ`iboti, tiklanishi, yangi sharoitdanrivoji uchun katta ahamiyat kasb etdi. O`zbek milliy san`ati rivojida kino san`atining o`rni va ahamiyati ham juda katta. Sovet mustabid tuzumi kinoning mafkuraviy kurashdagi o`rnini yaxshi tasavvur etardi. Shuning uchun ham sovet hukumati kino rivoji uchun mablag`ni ayamadi. Kommunistik partiya va davlat tomonidan kino san`ati omma orasida g`oyaviy - siyosiy tarbiya va mafkura targ`iboti uchun zarur muhim vosita deb qaraldi.

Bu davrda ommaviy axborot vositalarining kuchli tarmog`i sifatida radio, radioeshittirishga ham muhim e`tibor qaratildi. Sovet xukumati kommunistik dunyoqarashni shakllantirish, kommunizm g`oyalarini targ`ib etish, ilmiy, siyosiy-mafkuraviy bilimlarni tarqatishda radiodan unumli foydalandi. O`zbekistonda birinchi keng tarmoqli radiostantsiya 1927 yil 11 fevralda Toshkentda faoliyat ko`rsata boshlagan edi.

Xulosa o`rnida shuni ta`kidlash lozimki mustabid tuzum davrda milliy madaniyatimiz zaiflashib, qadriyatlar, an`analar va milliy bayramlarimiz unutila bordi. Har bir xalqning asrlar davomida vujudga kelgan o`ziga xos madaniyati, nodir qadriyatlari, an`anasi, urf-odatlari mavjud.

Lekin bu davrda tarixan ildiz otgan milliy qadriyatlarimiz oyoq osti qilinib, yot firqa mafkurasi va uning "dohiy"lari esa ulug`landi. Mustabid sho`ro hukumatining milliy madaniyatimizga, qadriyatlarimizga qarshi kurashi «Qizil imperiya»ning parchalanishi davrigacha davom etdi. Mustabid sho`ro tuzumi davrida (20-30-yillar) "din-afyun" degan shior bayroq qilib olinib barcha dinlar, jumladan Islom dini, u yaratgan bebaho madaniy obidalar, diniy qadriyatlar inkor etildi. Islom madaniyatining zamonaviy ilm-fan taraqqiyotiga qo`shgan hissasi tan olinmadi. Odamlarni go`yo diniy sarqitlardan xalos qilish va dahriylik ruhida tarbiyalash maqsadida tashkil qilingan "xudosizlar jamiyati"ning minglab faollari milliy urf-odatlarimiz, udum va marosimlarimizga qarshi tashviqotni avj oldirdilar. Yangi «madaniy hayot»ga «sovet turmush tarzi»ga tezroq ko`niktirish uchun ko`p asrlik tarix - ma`naviy merosimiz bitilgan alifbo ham shosha-pisha o`zgartirildi va o`zgartirilib turildi.

Arab alifbosida asarlar "diniy" deb turli yo`llar bilan yo`q qilishga harakat qilindi. Hatto "hujumkor ateizm" shiori ostida muqaddas madaniy merosimiz-betakror tarixiy yodgorliklar, obidalar qarovsiz qoldi, ko`plab masjid va madrasalar vayron qilindi. Sovet mustabid tuzumi sharoitida madaniyatda siyosiy badiiylik o`rniga ustuvorlik o`rnatildi. Badiiy jamoalar, madaniyat maskanlari, ijodiy uyushmalarning mehnat faoliyati faqat bir narsaga, sovet voqeligini madh etish, uning dunyoda eng nufuzli va adolatli tuzum ekanligini isbotlashga qaratildi.

Bu davrda ham turli mafkuraviy tazyiqlarga qaramasdan o`zbek milliy madaniyatida umumiy rivojlanish bo`ldi. Ammo, juda katta intellektual salohiyatga, buyuk madaniy merosga ega bo`lgan o`zbek xalqi bundan ham ko`ra ko`proq yutuqlarga erishishi mumkin edi. Uzoq yillar davomida madaniyatga sinfiylik, g`oyaviylik, partiyaviylik asosida munosabatda bo`lish milliy madaniyatimizga juda katta salbiy ta`sir ko`rsatdi.

16-§ O'RTA ASRLARNING BIRINCHI YARMIDA YEVROPA MADANIYATI

O'rta asrlar degan terminni XVI-XVII asrlarda o'tgan gumanist tarixchilar kiritgan bo'lib, bu terminologiya XVIII asrda uzil kesil qaror topdi. O'rta tarix yoki ko'proq o'rta asrlar tarixi deb atalgan tarixning xronologik chegaralari turli vaqtlarda turlicha belgilanib kelgan. Ba`zi tarixchilar o'rta asrlar tarixi Konstantin Buyuk podsholik qilgan davrdan (4- asr boshlaridan) boshlanib, 1453 yilda Konstantinapolning qulashi bilan tamom bo'ladi deb hisoblaganlar. XIX-asr tarixchilari o'rta asrlar tarixining xronologik chegaralari 476-yildan –G'arbiy Rim imperiyasi qulagan yildan boshlanib, 1492 yil Amerika kashf qilingan yil bilan tamom bo'ladi, deb hisoblaganlar. Uchinchi guruh tarixchilari esa bu davrni V-(476yy)- XVII asrlar bilan belgilaganlar.Bugungi kunda o'rta asrlar tarixi ikki buyuk davrga bo'lib o'rganilmoqda .Birinchi davr, V-asr oxiridan 11-asr o'rtalariga qadar bo'lgan davrni o'z ichiga oladi va quyidagi omillar bilan belgilanadi: yangi feodal jamiyatga o'tish; yer egaligining yangi turlari shakllanishi, G'arbiy yevropada yangi diniy ta`lmot -xristiyanlikning keng tarqalishi; Sharqda islom dinining vujudga kelishi va tarqalishi; yirik feodal davlatlarning paydo bo'lishi.

Ikkinchi davr : yer egaligi ishlab chiqarish munosabatlarining yuksalishi; natural xo'jalikdan bozor ho'jaligiga o'tish; savdo va xunarmandchilikning rivojlanish; shaharlarning rivojlanishi; markazlashgan davlatlarning shaklllanishi; markaziy xokimiyatning kuchayishi, toifaviy hokimiyat organlari (parlament, general shtatlar) ning shakllanishi. O'rta asrlar tarixi feodal ishlab chiqarish usuli xukmron bo'lgan davr tarixi xisoblanadi. Feodal jamiyatda katta yer egalari feodallar va qaram dehqonlar toifasi shakllanadi. .G'arbdagi feodal jamiyat bilan sharqdagi feodal jamiyat ayrim xususiyatlari bilan farq qiladi. Ushbu davr tarixi va madaniyatini o'rganishda yozma va moddiy manbalarga asoslaniladi.

O'rta asrlarning dastlabki yuz yilliklarida o'zlarining qishloq doirasidan chetga chiqqan kishilar kamdan-kam bo'lardi. Ko'pchilik kishining olam to'g'risidagi bilimlari eng baland bo'lgan mahalliy cherkov minoridan ko'z ilg'agan doira bilan cheklanardi. Boshqa mamlakatlar to'g'risida juda oz, chala-chulpagina ma`lumotlar kelardi. yevropaliklar uzoq vaqtlargacha yevropadan tashqarida nima bo'layotganini bilmasdi va olisdagi mamlakatlar to'g'risida har qanday uydirmalarni to'qishardi, Cherkov yer olam markazida turadi, deb da`vo qilardi. Tabiat to'g'risida qadimda to'plangan bilimlar g'alati uydirmalar bilan almashtirilardi. U vaqtlarda ko'pchilik yerni kosadek osmon bilan qoplangan likopchadek yalpoq bir narsa, Quyosh, Oy va beshta sayyora esa osmonda suzib yuradi deb tasavvur qilardi.   Antik dunyodan o'rta asrlarga o'tish G'arbiy yevropada madaniyatning inqirozi bilan birga sodir bo'ldi.

Odamlar qadimdagi kabi o'rta asrlarda ham tabiatning mudxish kuchlari oldida vahima qilardi. Fan va texnika taraqqiyotining saviyasi juda past bo'lganligidan odamlar qurg'oqchilik, toshqin va kasalliklar oldida ojiz edi. Dehqonlar feodallarning jabr-zulmidan qutulib bo'lmaydi, deb o'ylardi. Tortayotgan kulfat va azob-uqubatlarning chek-chegarasini ko'rmay, odamlar xudodan madad istab, osmonga tikilardi. Xudoga hamma-dehqonlar ham, feodallar ham, ruhoniylar ham ishonardi.

Din o'rta asrlarda kishilarning aql va hislari ustidan hukmronlik qilardi. Kishi xudoga va «mo'jizalar»ga ishonmay olamni izohlay olmasdi.

Savodli kishilar dehqonlar orasidagina emas, feodallar orasida ham kam edi. Ritsarlarning ko'pi imzo chekish o'rniga krest qo'yardi. Xattoki qirollar ham ko''pincha na o'qishni va na yozishni bilardi. G'arbiy yevropada uzoq vaqtlargacha ruxoniylar savdo egalari bo'lib keldi: ular diniy kitoblarni o'qishlari, ibodat duolarini bilishlari, xudoning qudratini dindorlarga chiroyli qilib tasvirlab, ularni bunga ishontirishlari lozim edi.

Xristian cherkovi antik dunyo madaniyatidan o'zi uchun zarur bo'lgan ozgina narsalarni o'zida saqlagan edi. Buyuk Karl ruxoniylar tayyorlash uchun katta monastirlar qoshida maktablar ochishni buyurgan. U o'z davlatida yangi maorif tizimini yaratadi. Qirol tomonidan 789 yili xalq maktablari joriy etiladi. Qonunga binoan maktablar ibodatxonalar qoshida tashkil etilib, Ruxoniylarga oddiy xalq farzandlarini bepul o'qitish buyurilgan. Qirol saroyida ham maktab tashkil etilib, unda Karlning do'stlari, olimlar- saroy akademiyasi a`zolari dars berishgan. Akademiya deb nomlangan saroy olimlari birlashmasi antik davr mualliflari asarlarini o'rganish va she`rlar yozish bilan mashg'ul bo'lishgan. Bu saroyda tarixchi, roxib Eyngard (zamondoshlari tomonidan mehnatsevar chumoli deya e`tirof etilgan) va Alkuin kabilar maorifni rivojlantirishda katta xizmat qilganlar . Karlning o'zi ham lotin va yunon tillarini mukammal egallagan.

Diniy maktablarda sakkiz yoshli bolalar ham, o'smir, yigitlar ham baravar o'qigan; o'quvchilar yoshiga karab sinflarga bo'linmagan. O'quvchilar ko'pdan-ko'p duolarni yod olgan, o'qish va yozishni, hisoblash va cherkov ashulalarini o'rgangan. Ba`zi diniy bayramlarni xisoblab aniqlash uchungina astronomiyadan foydalanilgan. Geometriyadan cherkov binolarini qurish uchun talab qilingan ma`lumotlar o'rgatilgan.

G'arbiy yevropadagi mamlakatlarning hammasida ham bolalarni o'sha vaqtda biron xalq gapirmaydigan latin tilida o'qitganlar: kitoblar latin tilida yozilgan, duolar latin tilida o'qilgan, qonunlar latin tilida yozilgan. Ko'pincha butun maktabda faqat bir dona kitob bo'lgan, muallim uni navbat bilan bolalarga berib undan parchalar o'qitgan.Kittoblar monastirlarda va qirollarnng saroylarida saqlangan. Qimmatbaho kitoblar tokchalarga zanjirlab qo'yilgan. Bolalarda o'qishga havas tug'dirishga harakat qilinmas, o'qishda yodlash hukmron edi. Beg'am va sarkash — itoatsiz talabalarni qattiq urardilar. Ilm olgan kishi to'g'risida: «U domlaning darrasi ostida katta bo'ldi» deyishardi. O'quvchilarning ko'pi maktabdan chalasavod bo'lib chiqardi. Ruxoniy bo'lib olgandan keyin ham hamma vaqt latincha tekstlarni o'qiy olmas va o'qib mag'zini chaqa olmasdi. **Qulyozma kitob san`ati.** Katta monastirlarda monarxlar kitoblarni ko'chirib yozadigan ishxonalar bo'lardi. Yozuv buzoq yoki quy terisidan maxsus ishlangan yupqa teri — pergamentga bitilardi. Qo'lyozma kitob chinakam san`at asari edi. Bitta kitob ko'p kishining ko'p vaqt sarflagan mehnati bilan yuzaga kelardi: birovlar (xattotlar) tekstni xushxat qilib yozar, boshqalari bosh xarflarni chiroyli qilib, jim-jimador suratlar solib chizar, uchinchi birovlar kitobning lavhalari va naqshlarini ishlar va yana birovlar miniatyuralar chizardi. **VIII—IX** asrlarda qadim zamon olimlari va yozuvchilarining ko'p asarlari ko'chirib yozilgan edi. Shunga kura bu kitoblar bizgacha yetib kelgan.

Kitoblar kam bo'lib, juda qimmat turardi. Juda kam odam, faqat boyonlarninggina kitob sotib olishga qurbi yetardi. Qirollar va oqsuyak zodagonlar eng zarur tantanali voqealar munosabati bilan: shartnomalar tuzganda, farzand ko'rganda, tuylarda bir-birlariga kitob tortiq qilishardi.

XI asrdagi dunyo xaritasida dunyoning o'sha vaqtlarda ma'lum bo'lgan uch qismi: yevropa, Osiyo va Afrika ko'rsatilgan. Kishilarning xayoliga ko'ra olis mamlakatlarda g'alati hayvonlar, qushlar, ot oyoqli, kuchuk boshli mushtday kichkina odamlar yashagan.

Slavyan yozuvining paydo bo'lishi. Slavyan xalqlarining ko'pi xristian dinini Sharqiy Rim imperiyasidan qabul qildi. Diniy kitoblarni slavyan tiliga ko'chirishga zarurat tug'ildi, ammo buning uchun avvalo slavyanlarning yozuvini barpo qilish kerak edi. Monax olimlardan aka-uka Kirill bilan Mefodiy slavyanlarning. To'ng'ich ma'rifatchilari edi. IX asr o'rtalarida Kirill greklar alifbesi asosida slavyan alifbesini yaratdi. U Mefodiy yordamida grek diniy kitoblarini slavyan tiliga tarjima qildi.Kirill bilan Mefodiy g'arbiy slavyanlarga xristian dinini targib qilish uchun Vizantiyadan yuborilgan edi. Keyinchalik ularning nemis ruxoniylari ta'qibiga uchragan shogirdlari Bolgariyaga kelib joylashdi. Ular ko'pgina grekcha kitoblarni slavyan tiliga tarjima qildi. Slavyan yozuvi Bolgariyadan Rusga tarqaldi.

Adabiyot. O'rta asrlarda odamlar Bibliyani hamda cherkov avliyo deb topgan monarxlarning «qahramonliklari» va ko'rsatgan «mo''jizalari» bayon qilingan «Avliyolar hayoti»ni uqigan. Bu kitobda monarxlarning xar qanaqa vasvasalarga berilmaslik uchun o'zlarini qiynashi, badanlarini arqon va zanjir bilan o'rab olib ezishi, o'z-o'zlarini savalashi tasvir etilgan. Cherkov dindorlarni avliyolarga taqlid qilishga chaqirar, ularning bardoshliligi va dinni kattiq ushlashlarini namuna qilib ko'rsatar edi.Monastirlarda yilnomalar yozilardi. Bu yilnomalarda insoniyat tarixi odatda «olamning yaratilishi»dan boshlanar, voqealar sababi «xudoning irodasi»ga bog'lanar edi. Ezilgan benavo xalq o'z madaniyatini yaratardi. Qishloqlarda va qasrlarda, yo'llarda va karvonsaroylarda darbadar artistlar — xushovoz (jonglyor)lar tomosha ko'rsatardi. Qishloq to'ylari va ritsarlarning turnirlari ularning ishtirokisiz o'tmas edi. Huqqadavozlar muzika asboblari chalib, harbiy yurishlar va janglar to'g'risida qo'shiqlar va dostonlarni aytar, qahramonlarning mardliklarini madx qilardi. Ular o'zlari bilan birga ayiq va maymunlar olib yurar, fokus ko'rsatar, akrobatika mashqlarini qilar, kichik-kichik p yesalarni o'ynab tomosha ko'rsatardi.Huqqavozlarning ruxoniylarni va feodallarni qattiq masxara qilib ularni ustidan kulishardi. Yilnomalardan birida huqqavozning ikkita maymunni uyinchoq qurol-aslaha bilan kiyintirib va itga mingazib ritsarlar turnirini ko'rsatganligi aytilgan. Feodallarning harbiy o'yinlari ustidan bunday achchiq istexzo oddiy xalqqa juda manzur bo'lgan. Huqqavozlarning dadil hazil-mutoyibasi turalarga yoqmagan, albatta. Cherkov darbadar artistlarni ta`qib qilar, xaydab yuborar va hatto ularning jasadlarini xristianlar go'ristoniga ko'mishni man qilardi. Xalq ijodining ko'p asarlarida feodallar va cherkovga qarshi zahmatkash axolining qattiq noroziligi ifodalangan.

17-§ MUSTAQILLIK DAVRI MADANIYATI

Mustamlakachilik va mustabid tuzum davrida madaniyatimiz katta zarar ko'rdi. Ayniqsa kommunistik mafkura maddohlari xalqimiz madaniyatini yo'q qilishga zo'r berdilar. O'zbek xalqi katta yo'qotishlarga qaramasdan o'zligini, o'z milliy madaniyatini saqlab qola bildi. Ma'naviy madaniyati yuksak, uning ildizlari baquvvat xalqning ijtimoiy ongidan shu xalq madaniyatini hech qachon tamomila yo'q qilish mumkin emas. Demak madaniy merosni tiklash, uni yanada yuksak darajaga ko'tarish uchun imkoniyat saqlab qolingan edi.

Mustaqillik davrida milliy adabiyot, san'at, teatr rivoj topdi, madaniy aloqalar kengaydi, madaniy-ma'rifiy muassasalar faoliyati takomillashdi, muzeylarning ijtimoiy-ma'rifiy ahamiyati oshdi. Zero, yuksak ma'naviyatli jamiyat qurish va jahon hamjamiyatiga kirib borish ko'p jihatdan ma'naviy madaniyatning taraqqiyoti va mustahkamlanishiga bog'liqdir. O'zbekistonning o'z mustaqilligini qo'lga kiritishi natijasida ma'naviy madaniyatning muhim jabg'asi bo'lgan musiqa san'ati ham jadval rivoj topa boshladi, zero tabiatan nozik ta'b, san'atsevar va san'at ahliga talabchan o'zbek xalqining musiqasi keng ko'lamli ma'naviyat ko'zgusidir. Sho'rolar davrida asosan mafkuraviy qurolga aylangan mazkur san'at turi erkinlik yo'liga kirdi.

O'zbekiston Respublikasi Birinchi Prezidentining 1996 yil 31 dekabrdagi «Respublikada musiqiy ta'lim, madaniyat va san'at o'quv yurtlarining faoliyatini yaxshilash to'g'risida»gi Farmoniga ko'ra ularga 6,5 mingta musiqa asboblari va turli xil texnik jihozlar ajratilgan. Respublikamiz Prezidentining 1997 yil 8 fevraldagi «Milliy raqs va xoreografiya san'atini rivojlantirish to'g'risida»gi Farmoni va Vazirlar Mahkamasining 1997 yil 21 fevraldagi Qarori «O'zbeknavo» va «O'zbekraqs» birlashmalarining moddiy texnik negizini mustahkamlashga yordam berdi. O'zbekiston hukumati xalqimizning milliy qo'shiqchilikka bo'lgan ijtimoiy ehtiyojini e'tiborga olib milliy ruhdagi, xalqning ko'ngliga yaqin musiqa asarlarini yaratishga bo'lgan qiziqishni doimo rag'batlantirdi.

Istiqlolniig dastlabki kunlaridanoq musiqa san'ati bo'yicha qator ko'rik-tanlovlar o'tkazila boshlandi. Xususan, 1992 yili Toshkent shahrida tanbur, sato, qo'shnay, surnay va boshqa milliy soz ijrochilarining «Asrlarga tengdosh navolar» deb nomlangan respublika ko'rik tanlovi, aprel oyida Toshkent viloyatida havaskor qo'g'irchoq teatrlari jamoalarining ko'rik-tanlovi, shuningdek, mashhur san'atkorlar Jo'raxon Sultonov, Saidjon Kalonov, Komiljon Jabborov, Nabijon Hasanov, Komiljon Otaniyozov, Faxriddin Sodiqov, Janak Shomuratovlarning asarlari ijrochilarining «Boqiy ovozlar» deb nomlangan ko'rik-tanlovlari o'tkazildi. Shu yili Xorazm viloyatida folklor jamoalarining, askiya, qiziqchi va masxarabozlarning Qo'qonda o'tkazilgan IX an'anaviy ko'rik tanlovi, lapar, yalla ijrochilarining Toshkent shahrida o'tkazilgan XI an'anaviy ko'rik tanlovi milliy san'atimiz rivojiga katta hissa bo'lib qo'shildi.

Mamlakatimiz hukumati qo'shiqchilik san'atidan mustaqillikning ma'naviy zaminlarini mustahkamlashda ham unumli foydalanishga e'tiborni kuchaytirdi. Shu maqsadda 1995 yil dekabrda «O'zbekiston - Vatanim manim» mavzuidagi qo'shiqlar ko'rik-tanlovi e'lon qilindi. Tanlov natijasida yuzlab yangi qo'shiqlar yaratildi, u xalq orasidan chiqqan ko'plab iste'dodli san'atkorlarning paydo bo'lishiga sabab bo'ldi.

«O'zbekiston - Vatanim manim» qo'shiq ko'rik-tanlovining 1996 yil mart oyida bo'lib o'tgan birinchi bosqichida 54 mingdan ortiq san'atkorlar ishtirok etdi, 10 mingdan ortiq yangi musiqiy asarlar yaratildi.

Bularning barchasini e'tiborga olib, 1996 yil avgustda «O'zbekiston - Vatanim manim» qo'shiq bayrami xaqida» maxsus farmon qabul qilindi. Farmonda fuqarolar qalbida muqaddas Vatan tuyg'usini tarbiyalovchi yuksak badiiy saviyadagi musiqa asarlari va qo'shiqlarning yaratilishiga keng imkoniyat yaratish maqsadida har yili avgust oyining uchinchi yakshanbasi «O'zbekiston - Vatanim manim» qo'shiq bayrami kuni, deb belgilab qo'yildi. Ayni paytda, xalqimizning qo'shiqchilik san'atiga bo'lgan katta qiziqishini e'tiborga olib, Madaniyat ishlari vazirligi huzurida «O'zbeknavo» gastrol-konsert birlashmasi tashkil etildi. Natijada, mazkur ko'rik-tanlov hozirda ommaviy tus oldi, unda nafaqat o'zbek milliy, balki mamlakatimizda istiqomat qilayotgan boshqa barcha xalqlar vakillarining erkin ijod qilishi, o'z san'atlarini namoyish etish imkoniyati yaratildi. Professional va xalq badiiy ijodiyoti asosida san'atning qo'shiqchilik turiga teng e'tibor berilishi, ularning uyg'un rivojlanishiga sharoit yaratilishi tufayli mazkur san'at turi yanada rivoj topmoqda.

Dunyoni kuy, qo'shiqsiz tasavvur qilib bo'lmaydi. Aks holda, qalblarimizni mudhish bir sukunat ezib yuborgan bo'lardi. Tabiatdagi hamma narsada xonish bor: *qushlar chug'uri, yomgirning shivalab yog'ishi, barglarning shitirlashi...* Musiqa esa butunlay boshqa bir dunyo. Unda yomg'ir shiviri, suvning shovillashi ham kuy yordamida aks ettirilishi mumkin. Biz esa bu ohanglardan goho quvonamiz, goho xomush tortamiz. Musiqaning kishi ruhiy xolatiga ta'siri beqiyos. Uni xuddi atirgul iforidan paydo bo'lgan hisga qiyoslash mumkin. Zero, *hid ham tovushsiz musiqadir*, deya ta'riflagan edi Abu Nasr Forobiy. Shuningdek, musiqada davrning muhim chizgilari o'z aksini topadi. Shu bois musiqa san'ati erishgan yutuqlarga qarab, malum bir davrda insoniyat qozongan muvaffaqiyatlar haqida tasavvurga ega bo'lish mumkin. Shuning uchun ham bugungi kunda insonga ruhiy madad berish, uni ma'naviy jihatdan tarbiyalash vositasi bo'lgan musiqa sanati rivojiga yurtimizda katta ahamiyat berilmokda. San'at, ayniqsa, musiqa san'ati qalbga ma'naviy, estetik zavq beradi, yoshlarning ma'naviy, ruhiy ehtiyojini qondiradi.

San'at nafaqat madaniy hordiq beradi, balki kishilarni ruhlantirib, kuch-quvvat baxsh etib, orzu-maqsadlar sari yetaklaydi, agar yetuk bilim sohiblari tomonidan yaratilgan san'at asari o'zining haddi a'losiga ko'tarilsa. musiqa nafaqat kuylovchi hissiyot, balki kuylovchi g'oyaga aylanadi.

Teatr san'atini rivojlantirish yo'lida 1998 yil noyabr oyida o'tkazilgan «Xumo» xalqaro yoshlar teatrlarining festivali alohida ahamiyat kasb etdi. Ushbu festivalda O'zbekiston va Isroil davlatlarining eng yaxshi teatr jamoalari ishtirok etdilar. Mazkur festival doirasida 32 ta spektakl namoyish etildi, ularni 20 mingdan ortiq tomoshabin tomosha qildi.

Mustaqillik yillarida O'zbekistonning xalqaro miqyosdagi madaniy aloqalari kengayib bordi. Milliy teatr san'atimiz sohasidagi ilg'or yutuqlar chet ellarda namoyish qilib kelinmoqda.

Masalan, faqat 2005 yilda O'zbek Milliy akademik drama teatri san'atkorlari Turkiya, Rossiya mamlakatlarida, O'zbekiston Yoshlari teatri esa Sankt-Peterburg shahrida o'tkazilgan Xalqaro festivallarda ishtirok etishdi.

O'zbekistonda yetakchi teatrlardan biri bo'lgan Muqimiy nomidagi o'zbek davlat musiqiy teatri jamoasi Qohira shahrida (2005) o'tkazilgan Xalqaro teatr san'ati festivalida "To'da" spektakli bilan ishtirok etdi. Spektakl mavzusi hozirgi davrning eng dolzarb muammosi - yoshlar orasida giyohvandlikka ruju qo'yish kabi mudhish xalokatli holatlarni sahnada san'atkorlar mahorat bilan namoyish qila olishdi. Jahonning 50 dan ortiq mamlakat teatr jamoalari orasidan o'zbek teatr san'atining umidli yosh ijrochilari mahorati yuksak baholandi. "Eng dolzarb muammoni ko'tarib chiqqanligi uchun" nomidagi mukofot bilan taqdirlandi. Hozirgi sharoitda O'zbekistonda faoliyat ko'rsatayotgan 39 ta dramatik, musiqali drama va komediya, opera va balet, qo'g'irchoq teatrlari ana shunday vazifalarni bajardilar.

Ma'lumki, har bir san'at namunasi, jumladan, sahna asari uch jihati bilan muayyan ahamiyat kasb etadi. Bular badiiylik, tarbiyaviylik, ma'rifiylikdan iboratdir. Masalan, Fitratning „Abulfayzxon", Cho'lponning „Yorqinoy", Hamzaning „Paranji sirlari", Maqsud Shayxzodaning „Jalolildin Manguberdi" pesalari tomoshabinga estetik zavq bag'ishlashi, badiiy ta'sir kuchi bilan barobar, uning ma'naviy dunyosini boyitadi, fikrlash qobiliyatini tasavvur doirasini kengaytiradi.

Har bir tarixiy davrning millat hayotida, uning madaniyati va san'atida o'ziga xos o'rni va ahamiyati mavjud bo'lib, umuman olganda, insoniyat ma'naviy taraqqiyoti yo'nalishlarini ham aks ettiradi. Xuddi shuningdek, bugungi kunda iqtisodiy, ijtimoiy-siyosiy va ma'naviy-axloqiy hayot jabhalarida muhim o'zgarishlar sodir bo'lmoqda. Bunday tub o'zgarishlar mohiyatini tadqiq va tahlil etish muhim ahamiyat kasb etadi.   Prezidentimiz   Islom   Karimov ta'kidlaganlaridek, *„Ma'naviyat o'z xalqining tarixini, uning madaniyati va vazifalarini chuqur bilish va tushunib yetishga suyangandagina qudratli kuchga aylanadi"*.   Barcha   san'at turlari ob'ektiv voqelikni o'ziga xos yo'llar bilan xilma-xil badiiy obrazlarda tasvirlaganidek, teatr san'ati ham uni o'ziga xos badiiy obrazlar orqali kashf etadi. Uning eng muhim xususiyatlaridan biri - san'atning sintetik turiga mansubligi, binobarin, barcha san'at turlari (adabiyot san'at, haykaltaroshlik, raqs, musiqa, kino va boshqalar) sahna san'atida ishtirok etadi. Mana shu san'at turlarining ijodiy hamkorligi tufayli sahna san'ati dunyoga keladi. Barcha san'at turlarida bo'lgani kabi sahna san'atida ham spektakl markazida insonning ichki kechinmalari, voqelikka munosabati, hayotdagi ruhiy, ma'naviy ehtiyojlari namoyon bo'ladi. Spektaklning badiiy qimmati ham shu bilan belgilanadiki, uning asl mohiyat-mazmunida dramaturg, rejissyor, aktyor, rassom, bastakor va boshqa ijodkorlarning hamkorlikdagi hayotiy va ijodiy tajribasi, iste'dodi ayon ko'rinadi.

Teatr san'atining o'ziga xos, boshqa san'at turlarida uchramaydigan tomoni shundaki, tomoshabin sahnadagi ijodkorlar bilan muloqotda bo'ladi, birga ijod qiladi. Go'zallikka, ijobiy hodisaga erishadi, ezgulikni e'zozlaydi, salbiy hodisalarni qoralaydi, la'natlaydi. Bir so'z bilan aytganda, teatr bilan tomoshabin o'rtasida samimiy ijobiy jarayon mavjuddir. Bu o'ziga xoslik tomoshabin estetik didini shakllanishida, kamol topishida katta rol o'ynaydi. Bunday hodisa, ya'ni ijodiy muloqot yuksak saviyada ijro etilgan sahna asarlarida yuz beradi. Teatr san'atida ob'ektivlik, birinchi navbatda, dramaturgiya materialini taqazo etsa-da, bu material butun boshli jamoa rejissyor, aktyor, bastakor, rassom va hokazolarning sub'ektiv idroki bilan to'ldirilmaguncha san'at darajasiga chiqa olmaydi. Teatr asarining estetik jihatdan rang-barangligi ham, ma'lum ijtimoiy maqsad va ideal sari yunaltirilishi ham uning sintetik xususiyati bilan belgilanadi. Bu narsa ayni chog'da san'atda ob'ektivlik va sub'ektivlik, his-tuyg'u va tafakkur birligi, shakl va mazmunining bir-biriga mos kelishi, dunyoqarash mushtarakligi va teatr ijodkorlari individualligining yorqin ifodasidir.

Bu san'at turining o'ziga xos xususiyatlaridan yana biri shundan iboratki, teatr sahnasida yashaydigan, sevadigan, azob tortadigan, quvonadigan odam bilan tomosha zalida ayni shunday yashayotgan, sevadigan, azob tortayotgan, quvonayotgan, nafratlanayotgan odam o'rtasida to'g'ridan-to'g'ri bevosita aloqa, muloqat o'rnatiladi. Boshqa san'at turlariga nisbatan teatrda badiiy ijod qonuniyatlaridan biri his-tuyg'u va tafakkur birligi, faoliyati bevosita tomoshabin qarshisida va uning ishtirokida sodir bo'ldi. Ma'lumki, sahna asari uch jihati bilan muayyan ahamiyat kasb etadi: unda hamisha *badiiylik,* *tarbiyaviylik, ma'rifiylik* xususiyatlari mujassam bo'ladi. Har bir haqiqiy sahna asari tomoshabinga estetik zavq bag'ishlashi barobarida, uning ma'naviy dunyosini boyitadi, fikrlash qobiliyatini kuchaytiradi, tasavvur doirasini kengaytiradi. Bularning barini Arastu hakim „*forig'lanish*" (katarsis) iborasi bilan bog'lagan edi. Garchi olim bu iborani faqat *fojia* (tragediya)ga nisbatan bergan bo'lsa-da, uni barcha san'at asarlariga, xususan, sahna asarlariga nisbatan ham qo'llash mumkin. Estetikada besh yuz xildan ko'proq talqinga ega bo'lgan forig'lanish tushunchasini, umumiy tarzda, *qo'rquv, achinish, hadik* va *hamdardlik* singari tuyg'ular orqali ro'yobga chiqadigan holat, ya'ni inson qalbining *tozarishi* deb izohlash qabul qilingan. Bunday forig'lanish faqat fojeiy spektakllar orqali ro'y bermaydi. Kadimgi xitoyliklar, xususan, buyuk mutafakkir Li Yuy kulgi ham forig'lantirish xususiyatiga ega ekanligini aytib, inson kula turib o'zidagi o'tmish bilan *xo'shlashadi, yangilanadi, tozaradi* va *qalban yasharadi,* deb ta'kidlaydi. Demak, ikki buyuk alloma bir-birini to'ldirgan holda, teatrning forig'lantirish jihatiga katta ahamiyat beradi. Darhaqiqat, teatr insonga *xilma-xillik baxsh etadi,* uni *yumshatadi,* g'azab bilan bexosdan ko'targan toshni yerga ohista qo'ydirib, o'ylashga, mushohada qilishga chorlaydi. Shuning uchun ham teatrni san'atning barcha turlari ichidagi eng ta'sirchan san'at turi deyilsa, xato bo'lmaydi. Buning ustiga bir sahna asari har gal qo'yilganida u aktyor iste'dodining tug'yoni natijasida yangi spektakl tarzida namoyon bo'ladi.

Teatr san'atining ta'sirchanligiga yana bir sabab shuki, u sintetik san'at turidir. Teatrdan badiiy adabiyot, tasviriy san'at, musiqa, raqs, qo'shiqchilik, notiqlik singari san'at turlari yagona makonda - sahnada spektakl degan nom bilan tajassum topadi va birgalikda tengsiz tarbiya-viy vositaga aylanadi. Akterlik san'atida badiiy obraz yaratish masalasi ham mafkuraviy kurash jarayonida, umuman, san'at maydonida faqatgina nazariy ahamiyat kasb etibgina qolmay, balki amaliy ahamiyatga ham ega. Chunki shu mavzu doirasiga kiruvchi sahna obrazini yaratish dialektikasi, aktyorlik san'atining psixologiyasi, aktyorlik iste'dodining o'ziga xos tabiati, ijodiy individualligining shakllanishi va takomillashuvi, aktyor ijodida dunyoqarashning o'rni va roli kabi masalalar san'atshunoslik va estetikaning eng muhim muammolari hisoblanadi.

O'zbekistondagi muhim tarixiy madaniy va badiiy ahamiyatga ega bo'lgan muzeylarning to'laqonli ishlashi uchun qator chora tadbirlar ko'rildi. O'zbekiston Respublikasi Vazirlar Mahkamasining 1994 yil 23 dekabrdagi «Respublika muzeylarining faoliyatini yaxshilash choralari to'g'risida»gi Qarori, O'zbekiston Respublikasi Prezidentining 1998 yil 12 yanvardagi «Muzeylar faoliyatini tubdan yaxshilash va takomillashtirish to'g'risida»gi Farmoni 1999 yil 5 dekabrda esa «Muzeylar faoliyatini qo'llab-quvvatlash masalalari to'g'risida»gi qarori qabul qilinishi bu masalalarga davlat tomonidan alohida e'tibor qaratilayotganligini ko'rsatadi.

Birinchi Prezidentning 1998 yil 12 yanvardagi Farmoni esa muzeylar ishida tubdan burilish yasadi. Unga binoan barcha turdagi muzeylar faoliyatini muvofiqlashtirish, qo'llab-quvvatlash va ularga zarur ilmiy-uslubiy yordam ko'rsatishni ta'minlash maqsadida Madaniyat ishlari vazirligi qoshida «O'zbekmuzey» jamg'armasi tashkil etildi, o'zbek, ingliz, rus tillarida chop etiladigan ilmiy-amaliy, ma'naviy-ma'rifiy, rangli «Moziydan sado» jurnali ta'sis etildi.

Respublikamiz mustaqilligining 15 yilligiga Boysunning so'lim joylarining birida qad ko'targan hunarmandchilik markazi va xalq amaliy san'at muzeyi xalq an'anaviy me'morchiligi andozasida ochildi. Bunday muzeylarning ochilishi bir tomondan davlatimizni an'anaviy qadriyatlarimizga, boy madaniy merosimizga katta e'tiboridan dalolat beradi, xalqning o'z tarixi, madaniyati, san'atiga bo'lgan hurmatini oshiradi. Eng asosiysi o'sib kelayotgan yosh avlodni vatanparvarlik ruhida tarbiyalashga xizmat qiladi. Mo''jizalarga boy yurtimizning chekka tumanida barpo etilgan bu muzey ham o'ziga xos tarbiya o'chog'i, o'tmish bilan bugunni, bugun bilan kelajakni bog'lab turuvchi muhim madaniy vositadir.

Abdulxoliq G'ijduvoniy tavalludining 900 yilligi, Bahouddin Naqshbandning 685 yilligi munosabati bilan

Bahouddin Naqshband me'moriy majmuasida joylashgan «Bahouddin Naqshband tarixiy muzeyi» qayta tashkil etildi. Bu moziygoh tasavvuf tarixiga bag'ishlangan Respublikamizdagi yagona muzeydir. Ekspozisiya ilmiy xronologiyasi milodning VII asridan hozirga qadar bo'lgan davrni o'z ichiga oladi.

Respublikamizdagi eng yosh O'zbekiston kino san'ati muzeyi 2005 yil 22 fevralida ochildi. Keyingi yillarda yig'ila boshlagan kino tarixiga oid ashyolar muzey eksponatlaridan joy oldi. O'zbekiston kino san'atida eksponatlar, fotosuratlar, ssenariylar, montaj varaqalari va boshqa hujjatlar to'planib, 30 mingdan ortiq saqlash birligidan iborat katta xazinaga aylandi. Hozirgi kunda muzey jamg'armasida O'zbekiston kino san'ati tarixini muhrlagan 5000 dan ortiq surat va negativ, o'tgan asrning 20-50 yillarida suratga olingan 48 badiiy film saqlanmoqda. Shulardan 5 tasi YuNESKO «Oltin jamg'armasi» ro'yxatiga kiritilgan. Ular orasida «Tohir va Zuhra», «Alisher Navoiy» kabi mashhur tasmalar mavjud. O'zbekiston kino san'ati muzeyining tashkil etilishi xalqimiz madaniy taraqqiyoti yo'lida qilingan muhim ishlardan biri bo'lib koladi.

Mustaqillik yillarida Toshkent, Samarqand va Shahrisabzda buyuk Sohibqiron Amir Temur bobomizga, Farg'ona va Quvada al-Farg'oniy, Andijonda Zahiriddin Muhammad Bobur, Xorazmda Jaloliddin Manguberdi, Samarqand hamda Nukusda

Mirzo Ulug'bek, Termizda Alpomish, Navoiy shahrida hazrat Alisher Navoiy kabi buyuk ajdodlarimizga bag'ishlab yodgorlik va majmualar barpo etildi. Ulug' allomalarimiz yashab o'tgan joylarning hammasi muqaddas qadamjolarga aylantirilmoqda. 2006 yili Qarshi shahrining 2700 yilligi, Xorazm Ma'mun akademiyasi tashkil etilganligining 1000 yilligi tantanalari bo'lib o'tdi. 2007 yilda esa qadim Samarqandning 2750 yilligi hamda Marg'ilon shahrining 2000 yilligi YuNESKO bilan hamkorlikda keng nishonlanadi. Xalqimizning boy tarixi, madaniy merosi va yuksak qadriyatlarini mustaqil O'zbekistonning madaniy qiyofasini ko'rsatuvchi omil darajasiga ko'tarish va bu bilan xalqimizni, ajdodlarimiz merosi va ularning mislsiz bunyodkorlik xizmatlarini muzey vositalari bilan namoyish etish orqali fuqarolarimizda istiqlolimizning qadrini yanada chuqur anglash tuyg'ularini shakllantirish muzeylar faoliyatining bugungi kundagi asosiy vazifasi hisoblanadi.

O'zbekiston mustaqillikni qo'lga kiritgandan so'ng hunarmandchilik rivojida yangi davr boshlandi, xalq hunarmandchiligi bozor qoidalarida qaytadan tiklandi. O'zbekistonda mahalliy sanoat korxonalarining birinchilar qatori xususiylashtirilishi natijasida ular mayda davlat korxonalariga aylantirildi, yangi hunarmandchilik korxonalari ochildi. Hunarmandchilik nafaqat ichki bozorga balki eksportga ham ishlay boshladi. Hunarmandchilikning tashkiliy shakli ham o'zgardi:

kichik oilaviy korxona, yakka tartibdagi mehnat faoliyati shaklida rivojlana bordi. 1995yil 24-25 oktyabrda Toshkentda BMTning O'zbekistondagi vakolatxonasi bilan amaliy hamkorlikda xalq ustalari va hunarmandlari 1- Respublika yarmarkasi o'tkazildi. 1997 yilda Respublika xalq amaliy san'ati va hunarmandlari ustalarining "Usto" ijodiy ishlab chiqarish birlashmasi tashkil topdi. Respublika Prezidentining 1997 yil 31 martidagi "Xalq badiiy hunarmandchiligi va amaliy san'atini yanada rivojlantirishni davlat yo'li bilan qo'llab-quvvatlash chora-tadbirlari to'g'risida"gi farmoni va boshqa tadbirlar O'zbekistonda hunarmandchilikning tiklanishi va yanada rivojlanishida, uning unutilgan ba'zi turlarini qayta tiklashda muhim ahamiyatga ega bo'ldi. Hunarmandlar maxsus tashkilot – "Hunarmand" Respublika uyushmasiga birlashtirildi; hunarmandchilik sub'ektlari O'zbekistonda tadbirkorlar va fermer xo'jaliklarining har yili o'tkaziladigan "Tashabbus" respublika ko'rik-tanlovida ishtirok eta boshladilar. 1996-2005 yillar mobaynida 10 nafar hunarmand xalq hunarmandchiligida erishgan yutuqlari uchun "Tashabbus" tanlovining g'olibi deb topildi.

Mustaqillik yillarida tarixiy obidalarni tiklash va

ta'mirlash ishlariga katta e'tibor berilmoqda. Xususan, Buxorodagi tarixiy obidalarda tiklanish ishlari amalga oshirildi (Toqi Zargaron, Toqi Telpakfurushon, Toqi Sarrofon savdo rastalari, Sarrofon hammomi, Bozori Kord va boshqalar). Bundan tashqari, Somoniylar maqbarasi, Abdullaxon, Nodir Devonbegi madrasalari, Ark majmuasi O'zbekiston ustalari, tajribali mutaxassislar me'morlar, pardoz ustalari jalb etilgan holda tiklandi. Xivaning 2500 yilligiga bag'ishlab shahardagi bir qator majmualarning to'liq yoki qisman qayta tiklanishi amalga oshirildi (Muhammad Aminxon, Matniyoz Devonbegi madrasalari, Kalta Minor minorasi, Toshhovli saroyi, Pahlavon Mahmud memorial majmuasi, Musa to'ra madrasasi, Nurullaboy saroyi, Juma masjid, Islomxo'ja minorasi, Ark masjidi, Olloqulixon savdo rastasi va boshqalar). Ahmad al-Farg'oniyning 1200 yilligiga bag'ishlab Farg'ona va Quva shaharlarida yodgorliklar o'rnatildi.

Din. Barcha sobiq sho'ro respublikalarida 1990 yilgacha RSFSR hukumatining 1929 yil qabul qilingan "Diniy uyushmalar to'g'risida"gi qarori amalda edi. Mustaqillik qo'lga kiritilgach, O'zbekistonda ob'ektiv ravishda diniy omil kuchaydi.

Masjid va madrasalar, Makka va Madinaga haj va umra qiluvchilar, erkin tarqalayotgan diniy adabiyotlar soni keskin ortdi. 1991 yilda O'zbekiston huquqiy tajribasida birinchi bor "Vijdon erkinligi va diniy tashkilotlar to'g'risida" qonun qabul qilindi. Qonunda diniy tashkilotlar faoliyatining yangi sharoitdagi huquqiy asoslari, davlat organlari bilan o'zaro munosabatlari aniq belgilab berilgan.

Ushbu qonun har bir fuqaroga mustaqil, ixtiyoriy ravishda o'zining dinga munosabatini ifoda etish imkonini beradi. Davlat uning organlari diniy tashkilotlar ichki faoliyatiga aralashmaydi, diniy marosimlarni cheklab qo'ymaydi. Barcha diniy tashkilotlar va teng huquqqa egadirlar. Diniy tashkilotlar, o'z navbatida, davlatning sekulyar (dunyoviy) xarakterini e'tirof etadi. Diniy tashkilotlar davlat va maktabdan ajratilgan bo'lsa-da, jamiyatdan, uning ijtimoiy-madaniy va boshqa sohalaridan ajratilgan emas. Mustaqil O'zbekistonda davlat organlari va diniy tashkilotlar rahbarlari o'rtasida o'zaro hamjihatlik va xayrixohlik munosabatlari qaror topdi. 1992 yildan Ro'za hayiti (Iyd al-Fitr) va Qurbon hayiti (Iyd al-Adho) bayramining birinchi kunlari dam olish kuni deb e'lon qilindi. Islom ta'limoti va falsafasini keng o'rganish, o'zbek xalqining diniy, tarixiy va madaniy merosini chuqur ilmiy tadqiq etish, yuqori malakali dinshunos, huquqshunos va iqtisodchilarni tayyorlash maqsadida Toshkent islom universiteti ochildi (1999). Universitet huzuridagi gimnaziya, litsey, bakalavriat, magistratura, aspirantura bosqichlarida 1,5 mingga yaqin yoshlar tahsil oladi (2005). Universitet qoshida tadqiqot markazi tashkil etilgan. Markaz respublikada islom tarixi va islomshunoslik bo'yicha olib borilayotgan tadqiqotlarni muvofiqlashtiradi va zarur ilmiy uslubiy tavsiyalar ishlab chiqadi.

2006 yil 1 yanvar holatiga ko'ra, respublikada 2186 ta diniy tashkilot, jumladan, 1987 ta masjid rasmiy ro'yxatdan o'tgan. Imomlarning 484 nafari (24,4%) oliy, 1194 nafari (60,1%) o'rta maxsus diniy ma'lumotga ega. Respublikada Toshkent islom instituti (Islom ma'hadi), o'rta maxsus islom bilim yurtlari hamda pravoslav va protestant seminariyalar mavjud. Barcha dindorlar O'zbekistonda va xorijda nashr qilingan diniy adabiyotlardan erkin foydalanmoqdalar. Alouddin Mansur tomonidan Qur'onning o'zbek tilidagi dastlabki izohli tarjimasi "Sharq yulduzi" jurnalining 1990-92 yilgi sonlarida e'lon qilindi, so'ng "Cho'lpon" nashriyotida jamlanib kitob holida nashr etildi. 2001 va 2004 yillarda Toshkent islom universiteti nashriyoti Abdulaziz Mansurning «Qur'oni Karim ma'nolarning tarjimasi va tafsiri»ni chop etdi.

Toshkent islom madaniyati poytaxti

Mamlakatimizda mustaqillik sharoitida islom diniga berilayotgan katta e'tibor, xususan mashhur din arboblari Imom Buxoriy, Bahouddin Naqshband, Abdulholiq G'ijduvoniy, Burhoniddin Marg'inoniy, Xoja Ahror va boshqalarning xotiralarini nishonlanishi, ularga atab me'moriy majmualar bunyod etilishi jahondagi islom mamlakatlari nazaridan chetda qolmadi. Ayniqsa, poytaxtimiz Toshkentda ko'plab masjidlar qurilishi, o'quv yurtlari tashkil etilishi, islom me'moriy obidalarini ta'mirlashga bo'lgan hukumatimizning sa'y-harakatlari xalqaro islom tashkilotlari tomonidan e'tirof etilmoqda. 2007 yil yanvarda Islom konferensiyasi tashkiloti (IKT) tarkibidagi muassasalardan biri-Ta'lim, fan va madaniyat masalalari bo'yicha Xalqaro islom tashkiloti (AYSEKO) tomonidan Toshkent shahriga "Islom madaniyati poytaxti", degan nom berildi. Toshkent bilan bir qatorda Fes (Marokash), Tripoli (Liviya), Dakar (Senegal) shaharlari ham Islom madaniyatining poytaxti, deb e'lon qilindi.

Toshkent shahri "Islom madaniyati poytaxti" deb e'lon qilinishi yurtimiz ma'naviy-madaniy hayotida juda katta voqea bo'ldi. Qolaversa bu o'zbek xalqining islom madaniy taraqqiyotiga qo'shgan beqiyos hissasining benazir e'tirofi bo'ldi. Toshkentda bunga javoban ulkan Hazrati Imom majmuasi bunyod etildi.

Milliy madaniy markazlar O'zbekistonda yashovchi muayyan bir millat vakillarining milliy madaniy ehtiyojlarini qondirishga xizmat qiluvchi jamiyat tashkilotlari bo'lib, dastlab 1989 yilda koreyslar, qozoqlar, yaxudiylar, armanlar tomonidan Respublika viloyatlarida tuzilgan. Hozirda ularning soni 140 dan oshadi.

O'zbekistonda yashovchi turli millat vakillarini Respublika ijtimoiy, ma'naviy-ma'rifiy hayotida faol ishtirok etishini ta'minlash milliy-madaniy markazlar faoliyatini muhim yo'nalishlaridan biridir. Jumladan, xorijiy mamlakatlardagi turdosh tashkilotlar hamda tarixiy vatanlari bilan do'stlik, hamkorlik, madaniy - ma'rifiy aloqalar o'rnatish va hamdo'stlik aloqalarini rivojlantirish va Respublika baynalmilal madaniyat markazi, manfaatdor vazirliklar, idoralar, davlat va jamoa tashkilotlari hamda ijodiy uyushmalar bilan hamkorlikda mamlakatimizda fuqarolar hamjixatligi va millatlararo totuvlikni mustahkamlashga ko'maklashish markazning asosiy vazifalari bo'lib hisoblanadi. Milliy-madaniy markazlar faoliyatini O'zbekiston Respublikasi Vazirlar mahkamasining 1992 yil 13 yanvardagi qarori bilan tashkil etilgan Respublika baynalmilal madaniyat markazi muvofiqlashtiradi.

Mustaqillikka erishilgach, o'zbek adabiyoti tarixining yangi davri boshlandi. Uning o'ziga xos xususiyatlaridan biri avvalo sotsialistik realizm metodi o'z kuchini yo'qotganligida bo'ldi. Ikkinchidan, o'zbek tilining sofligi va adabiy til sifatidagi mavqeini tiklash uchun harakat boshlandi. Uchinchidan, sovet davrida qoralanib kelingan tarixiy siymolar (Amir Temur va b.) haqida tarixiy mavzuda asar yozish imkoniyati yaratildi. To'rtinchidan, islom dini g'oyalari va arboblarining obrazlari badiiy ijodda o'z ifodasini topa boshladi. Beshinchidan, yozuvchilar umuman erkin ijod etish huquqiga ega bo'ldilar. Oltinchidan, badiiy ijod biror ijtimoiy guruh, partiya yoki davlatning mafkuraviy quroli emas, balki xalqning adabiyoti, shu xalq hayoti, orzu va umidlarining ifodachisi sifatida maydonga chiqdi. Yettinchidan, o'zbek adabiyoti milliy adabiyot sifatida kamol topa boshladi. Bu davr she'riyatida she'rlar sekin-asta yangi voqelikni yuzaki tasvirlashdan uning ichki mohiyatini ochishga, yangi tarixiy - ijtimoiy davrning ma'naviy masalalarini yoritishga o'ta boshladilar (Erkin Voxidov, Ablulla Oripov, Rauf Parfi, Usmon Azim, Shavkat Rahmon, Xalima Xudoyberdiyev, M.Yusuf va b.).

Adabiyot va san'at asarlari mustaqil Respublikamiz fuqarolari ma'naviy dunyosini boyitish, ularni go'zal narsalarning hammasidan bahramand qilish kabi ajoyib xususiyatlarga ega. Ma'naviy g'oyasi yuksak, badiiy, jozibali adabiyot va san'at asarlari kishilar qalbiga tezroq yo'l topish, estetik hissiyotiga kuchli ta'sir qilish, hayotiy voqea-hodisalarni chuqur mushohada etishga da'vat etish kabi xususiyatlari bilan ajralib turadi. Shuning uchun adabiyot va san'at asarlari kishilarni yuksak ma'naviy-axloqiy ruhda tarbiyalashdagi badiiy ta'sir etishdek vositalik xususiyatidan imkoni boricha kengroq foydalanish muhim ahamiyatga egadir. Adabiyot va san'at asarlarininig kuchi uning xalqchil va tushunarliligida, kishilar ichki ruhiy dunyosiga emotsional ta'sir ko'rsata olishidadir. Ma'naviy barkamol avlodni tarbiyalshda adabiyot va san'atning ana shu xususiyatini hisobga olish muhimdir.

Ma'naviy tarbiyada o'zbek

xalqining boy ma'naviy merosidan keng foydalanish uning ta'sirchanligi, samaradorligini oshirishda muhim omil bo'la oladi. Yoshlarimiz ma'naviy tarbiyasida Yusuf Xos Hojib, Ahmad Yugnakiy, Ahmad Yassaviy, Lutfiy, Alisher Navoiy, Abdurahmon Jomiy, Mashrab, Muqimiy, Furqat, Abdulla Qodiriy, Cho'lpon, Usmon Nosir kabi klassik shoir va yozuvchilarimiz asarlaridan foydalanishimiz ular qalbini, ruhiy dunyosini ma'naviy boyitishda katta ahamiyatga egadir. Ularning bizga qoldirgan boy badiiy-ma'naviy merosi o'zining chuqur falsafiy mazmuni, axloqiy yo'nalishi bilan ajralib turadi.

Klassik san'atkorlarimiz asarlarida halollik va poklik, to'g'rilik, birovning haqiga *ko'z olaytirmaslik, xiyonat qilmaslik, insonparvarlik, vatanparvarlik, mehnatsevarlik, diyonatlilik, iymonlilik,* halol luqma bilan kun ko'rish, ota-onani hurmat qilish kabi inson uchun zarur ma'naviy xislatlar yuqori badiiy saviyada bayon etilgan. Ma'naviy tarbiyada Pirimqul Qodirov, Odil Yoqubov, Said Ahmad, O'tkir Hoshimov, Tohir Malik kabi yozuvchilarimiz; Erkin Vohidov, Oydin Hojiyev, Omon Matjon, Rauf Parfi, Abdulla Oripov kabi shoirlarimizning asar va she'rlaridan ham keng foydalanish, badiiy asarlar, ulardagi qahramonlarning fe'l-atvori, axloqi, ma'naviy dunyosi to'g'risida suhbat, munozara o'tkazish katta samara beradi.

Ma'naviy tarbiyada kishilar ongi, ruhiyatiga ta'sir etish teatr san'atining ham roli, o'rni va ahamiyati, ta'sir etish doirasi imkoniyatlari cheksizdir. Biz teatr san'atini ikki tomoni charxlangan shamshirga o'xshatishimiz mumkin. U bir tomoni bilan kishilar qalbiga yorug'lik olib kirsa, uni yuksak ma'naviylik tomon yo'llasa, ikkinchi tomoni bilan esa inson qalbidagi nodonlik, jaholat ya'ni ma'naviyatsizlikka va jaholatga qarshi kurashadi.

Xalq hayoti va tarixiy o'tmishida ro'y bergan voqea-hodisalarni garchad hikoya va ocherk janrlarida tasvirlash oson va qulay bo'lishiga qaramay, shu davrda yirik nasriy asarlar yaratildi. Bu janrlarda O.Yoqubov va P.Qodirov kabi tajribali romannavislar qatorida X.Shayxov, Muhammad Ali, Sh.Bo'taev, X.Davronlar ham ijod qildilar.

Mustaqillik davri dramaturgiyasida Amir Temur, Bobur, Ulug'bek va Jaloliddin Manguberdi singari davlat arboblari obrazini yaratishga alohida e'tibor berildi. A.Oripovning «Sohibqiron» dramasining yaratilishi adabiy hayotda voqea bo'ldi va bu asar qo'shni mamlakatlar teatrlarida ham saxnalashtirildi. Dramaturg I.Sulton 90 - yillar boshlarida «Qaqnus», «Oydin kecha asirligida» va «Yangi odamlar» kabi pesalarini yozib, ularda yangi davr qahramoni va shu davrning ijtimoiy-ma'naviy muammolarini sahnaga olib chiqishga urindi.

O'zbek xalqiga xos hazil mutoyiba va kulgiga bo'lgan mayl ko'plab komediyalarni paydo bo'lishiga asos bo'ldi. X.Muxammadning «Xotinlar gapidan chiqqan hangoma» komediyasi bilan boshlangan ijodiy jarayon E.Xushvaqtovning

«Chimildiq», «Qalliq oʻyin», «Andishali kelin» singari oʻnlab komediyalari bilan davom ettirildi.

Meʼmorlik. Oʻzbekiston mustaqilligi sharofati bilan meʼmorlik ilgarigi cheklovlar iskanjasidan qutildi. Meʼmorlik ustidan oʻrnatilgan davlat monopoliyasi oʻz kuchini qisman yoʻqotdi, xususiy uy-joy qurilishida yangi sifat va surʼat darajasi tez koʻtarildi. Oʻzbekiston shaharlari, ayniqsa Toshkent qisqa muddat ichida meʼmoriy jihatdan juda oʻzgarib ketdi (Oliy Majlis, Oqsaroy qarorgohi, Toshkent hokimiyati, Turkiston saroyi, Milliy bank, Interkontinental, Markaziy mehmonxona, Akvapark va b.). Kasb-hunar kollejlari binolari, saroy inshootlari qurilishga katta eʼtibor qaratildi (Toshkentdagi Yunusobod tennis korti, «Jar sport majmuasi va b.).

Oʻzbek xalqi tarixiy xotirasini tiklash yoʻlida muhim meʼmoriy tadbirlar amalga oshirildi (Imom Buxoriy majmuasi, Ahmad al-Fargʻoniyga atab Quva va Fargʻonada haykal va sayilgoh bogʻlar barpo etildi, Samarqandda Imom Maturidiy meʼmoriy yodgorligi tiklandi,Margʻilonda Burxoniddin Margʻinoniy majmuasi, Toshkentda Qaffol Shoshiy nomi bilan bogʻliq Hazrati Imom meʼmoriy majmuasi va b.).

Qadimgi yodgorliklarni taʼmirlashga xalq ustalari jalb etilmoqda. Samarqand, Buxoro, Xiva kabi yodgorliklarga boy shaharlarimiz meʼmoriy koʻrik tarzida YuNESKOning jahon madaniy merosi roʻyxatiga kiritilgani soha mutaxassislari oldida nihoyatda maʼsuliyatli vazifalarni koʻndalang qoʻygan.

Mustaqillik yillarida an'anaviy madaniyatga e'tibor kuchaydi. 1997 yil «Xalq badiiy hunarmandchiliklarini va amaliy san'atini yanada rivojlantirishni davlat yo'li bilan qo'llab - quvvatlash chora-tadbirlari to'g'risida»gi O'zbekiston Respublikasi Prezidentining qarori milliy madaniyatni rivojlantirishda amaliy bezak san'atining ahamiyatini oshirish, qo'lda ishlanadigan badiiy buyumlarni tayyorlash, asriy an'analarini va o'ziga xos turlarini qayta tiklash, shuningdek, xalq hunarmandlariga davlat tomonidan madad ko'rsatishda muhim ahamiyat kasb etdi. An'anaviy amaliy bezak san'ati mustaqillik davrida tiklanishi va rivojlanishi har yili Navro'zda o'tkaziladigan Amaliy bezak san'ati asarlari ko'rgazmasida namoyon bo'lmoqda. 1997 yil «Musavvir» ilmiy ishlab chiqarish markazi qoshida «Hunarmand» assotsiatsiyasi tashkil qilinib, respublikada ijod qilib kelayotgan ustalar birlashtirildi. Bugungi kunda an'anaviy hunarmandchilikni yo'q bo'lib ketgan turlarini, mahalliy markazlarini tiklash jarayoni ketayapti. Tasviriy san'atning turli sohalarini rivojlanishida 1997 yilda O'zbekiston Badiiy Akademiyasi (BA)ning tashkil etilishi katta ahamiyatga ega bo'ldi. Milliy Rassomlik va dizayn instituti, Respublika badiiy kolleji va litsey-internati, barcha viloyatlar va Qoraqalpog'istonda tasviriy va amaliy san'at o'quv yurtlaridan iborat tarmoq qujudga keldi. BA tashkil bo'lgandan so'ng ko'rgazmalar faoliyati jadallashdi, o'zbek rassomlari turli respublika va xalqaro ko'rgazma, tanlov, festivallarda ishtirok etishdi. O'zbekistonnning mustaqilligi natijasida badiiy ijod, tasviriy san'atga e'tibor davlat siyosati darajasiga ko'tarildi. Sharqning buyuk musavviri Kamoliddin Behzod tavalludining 540 va 550 yilligi keng nishonlandi. Behzod nomidagi muzeyga asos solindi Yubileylari xalqaro miqyosda nishonlangan Alpomish, Ahmad al-Farg'oniy, Jaloliddin Manguberdi, Amir Temur, Mirzo Ulug'bek, Alisher Navoiy, Zahiriddin Muhammad Boburlarga haykallar o'rnatildi, ularga bag'ishlangan rasmlar ijod qilindi. Ushbu davrning mahobatli rangtasvir sohasida B.Jalolov, J.Umarbekov, A.Aliqulov va boshqa rassomlar yorqin asarlar yaratishdi. Xaykaltaroshlik sohasida I.Jabborov, R.Mirtojiev, A.Rahmatullaev va boshqalar ulug' ajdodlarimiz qiyofalarini aks ettirdilar. Manzara janrida R.Ahmedov, N.Qo'ziboyev, R.Choriev, M.Saidov va boshqalar ijod qildilar. Grafika sohasida M.Kagarov, V.Apuxtin, P.Annenkov, G'.Boymatov, A.Mamajonov va boshqalarning ijodiy izlanishlari ahamiyatga sazovor bo'ldi.

So'nggi yillarda qurilgan binolar – O'zbekiston konservatoriyasi, Senat, O'zbek kiyimlari muzeyini bezashda rassomlar faol ishtirok etishdi. O'zbekiston tasviriy san'at galereyasi (2004), Qoraqalpog'iston davlat san'at muzeyining zamonaviy yangi binosi qurib bitkazilishi (2002), Samarqanddagi Registon majmuasida «Chorsu» kartinalar galereyasining tashkil etilishi san'atning barcha sohalariga samarali ta'sir etdi, ijodiy izlanishlar doirasining kengayishiga turtki bo'ldi.

Mustaqillik yillarida o'zbek an'anaviy musiqa san'ati rivojiga e'tibor yanada kuchaydi. Xususan, shu davrda oilaviy ansambllar, folklor-etnografik ansambllar, to'y marosim qo'shiqlari, katta ashula, baxshi-shoirlar, maqom ijrochiligi bo'yicha ko'rik-tanlovlar bilan birga «Alla» (1991 yildan), «Sharq taronalari» (1997 y. Samarqand) Ma'murjon Uzoqov va Jo'raxon Sultonov nomidagi (1997 yildan, Marg'ilon), Xojiabdulaziz Abdurasulov nomidagi (1997 yildan, Samarqand), Komiljon Otaniyozov nomidagi (2001 yildan, Urganch), «Boysun bahori» (2003 yildan, Boysun) va boshqa yangi tashkil etilgan respublika va xalqaro musiqa festival va tanlovlari o'tkazildi. Ayni paytda an'anaviy musiqa ijrochiligini o'rganish barcha musiqa kollejlari hamda ko'pgina bolalar musiqa maktablarida joriy etildi.

O'zbek mumtoz musiqa ijodiyoti va ijrochiligi sohasida keksa, yetuk hamda yosh avlodga mansub o'nlab san'atkorlar-hofiz, sozanda va bastakorlar (T.Alimatov, G'.Hojiqulov, Q.Iskandarov, X.Rajabiy, O.Xudoyshukurov, A.Ismoilov, F.Umarov, O'.Rasulov, Q.Rahimov, Sh.Jo'raev, O.Xotamov, F.Mamadaliev) sermaxsul ijod qilishdi.

O'zbekiston mustaqilligi davrida ijtimoiy hayotning barcha sohalarida bo'lganidek teatr sohasida ham tub o'zgarishlar ro'y berdi. Teatr san'atining ahamiyati oshdi: u endi mustaqillik g'oyasiga xizmat qilishi, buyuk ajdodlarimiz merosining, necha ming yillik o'ziga xos noyob madaniyatining vorisi ekanligini anglashga yordam berishi, ushbu boylikni asrash va umuminsoniy qadriyatlar, jahon taraqqiyoti yutuqlari asosida ko'paytirishga ko'maklashishi, o'sib kelayotgan yosh avlodni undan bahramand qilib, har tomonlama kamol topgan, qat'iy iroda va e'tiqodga ega kishilar qilib tarbiyalashi lozim edi.

Teatrlar nafaqat ijodiy, balki tashkiliy va iqtisodiy ishlarni ham mustaqil hal qila boshladilar.

Teatrlar repertuarida barcha mavzu yo'nalishlarini, ijodda shu kunda mavjud bo'lgan barcha uslub va vositalarni kuzatish mumkin. Tarixiy mavzularni ijodiy o'zlashtirishda mamlakat teatrlari katta yutuqlarni qo'lga kiritdi.

O'zbek teatrlari va san'atkorlarining dunyo sahnasiga chiqishi uchun keng yo'l ochildi. Milliy teatrimiz 1997 yil ilk marotaba Qohira shahrida o'tadigan xalqaro festivalda o'zining «Chimildiq» spektakli bilan qatnashdi.

Davlat teatrlari asosan O'zbekiston madaniyat va sport ishlari vazirligi tasarrufidagi «O'zbekteatr» ijodiy ishlab chiqarish birlashmasi tomonidan boshqariladi.Teatrlar uchun mutaxassis kadrlar M.Uyg'ur nomidagi Toshkent davlat san'at instituti, madaniyat va san'at kollejlarida tayyorlanadi. «Teatr» jurnali ta'sis etilgan (1998). Mustaqillik yillarida kino va televidenie sohada ham muhim o'zgarishlar sodir bo'ldi. Kino san'atida badiiy filmlar mavzular va qahramonlar bilan boyidi, kinoda ma'muriy tashkiliy ishlar qayta tashkil etilishi sodir bo'ldi. 90-yillar oxiri - XXI asr boshlari filmlarida kinoning adabiyot, teatr bilan hamkorligining kuchayishi, haqiqiy hayot borligicha tasvirlanishi, mavzu, janrlar xilma-xilligi, o'ziga xos ijod, yuqoriy tasviriy madaniyat, mualliflik filmlarining paydo bo'lishi ko'zga tashlanadi. («Otamdan qolgan dalalar», rej.Sh.Abbosov, «Voiz», «O'rtoq Boykenjaev», rej. Yu.Roziqov, «Buyuk Amir Temur», I.Ergashev, «Alpomish», H. Fayziev va b.)

O'zbekiston Respublikasi prezidentining 2004 y. 16 martdagi farmoniga ko'ra «O'zbekkino» davlat aksionerlik kompaniyasi «O'zbekkino» Milliy agnetligiga aylantirildi. Televideniyada ko'rsatuvlarning asosiy qismi sho'rolar davrida Markaz teledasturlaridan iborat bo'lib, to'g'ridan-to'g'ri efirga uzatilardi. Istiqlol davrida mahalliy ko'rsatuvlar hajmi oshdi, o'zbek tilidagi ko'rsatuvlar ko'paytirildi.

1992 yil 11 martda O'zbekiston Respublikasi Televilenie va radioeshittirish davlat komiteti O'zbekiston Davlat teleradioeshittirish kompaniyasiga aylantirilishi munosabati bilan 4 ta telekanal tashkil etildi. O'zR Vazirlar Mahkamasining 2003 yili 4 noyabrdagi «Ommaviy sport targ'ibotini yanada kuchaytirish chora-tadbirlari to'g'risida»gi qarori asosida «Sport» telekanali tashkil etildi.

Televidenie qoshida «O'zbektelefilm» 2005 yildan teleradiokompaniya tarkibida badiiy, musiqiy va hujjatli filmlar yaratuvchi davlat korxonasiga aylantirildi. Mustaqillik yillarida O'zbekiston milliy telekompaniyasining xalqaro aloqalari mustahkamlanib, boshqa mamlakatlar bilan o'zaro teledastur va videofilmlar ayriboshlash sohasiga hamkorlikka keng yo'l ochilmoqda. Mustaqillik yillarida mamlakatda jismoniy tarbiya va sportni rivojlantirish davlat ahamiyatiga molik vazifa etib belgilandi. Vazirlar Mahkamasining sportning alohida turlari (futbol, tennis, kurash)ni rivojlantirishga oid qarorlari bu borada muhim ahamiyatga ega bo'ldi. O'zbekiston Respublikasi Prezidentining «O'zbekistonda futbolni rivojlantirishga doir qo'shimcha chora-tadbirlar to'g'risida»gi qarori (2006 y. 1 may) mamlakatda professional futbol klublari tashkil etishga yo'l ochdi. Istiqlol davrida O'zbekiston sportchilarining xalqaro musobaqalarda muntazam ishtirok etishi ta'minlandi. 1996 yil 6 fevralda sog'lom avlodni tarbiyalash, jismoniy tarbiya va sportni ommalashtirish, olimpiya g'oyalarini rivojlantirishdagi beqiyos xizmatlari uchun O'zbekiston Respublikasi Prezidenti Islom Karimov Lozanna (Shveysariya)da Xalqaro Olimpiada qo'mitasining oltin ordeni topshirildi. Bu orden namunasi 1996 yilda Toshkentda ochilgan Olimpiya shon-shuhrati muzeyidan joy oldi.   1996 yildan O'zbekistonda professional sport ham rasm bo'la boshladi. Ayniqsa, bokschilar yutug'i xalqimizni xursand etib kelmoqda. Artur Grigoryan, Muhammadqodir Abdullaev, Ruslan Chagaev va boshqalar bu sohada ulkan yutuqlarni qo'lga kiritdi. Rustam Qosimjonov shaxmat bo'yicha jahon chempioni bo'ldi (2004)

1998 yil 6 sentyabrda Toshkentda 28 davlat vakillari Kurash xalqaro assotsiatsiya (KXA)ga asos solishdi. 2005 yil unga 88 ta mamlakat a'zo bo'lgan.O'zbekistonda o'quvchi va talaba yoshlar o'rtasida 3 bo'g'inli ommaviy sport musobaqalari o'tkaziladi. Umumiy o'rta ta'lim maktablari o'quvchilari o'rtasida «Umid nihollari», akademik litsey va kasb-hunar kollejlari o'quvchilari o'rtasida «Barkamol avlod» hamda Oliy o'quv yurtlari talabalari o'rtasida «Universiada» sport musobaqalarini o'tkazish ta'lim-tarbiya tizimiga kiritilgan.
          Xullas,   O'zbekiston mustaqillikka erishgach, madaniy hayot ulkan sur'atlar bilan rivojlanishda davom etmoqda. Mamlakatimizda buyuk bunyodkorlik ishlari amalga oshirilmoqda.

18-§ Hozirgi davr madaniyati.

Madaniyatshunoslik fani tarix, falsafa, sotsiologiya, etnografiya, sotsial psixologiya kabi bir qator fanlarning kesishuvida vujudga kelgan, yangi sotsial gumanitar fan hisoblanadi. Uning tadqiqot obyekti ijtimoiy voqelik bo'lgan madaniyat va inson hayoti uslubi hisoblanadi. Unda madaniyatning vujudga kelishi, rivojlanishi, jamiyatda amal qilinishi bilan bog'liq masalalar to'g'risida, madaniyat qoidalari institutlarning, qadriyatlarning jamiyat hayoti va rivojlanishidagi o'rni, o'zaro aloqalari jarayonlari o'rganiladi. Forobiy **«Aql ma'nolari haqida»** risolasida aql, bir tomondan, ruhiy jarayon, ikkinchi tomondan esa, tashqi ta'sir – ta'lim-tarbiyaning natijasi ekanligini uqtiradi. Uning fikricha, aql faqat insongagina xos bo'lgan tug'ma quvvat-ruhiy kuch bilan bog'liq.

Forobiyning aql, umuman bilish haqidagi ta'limotida mantiq (logika) ilmi muhim o'rin tutadi. Uning fikricha, «Mantiq san'ati kishiga shunday qonunlar haqida ma'lumot beradiki, bu qonunlar vositasida aql chiniqadi, inson sog'lom fikr yuritishga o'rganadi». Olim mantiq ilmi bilan grammatika o'rtasidagi mushtaraklikni qayd etadi: mantiqning aqlga munosabati grammatikaning tilga munosa-bati kabidir. Grammatika odamlar nutqini tarbiyalagani kabi, mantiq ilmi ham tafakkurni haqiqiy yo'ldan olib borish uchun aqlni to'g'irlab turadi.

Mutafakkirning ta'kidlashicha, «Aqlli deb shunday kishilarga aytiladiki, ular fazilatli, o'tkir mulohazali, foydali ishlarga berilgan, zarur narsalarni kashf va ixtiro etishga zo'r iste'dodga ega, yomon ishlardan o'zini chetga olib yuradilar. Bunday kishilarni oqil deydilar. Yomon ishlarni o'ylab topish uchun zehnidrokka ega bo'lganlarni aqlli deb bo'lmaydi, ularni ayyor, aldoqchi degan nomlar bilan atamoq lozim».

Forobiy o'rta asrlar sharoitida birinchi bo'lib jamiyatning kelib chiqishi, maqsad va vazifalari haqida izchil ta'limot yaratdi. Bu ta'limotda madaniyatli jamiyatning ko'p masalalari í davlatni boshqarish, ta'lim -tarbiya, axloq, ma'rifat, diniy e'tiqod, urush va yarash, mehnat va boshqalar qamrab olingan.

Ma'lumki, inson, uning tabiati va imkoniyatlari to'g'risidagi masala asosiy masalalardan biridir. Tabiatning mavjudlik qonuni xilma-xil bo'lganidek, insonning ichki tabiati, ya'ni madaniyati ham tabiiy muhit, ijtimoiy borliq va tarixiy davrlar ta'sirida doimiy ravishda o'zgarib turadi. Bu o'zgarish faqat ilgarilab borish, yangi qadriyatlarning vujudga kelishidangina iborat emas. Bu biron-bir sohadagi buzilishlar, inqiroziy alomatlarning kuchayishi bilan ham tavsiflanishi mumkin. Hozirgi zamon ilmiy-texnika taraqqiyotining tabiiy muhitga, ma'naviy hayotga va boshqa sohalarga salbiy ta'siri fikrimizning dalilidir.

G'arbiy Yevropada «madaniyat» tushunchasi XVIII asrning oxiridan e'tiboran hozirgi mazmunini kasb etgan bo'lsa-da, faqat XX asrga kelib ijtimoiy va gumanitar fanlar kategorial tizimidan mustahkam o'rin oldi. Kishilik jamiyatining beqiyos ko'lamga ega va doimiy ravishda o'zgarib boruvchi ma'lumotlarni muayyan tartibga solishga yordam beruvchi, umumlashtiruvchi tushunchalarga bo'lgan ehtiyoji «madaniyat» tushunchasining keng tarqalishiga sabab bo'ldi.

Qadimgi Rimda «madaniyat» tushunchasidan «hayotni ma'naviy jihatdan yanada yaxshilashga va tozalashga qaratilgan g'amxo'rlik» degan ma'noda ham foydalangan. Ma'lumotlarga ko'ra, mashhur Rim faylasufi va notiq Sitseron ham «ruhiyat madaniyati» atamasini ishlatgan. şзıîıǝ xalqlarida XVIII asrning oxirlarigacha «madaniyat» atamasi «aqliy-axloqiy madaniyat» tushunchasi bilan yonma-yon ishlatilgan. Ko'rinib turibdiki, «Madaniyat» tushunchasi xilma-xil talqiniga qaramay, qadimdan hozirgi kungacha o'z mohiyatini o'zgartirmagan.

Sivilizatsiya – bu, avvalo, madaniyat yutuqlaridir. Bir madaniyat-ning o'zi esa bir nechta sulola va davlatlardan uzoq yashashi mumkin. O'z navbatida, bir sivilizatsiyaning o'zi ham shunchalik uzoq umr ko'radiki, umri davomida bir-birini bosib olgan turli davlatlarni ko'rish imkoniyatiga ega bo'ladi. Sivilizatsiya turli hududlarga tarqalishi, ularni bosib olishi (faqat kuch ishlatish yo'li bilan emas), yangi - yangi xalq va davlatlarni egallashi mumkin. Shuningdek, sivilizatsiya o'z madaniy qadriyat va yutuqlarini boshqa bir sivilizatsiyaga berib, o'zi yo'qolib ketishi ham mumkin.

Ayrim hollarda bir nechta sivilizatsiyalar birlashib, yagona sivilizatsiyani tashkil qilishi ham mumkin (masalan, grek-rim sivilizat-siyasi). Sivilizatsiyalar bir-biri bilan parallel ravishda yashashi yoki bo'lmasa birin-ketin vujudga kelishi ham mumkin. Nima bo'lganda ham, sivilizatsiya tarixi – madaniyat tarixidir. Sivilizatsiyani o'rganish – undagi madaniyat rivojini o'rganishdir.

Sivilizatsiya í madaniyatning muayyan namoyon bo'lishini, uning real mavjud hayotini aks ettirishidir. Sivilizatsiya madaniyat-siz, madaniyatning sivilizatsiyasiz, undan tashqarida mavjud bo'lishi mumkin emas. Chunki inson muayyan sivilizatsiya bag'rida o'tmish avlodlari tomonidan yaratilgan barcha moddiy va ma'naviy boyliklarni o'zlashtirgan holda shakllanishi, kamol topishi mumkin.

Hozirgi davrdagi madaniyatning ilmiy tushunchasi insoniyat tomonidan yaratilgan va yaratilishi davom etayotgan ma'naviyat, ruhiyatning o'ziga xosligini anglashi natijasida vujudga keldi. Insoniyat «tabiiy» turmush tarzi asosida yashagan davrda: ya'ni, terib iste'mol qilish, ov qilish, baliq tutish, chorvachilik va dehqonchilik bilan shug'ullangan vaqtlarda madaniyat to'g'risidagi fikrning tug'ilishi munozaralidir. Oddiy, bir maromda rivojlanuvchi jamiyatda inson o'z madaniyati bilan «qo'shilib» yashagan. Urf-odatlar, e'tiqodlar, hayotning moddiy va ijtimoiy shakllari undan farq qilmagan. Madaniyatning avtonomiyasi namoyon bo'lishi uchun muayyan darajada texnikaning rivojlanishi va mehnatning ijtimoiy-lashuviga erishish talab etiladi. Shu asosda madaniyat asta-sekinlik bilan insoniyatdan tobora koʻproq mustaqil boʻlib boradi. Aksincha insonning madaniyatga tobeligi ortadi. Hozirgi postindustrial jamiyatlardagi ekologik, ma'naviy va axloqiy sohalardagi mavjud muammolar fikrimizning dalilidir. Shuning uchun madaniyatni fenomen sifatida idrok etish, uning rivojlanish qonunlarini tushunish va shu tushunchalar asosida madaniyatni boshqarishga oʻrganish zaruriyat boʻlib qoladi.

Madaniyatshunoslik fani madaniy tarixiy davrlarni tahlil qilish-da bilishning quyidagi uch bosqichini tabiiy birlikda olib qarashga harakat qiladi:

a) muayyan davrning yaxlit qiyofasini, ya'ni uning badiiy obrazini yaratishga intiladi;

b) insoniyat borligʻining umumiy dinamikasida davrning ma'naviy oʻrnini aniqlaydi (ijtimoiy ong tarixida, fanda, san'at va falsafada oʻrganiluvchi davrga berilgan bahoning evolutsiyasini ham oʻz ichiga oladi);

v) muayyan davrning «mazmuni»ni tahlil qiladi, ya'ni uning hozirga davr tafakkurida qanday oʻringa ega ekanligini, uning muammolari bizga qanday ta'sir etishini, bizga qaysi tomonlari bilan hozirgi vaziyatning qaysi sotsial va individual kamchiliklari unda aktuallashganligini koʻrsatadi.

Madaniyat tiplari tarixiy davrlarga qarab oʻzgarib turadi. Davrlarning almashinishi bilan madaniyatda ham sifat oʻzgarishlari yuz beradi. Muayyan tarixiy

272

davrda yashagan kishilarning dunyo to'g'risidagi tasavvurlari, bilimi, ma'naviy qadriyatlari haqida atroflicha ma'lumotga ega bo'lishimiz uchun shu davrning mada-niyatiga murojaat qilishimiz lozim. Shuning uchun madaniyat-shunoslik fani turli xalqlarning madaniy rivojlanish tarixini jahon madaniy taraqqiyotining tarkibiy qismi sifatida o'rganish bilan birga, muayyan tarixiy davrning ijtimoiy taraqqiyotda tutgan ma'naviy rivojlanish bosqichlari, umumiy qonuniyatlari, o'ziga xos xususiyatlarini ham o'rganadi.

Madaniyatshunoslik tinglovchilarni turli tarixiy davrlar mada-niyatlari va sotsial guruhlarning urf-odatlari, turmush tarzi to'g'risidagi bilimlar bilan boyitadi. Tarixiy va gumanitar bilimlarni tartibga keltiradi, ijtimoiy turmush voqeliklarini yagona mazmun asosida anglashga yordam beradi. Ko'plab betakror va mustaqil madaniyatlardan tashkil topgan jahon sivilizatsiyasining birligi va xilma-xilligini ko'rsatadi. Kishilarning fuqarolik va ma'naviy yetuklikka erishishlarida, fikrlar va qadriyatlar plyuralizmini ko'ra bilishda fan taraqqiyotini to'g'ri baholash qobiliyatini hosil qilishda muhimdir.

«Inson eng oliy darajadagi tarixiy mavjudotdir. Inson tarixiy davrda, tarixiy davr insonda mujassam» (N. Berdyayev). Negaki, har qanday davrning xususiyat va darajasi madaniyat rivoji bilan o'lchanadi.

Madaniyatshunoslik fani muhim tarbiyaviy vazifani ham bajaradi. Insonda ziyolilik hissini tarbiyalash kursning diqqat markazida turadi. Kishi qanchalik ziyoli bo'lsa, í degan edi D. S. Lixachev, í u shuncha ko'p tushunadi va o'zlashtiradi, uning dunyoqarashi va qabul qilish doirasi shunchalik kengayadi. Kishining madaniy saviyasi qanchalik tor bo'lsa, u hamma yangiliklarga va «juda eski»likka nisbatan shunchalik befarq bo'ladi. O'zining eski odatlari bilan yashaydi. Dunyoqarashi tor bo'lib, hamma narsaga shubha bilan qaraydi. O'tmishning madaniy qadriyatlarini va o'zga millatlar madaniyatlarini bilish, uni saqlash, ko'paytirish, estetik qimmatlarini qabul qila bilishning rivojlanib borishi madaniy taraqqiyotning eng muhim vositalardan biri bo'lib hisoblanadi. Insoniyat madaniyatining rivojlanish tarixi nafaqat yangi, balki eski madaniy qimmatlarni izlab topish tarixidir. Shuningdek, o'zga madaniyatlarni bilish, ma'lum ma'no-da gumanizm tarixi bilan qo'shilib ketadi. Bu boshqa xalqlarga nisbatan hurmat, to'g'ri ma'nodagi bardoshlilik, tinchlik tilash demakdir.

«Ziyolilik» tushunchasi ilmiy va oddiy ong darajasida ta'rifla-nishi jihatidan farq qiladi. Oddiy ong darajasida intelegentlilik deganda, oliy ma'lumotga ega bo'lgan, asosan, aqliy mehnat bilan shug'ullanuvchi, bilimli kishilar tushuniladi.

Madaniyatshunoslik fanining *yana bir muhim vazifasi kishida ijodiy qobiliyatni rivojlantirishdir*.

Madaniyat faqatgina moddiy va ma'naviy boyliklar yig'in-disidan iborat emas, balki ijodiy faoliyatdir. Madaniyatshunoslik yangi ma'lumotlar berish bilan birga, yoshlarda madaniyat voqelik-lari bilan munosabatda bo'lish malakasini hosil qiladi. Xilma-xil ma'lumotlar berish bilan birga, tinglovchilarda ilmiy tafakkur qilish uslublari uzluksizligi va mantiqiylikni shakllantiradi.

Tarixiy antropologiyaning eng muhim tushunchalaridan biri mentalitetdir. **Mentalitet** – madaniyatga taalluqli bo'lgan kishilarda u yoki bu muhitning muayyan «aqliy vositalar yig'indisi», «psixologik moslama»lari mavjudligini bildiradi. Betartib, uzuq-yuluq tushunchalar va ta'sirlar tafakkur orqali qayta ishlanishi natijasida nisbatan tartibli dunyo manzarasiga aylanadi. Bu manzara inson xatti-harakatida o'chmas iz qoldiradi.

Hozirgi zamon madaniyatshunoslik fani «madaniyat» tushun-chasining qo'llanishiga qarab quyidagicha o'rganadi:

a) individual í shaxs madaniyati;

b) guruhiy madaniyat í milliy, sinfiy, tabaqaviy, kasbiy, oilaviy;

v) makon va zamonda cheklangan muayyan tipdagi jamiyat

madaniyati;

g) insoniyat madaniyati.
Madaniyatni qo'llanish jihatidan turlarga bo'lish

munozarali bo'lsa-da, ularning mavjudligini inkor qila olmaymiz. Ijtimoiy taraqqiyot tafovutlarni yo'qotmaydi, balki, aksincha, uning xilma-xilligini yanada kengaytiradi. Shuning uchun ularni tobora chuqur-roq o'rganish madaniyat to'g'risidagi tasavvurimizning kengayib borishiga xizmat qiladi. «Madaniyat» tushunchasi qo'llanish jihatidan xilma-xil bo'lgani kabi, kundalik hayotda (oddiy ong) va fanda ham turli mazmun kasb etadi. Biz **«muomala madaniyati», «mehnat madaniyati», «xatti-harakat madaniyati»** kabi iboralardan foydalanamiz va ularga ko'nikib qolganmiz.

Kundalik hayotda madaniyatdan voqelikni baholash tushunchasi sifatida foydalanish va shaxsning ma'lumotliligi, xushmuomalaligi, ozodaligi, vazminligi kabi xususiyatlari bilan bog'lab tushuntirish odatga aylangan. Madaniyatli kishi tushunchasiga qo'shib ishlatiluv-chi sifatlar juda keng bo'lib, uni qo'llash jamiyatning umumiy madaniy darajasi va shaxsning ijtimoiy maqomiga bog'liqdir.

Hozirgi davrda **«ishlab chiqarish madaniyati», «xizmat ko'rsatish madaniyati», «dam olish madaniyati»** va boshqalar to'g'risida ko'p gapirilmoqda. Bu iboralar orqali madaniyat deganda, ijtimoiy institutlarning samarali faoliyat ko'rsatishi tushuniladi. Ba'zan madaniyat to'g'risidagi tasavvurlar shaharlar turmush tarzi, kinoteatrlar, teatrlar va kutubxonalarga tez-tez borib turish, «madaniy» kishilar bilan do'stlashish va chiroyli narsalar bilan bog'liq deb fikr qilinadi.

Ro'znomalarda, statistik ma'lumotlarda «iqtisod va mada-niyat», «fan va madaniyat», «siyosat va madaniyat» iboralari ko'p ishlatiladi, bunda madaniyat ma'naviy ustqurma yoki axloq va san'at sohalari bilan cheklangan. Ilmiy nuqtai nazardan iqtisodni, siyosatni va fanni madaniyatdan tashqari turuvchi soha deb hisoblash haqiqatdan yiroqdir. Shuningdek, mumtoz qadriyatlar va san'atning buyuk namunalari, ideal va yuksak intilishlar madaniyatga taalluqli sohalar bo'lib, oddiy, kundalik narsalar unga yotdir, degan fikrlar asossizdir. Kundalik hayotda madaniyatga faqat qadriyatlar yig'indisi sifatida qaralishi ham to'g'ri emas, chunki madaniyatda insoniyatga zararli bo'lgan, eskilik qoldiqlari, to'liq tekshirib ko'rilmagan «yangiliklar» kabi salbiy narsalar ham o'zlashtirilishi mumkin.

Kundalik hayotda va fanda madaniyat atamasidan foydalanish to'g'risidagi mulohazalarni xulosa qilib shuni aytish mumkinki, madaniyat eng keng ma'noda insonni o'rab turgan tabiatdan, ijtimoiy munosabatlarda va bevosita o'zida stixiyali ravishda vujudga kelgan tayyor ma'lumotlardan foydalanishni, ongli ravishda ajratib olishni taqozo etadi. Madaniyat tabiatdan farq qiladi, an'analar, ramzlar, til, bevosita taqlid qilish va amaliy o'rganish orqali avloddan-avlodga singdiriladi. Madaniyat shaxs tomonidan, uning sotsial jihatdan shakllanishi jarayonida o'zlashtiriladi va asosan keng tarqalgan va ko'pchilik qabul qilgan axloq, tafakkur va his qilishning parchalaridan tashkil topib, individual harakatlar hissasi bunda juda kamdir.

Oddiy ongda madaniyatni tushunishning xususiyati bevosita unda amaliy ishtirok etilishiga bogʻliqligidadir. Madaniy voqelik-larga inson befarq munosabatda boʻla olmaydi. Uning qadriyatlarga munosabati va hissiy emotsional tasavvurlari bolalik davrida toʻplagan tajribasidan boshlanadi va kishining jamiyatda tutgan oʻrniga, yoshiga, mavqeiga ham bogʻliqdir. Shu nuqtai nazardan, u oʻziga begona boʻlgan urf-odatlar va xatti-harakatlarga nisbatan ehtiyotkorlik bilan munosabatda boʻladi.

Fan esa bevosita umumiy ahamiyatga ega boʻlgan, obyektiv haqiqatga mos tushunchalardan foydalanishi kerak.

1. **Qadriyat (aksiologik)** oʻlchovi asosidagi taʼrif. Bunda mada-niyat insoniyat tomonidan yaratilgan moddiy va maʼnaviy qimmatlarning yigʻindisidan iborat deb talqin etiladi. Madaniyat inson faoliyatidan tashqarida mavjud emas. Baholash qadriyat nuqtai nazaridan voqelikni tahlil qilish faoliyatining tabiiy va zarur boʻlgan shartidir. Madaniyat nimada namoyon boʻlishidan qatʼi nazar, muayyan qadriy oʻlchovga ega boʻladi. «Madaniyat» tushunchasi taraqqiyot, tarix, inson, insonparvarlik kabi kategoriyalar bilan bir qatorda turadi. Insonning faoliyat natijasi, muayyan qadriyatlarga ega boʻlgan voqelik predmetli aksiologik taʼrifning negizini tashkil etadi. U kishilarning ishlab chiqarish, ijtimoiy va aqliy faoliyatni qamrab oladi. Bu taʼrif kamchiliklardan ham xoli emas. U voqelikni yaxlit idrok etishga, natijalarni mexanik hisobga

olishga asoslangan. Bunday yondashuv voqelikka subyektiv baho berishga imkoniyat yaratadi. Aksiologik yondashuv doirasida madaniyat faoliyat natijasi í o'tmishga aylanib qolib, o'tmish va hozirgi zamon bilan tabiiy aloqalar buzilishi mumkin. **Madaniyatni «faoliyat» tushunchasi** asosida ta'riflash. Madaniyatning umumiy tabiatini idrok etishga qilingan harakat tufayli madaniyatni kishilarning ijodiy faoliyati jarayoni sifatida tushunish vujudga keldi. Faoliyat kategoriyasi o'rganish obyekti inson bo'lgan fanlar harakatini integratsiya qilish uchun qulay imkoniyat yaratadi. Madaniyatni ijodiy faoliyat va inson faoliyatining o'ziga xos uslubi sifatida ta'riflash konsepsiyasi bir qator muhim masalalarda bir-birini to'ldiradi. Jamiyat nafaqat qayta qurishga, balki an'analarni, madaniy yodgorliklarni saqlab qolishga ham muhtojdir. Jamiyatning amaliy va nazariy, moddiy va ma'naviy kabi har qanday faoliyati ijodiy soha bilan birga, o'zida faoliyat ko'rsatish va madaniyatning o'zlashtirish aspektlarini mujassam-lashtiradi. Ijodiyot faoliyat ko'lami qancha katta bo'lsa, madaniyat-ning ishlab turishi funksiyasi va kelgusi avlodlarga yetkazib berish uchun zarur bo'lgan faoliyat ko'lami shuncha keng bo'ladi. Faoliyat maqsadli yo'naltirilgan faollikdir. Inson qanchalik faol harakat qilsa, shunchalik madaniyatning «chegaralari» yo'qolib boradi. Bu chegaralar zamon, makon va qimmat o'lchovlariga ega. Faqatgina belgilangan vaqt intervalida inson faoliyati natijalarini to'g'ri tasavvur qilish va ularni rejalashtirish mumkin. Faoliyat natijasi boshlanishidan qanchalik yiroq bo'lsa, shunchalik uning madaniyat-ga munosabati noaniqlashib boradi. **Makonda va qiymat chegaralarida** ham xuddi shunday xusu-siyatlar mavjud. Intensiv faoliyat chegaralarni kengaytiradi, lekin bunda vujudga keluvchi voqeliklar mavjud madaniyat uchun begona va xatarli bo'lishi ham mumkin. Shuningdek, ushbu yondashuvga xos bo'lgan madaniyatning tirik asosidan falsafiy abstraksiyalar dunyosiga o'tishga intilishi, hozirgi davrga xos bo'lgan texnokratik tafakkur ta'sirining kuchayishiga olib keladi. Ushbu ta'rifning kuchli tomonlari mavjudligiga qaramasdan, amalda u tarixiy-madaniy izlanishlardan yiroq bo'lib qolmoqda.

Axborot ta'rif madaniyatni «barcha irsiy bo'lmagan axborotlar yig'indisi», uni tashkil etish va saqlash uslublari sifatida ta'riflab, madaniyat axborotlar ombori emas», u nihoyatda murakkab tashkil etilgan mexanizm bo'lib, axborotni doimiy ravishda eng foydali va qulay uslublarni ishlab chiqqan holda saqlaydi, yangi axborotlarni qabul qiladi, ularni qayta ma'lumotlarga aylantiradi, ularning belgilarini bir tizimdan boshqasiga o'tkazadi, deb izohlaydi.

«Barcha irsiy bo'lmagan axborotlar yig'indisi» deganda, xotirani tushunishimiz mumkin. Chunki xotira mexanik mazmunga ega emas, balki ijodiy jarayon hisoblanadi. Xotiraning eng muhim ma'naviy ahamiyati shundaki, u vaqt to'sig'ini yengadi va o'limga qarshi turadi. Umumiy xususiyatlariga muvofiq, madaniyatni xotira bilan qiyoslashimiz mumkin. Bunda alohida olingan shaxsning xotirasini emas, balki jamiyat xotirasini nazarda tutamiz.

YU. M. Lotmanning fikricha, bir qator qoidalar, cheklashlar sifatida namoyon bo'luvchi tashkiliy vaziyat madaniyatni belgilov-chi xususiyat hisoblanadi. K. Levi Strosning fikriga ko'ra, «qayerda qoida bo'lsa, shu yerda madaniyat boshlanadi. Inson tabiatidagi barcha umumiylik tabiatga tegishli bo'ladi va stixiyali avtomatizm bilan tavsiflanadi, majburlash normalari bilan belgilanuvchi sifatlar madaniyat sohasiga tegishli bo'lib, o'zida nisbiylik va xususiylikni mujassamlashtiradi».

YU. M. Lotman shuni ta'kidlaydiki, «madaniyat entropiyasi» axborotga aylantirishning eng mukammal mexanizmidir. Bu mexa-nizm axborotni saqlashi va uzatishi bilan birga, uning ko'lamlarini kengaytiradi. o'zini o'zi doimiy ravishda mukammallashtirishi va rivojlantirib borishi uning qonunidir. Shuning uchun madaniyat bir vaqtda ham barqarorlik, ham dinamizm xususiyatlarini namoyish qilishi kerak. Shu ma'noda madaniyat tirik organizm va san'at asarlariga xos bo'lgan xususiyatlarga ega. Madaniyatni insoniyat tomonidan yaratilgan yaxlit badiiy asar sifatida qabul qilmog'imiz lozim.

XXI asrga kelib madaniyat ijtimoiy hayotning barcha sohalariga kirib bormoqda. Hozirgi kunda ishlab chiqarish madaniyati haqida, maishiy va xizmat ko'rsatish (servis) madaniyati haqida, boshqaruv madaniyati haqida, xulq madaniyati haqida bemalol gapirish mumkin. Madaniyatning sanab o'tilgan har bir sohasida inson kuch-qudrati rivojining natijasini ko'rish mumkin.

Ilmiy adabiyotlarda madaniyatni moddiy va ma'naviy madaniyatga bo'lish rasm bo'lgan. Madaniyatni moddiy va ma'naviy madaniyatga bo'lish inson faoliyatining ikki asosiy sohasi – moddiy va ma'naviy ishlab chiqarish bilan bevosita bog'liqdir. Moddiy madaniyat moddiy faoliyatning barcha sohalarini va natijalarini o'z ichiga oladi. Moddiy madaniyatning muhim elementlari ishlab chiqarish, transport, aloqa vositalaridir. Moddiy madaniyatga uy-joy, kiyim-bosh, uy-ro'zg'or buyumlari, iste'mol vositalari deb ataladigan hodisalar ham kiradi. Bularsiz muayyan xalq madaniyati, uning tarixiy taraqqiyotining turli bosqichlaridagi o'ziga xosliklari haqida to'g'ri fikr yuritish mumkin emas. Albatta, moddiy madaniyatni faqat ishlab chiqarish va iste'mol vositalariga taqab qo'yish to'g'ri bo'lmaydi.

Umuman olganda, ijtimoiy hayotda moddiy ishlab chiqarish sohasi bilan birga, ijtimoiy soha, siyosiy soha, ma'naviy soha faoliyatlari ham mavjud. Kishining bu sohadagi faoliyatlari madaniyatni tasniflashga asos sifatida qabul qilinadi.

Bunday tasniflash tizimining birinchi bosqichiga bir qarashda mustaqil ko'ringan, lekin bir-biri bilan chambarchas bog'langan quyidagi madaniyat sohalari kiradi:

- *moddiy madaniyat;*

- *ijtimoiy madaniyat;*

- *siyosiy madaniyat;*

- *ma'naviy madaniyat.*

Moddiy madaniyatga texnika madaniyati, ishlab chiqarish madaniyati, rejalashtirish madaniyati, taqsimlash va ayirboshlash madaniyati kiradi. *Ijtimoiy madaniyatga* oila va nikoh masalalari madaniyati, ijtimoiy-demografik guruhlar madaniyati, maishiy madaniyat, maorif va ta'lim madaniyati, shaxslararo muloqot madaniyati, ekologik madaniyat kiradi. *Siyosiy madaniyat* sohasiga huquqiy madaniyat, fuqarolik madaniyati, siyosiy faoliyat yuritish madaniyati, ijtimoiy guruhlar, davlat, xalq kiradi. *Ma'naviy madaniyat* sohasiga dunyoqarash, mafkura, ilm-fan, din, badiiy madaniyat, san'at, milliy an'analar, axloqiy madaniyat, estetik madaniyat va boshqalar kiradi. Uzoq vaqtlar fanda madaniyat deganda, faqat ma'naviy madaniyat nazarda tutildi. Negaki, borliqni haqiqat, yaxshilik, go'zallik belgilaydi, deb hisoblashgan. Shuning uchun, birinchi o'rinda, ilmiy tadqiqotlarning asosi axloq, nafosat bo'lib keldi. Natijada, jamiyatning moddiy hayotini, uning iqtisodiyotini o'rganishga e'tibor berilmadi. Moddiy madaniyat tadqiqot uchun qiziqarsiz hisoblangan. Industrial jamiyatning vujudga kelishi, uning texnikaviy taraqqiyoti va texnologiyalarining tezda almashishi madaniyatshunoslarni insoniyatning barcha moddiy madaniyatini o'rganishga majbur qildi. Shuningdek, hozirgi kunda madaniyat tizimlaridan bo'lmish moddiy va ma'naviy madaniyat bir-biriga shunday ta'sir qilishyaptiki, bir tomondan, ma'naviy madaniyat moddiy madaniyatning yaralishiga sabab bo'lsa, ikkinchi tomondan, moddiy madaniyatning boyishi ma'naviy madaniyatning yangi qirralari ochilishiga sabab bo'lmoqda.

Eng qizig'i bo'lmish uchinchi tomondan esa, moddiy madaniyatda ma'naviy madaniyat va, aksincha, ma'naviy madaniyatda moddiy madaniyatni uchratish mumkin. Masalan, ilmiy-texnik taraqqiyot bo'l-mish ommaviy axborot vositalari, radio, televideniya, kino, magnitafon, videotexnika, kompyuter – moddiy madaniyat bo'la turib, ma'naviy madaniyat oshishiga xizmat qilishadi. Ma'naviy madaniyat bo'lmish ilm-fan esa texnikaning rivojiga xizmat qiladi. Hattoki, texnikani ma'naviylashtirish asri boshlandi (masalan, texnik estetika...).

Moddiy madaniyat insoniyat mehnati bilan yaralgan barcha qadriyatlar yig'indisini bildiradi. U jamiyat hayoti darajasini, moddiy ehtiyoj va moddiy qondirilish imkoniyatini yaratadi. Moddiy madaniyatga, avvalo, mehnat qurollari va ishlab chiqarish, ijtimoiy-maishiy xizmat turlari (bular: transport, aloqa vositalari, kommunal uy-joy xo'jaligi xizmati va boshq.). kiyim-kechak, uy-ro'zg'or buyumlari kiradi. Demak, moddiy madaniyat – insonning tabiatni qay darajada egallay olganligini ko'rsatadi.

Ma'naviy madaniyat ma'naviy ishlab chiqarish, ijtimoiy ong shakllarini yaratish bilan bog'liq faoliyatning barcha sohalarini qamrab oladi. Ma'naviy madaniyat namoyon bo'lishining turli ko'rinishlari mavjud: har xil tasavvurlar va g'oyalar, nazariyalar va ta'limotlar, ilmiy bilimlar va san'at asarlari, axloqiy va huquqiy normalar, falsafiy, siyosiy qarashlar, mifologiya, din va boshq.

Hozirgi davrdagi madaniyatning ilmiy tushunchasi insoniyat tomonidan yaratilgan va yaratilishi davom etayotgan ma`naviyat, ruhiyatning o`ziga xosligini anglashi natijasida vujudga keldi. Insoniyat «Tabiiy» turmush tarzi asosida yashagan davrda: ya`ni terib iste`mol qilish, ov qilish, baliq tutish, chorvachilik va dehqonchilik bilan shug`ullangan vaqtlarida madaniyat to`g`risidagi fikrning tug`ilishi munozaralidir. Oddiy, bir maromda rivojlanuvchi jamiyatda inson o`z madaniyati bilan «qo`shilib» yashagan. Urf odatlar, e`tiqodlar, hayotning moddiy va ijtimoiy shakllari undan farq qilmagan. Madaniyatning avtonomiyasi namoyon bo`lishi uchun muayyan darajada texnikaning rivojlanishi va mehnatning ijtimoiylashuviga erishish talab etiladi. Shu asosda madaniyat asta-sekinlik bilan insoniyatdan tobora ko`proq mustaqil bo`lib boradi. Insonning esa madaniyatiga tobe`ligi ortadi. Hozirgi postindustrial jamiyatlardagi ekologik, ma`naviy va axloqiy sohalardagi mavjud muammolar fikrimizning dalilidir. Shuning uchun madaniyatni fenomen sifatida idrok etish, uning rivojlanish qonunlarini tushunish va shu tushunchalar asosida madaniyatni boshqarishga o`rganish zaruriyat bo`lib qoladi.

Insoniyat jamiyati doimiy rivojda bo`lib, u o`zgarib takomillashib boradi. Turli tarixiy davrlarda va xilma-xil madaniyatlarda odamlar dunyoni o`zgacha anglaydilar va qabul qiladilar, o`zlariga xos ravishda tasavvurlari va bilimlarini hosil qiladilar. Biz hozirgi davrdagi mavjud muammolarga o`xshash bo`lgan to`siqlarni o`tmishda odamlar qanday qilib yengib o`tganlarini o`rgana borib o`tmishga savollar bilan murojaat qilamiz, o`tmish bizga javob qaytaradi va shu bilan o`tmish, hozirgi zamon va kelajak o`rtasida doimiy muloqot bo`lib turadi.

Madaniyat – jamiyatning mahsuli, ijtimoiy hayotning eng muhim jabhalaridan biridir. Madaniyatsiz jamiyat bo`lmaganidek, madaniyat ham jamiyatdan tashqarida mavjud bo`lmaydi. Murakkab ijtimoiy voqelik sifatida madaniyatning o`ziga xos xususiyati shundaki, u insoniyat avlodlarining mehnati va bilimlarini o`ziga singdirib oladi, saqlaydi va doimiy boyitib boradi. Madaniyat ijtimoiy hayotning vorisligi, qadriyatlarini to`plashi va ularni kelgusi avlodlarga yetkazib berish bilan bog`liq bo`lgan sohalarni ifodalaydi.

Ijtimoiy hayotning tarkibiy qismi sifatida madaniyatni jamiyatda tutgan o`rni, jamiyatning mazmuniga va tahlil qilinayotgan ijtimoiy borliqning xususiyatlarga bog`liqdir. Ijtimoiy jarayon, kishilarning xatti-harakati, ya`ni sosial faoliyati madaniy ideallarni, qadriyatlarni, normalarni qaror toptirilishi yoki barham berilishida vosita vazifasini, shuningdek kishilarning ijtimoiy va shaxsiy munosabatlarining shaxslararo va guruhlararo aloqalari shakli vazifasini ham bajaradi. Madaniyat ijtimoiy hayotning tarkibiy va funksional jabhalarida ifodalanadi. Shu jihatdan jamiyat madaniyatni vujudga keltiradi. Jamiyatda vujudga kelgan madaniyat qanchalik murakkablashib boyib borsa, uning insonga va jamiyatga ta`siri mukammallashib va nisbiy mustaqilligi kuchayib boradi. Masalan, Antik jamiyat allaqachon o`tmish, tarixga aylangan bo`lsa-da, uning madaniyati hozirgi kunda o`z ahamiyatini saqlab kelmoqda yoki biz bu davr madaniyatini o`sha vaqtdagiga nisbatan ko`proq bilamiz. Shuning uchun madaniyatga jamiyatning mahsuli, faoliyat uslubi sifatida qaralsa-da, har bir jamiyatni u yoki bu konkret madaniyatning shakllanish manbai tarzida ham qarash mumkin.

Ijtimoiy taraqqiyot faoliyat bilan madaniyatning o`zaro munosabatlarida o`zgarishlarga olib keladi. An`anaviy va industrial jamiyatlarda informasion faoliyat mustaqil sohani tashkil etgan bo`lsa, «kompyuter inqilobi» sharoitida informasiyalar, bilimlar ishlab chiqarilishi, yangi texnologiyalar yaratish alohida turdagi faoliyat sifatida shakllandi, informasiya qimmatbaho tovarga aylandi. Informasion faoliyatdagi bilimlar sintezi tizimidagi murakkab o`zgarishlar muhim qaror topgan g`oyalar va qadriyatlarga ta`sir etmoqda. Ma`naviy madaniyat informaciyalari zahiralari to`planishi oqibatida sivilizasiya taraqqiyotida tashkilotchi va harakatga keltiruvchi faktorga aylandi. Buning oqibatida faoliyat va madaniyatning o`zaro munosabatlarida o`zgarishlar boshlandi. Agarda dastlab madaniyat faoliyatning mazmuniga to`liq bog`liq bo`lgan bo`lsa, sivilizasiya jarayonlari oqibatida faoliyat madaniyatni tobora ko`proq ishtirokida shakllanishi kuzatilmoqda.

Jamiyat taraqqiyotida tarixiy inersiyaning katta ta`sirini ham hisobga olish kerak. Inersiyaning ta`sirida insoniyat bajarilishi lozim bo`lgan vazifalardan tamoman boshqa narsalar bilan mashg`ul bo`ladi. Chunki jamoa tafakkuri qiyinchiliklar bilan qayta quriladi. Moddiy boyliklarni qisqa vaqt ichida yo`q qilish va yoki buzib tashlash mumkin, lekin ma`naviy qadriyatlardan tezda voz kechib uning yangisini qabul qilib bo`lmaydi. Rossiya va sovetlar imperiyalarining milliy ma`naviy qadriyatlarimiz, urf-odatlarimiz va an`nalarimizni «zamonaviylashtirish» sohasida olib borgan siyosati oqibati nima bilan tugaganligi ko`pchilikka ma`lum. Biz madaniyat va ijtimoiy faoliyat bir-biridan mustaqil mavjud bo`lmasligi, madaniyatning taraqqiyoti masalalarini qisqacha ko`rib chiqdik, endi madaniyatning shaxs faoliyatidagi o`rni va ahamiyati masalasiga to`xtasak.Madaniyat va shaxs nafaqat mazmunan bir-biriga yaqin bo`lgan, balki ichki va tashqi tomonlari jihatidan o`zaro mos keluvchi tushunchalardir. Shaxs muayyan madaniy muhitda yashaydi va faoliyat ko`rsatadi.

Qomusiy olim Abu Nasr Farobiy «Baxt saodatga erishuv haqida» risolasida inson kamolatida jamoaning roli katta ekanligini ta`kidlab shunday deydi: «Kamolatga bir kishining o`zi yolg`iz (birovning yoki ko`pchilikning yordamisiz) erishuvi mumkin emas. Har bir insonning tug`ma tabiatida va unga lozim bo`lgan har qanday ish va harakat jarayonida boshqa bir inson yoki ko`pchilik bilan munosabatda bo`lish, o`zaro aloqa qilish hissiyoti bor, odamzod jinsidan bo`lgan har qanday insonning ahvoli shu: u har qanday kamolatga erishuvida boshqalarning ko`maklashuvlariga va ular bilan birlashishga muhtoj yoki majburdir». Uning fikricha, inson o`z-o`zidan baxtli ham bo`lolmaydi, kamolatga ham erisholmaydi. «Bu narsa uning harakatlariga, mehnatiga, kasb-hunar egallashiga, bilimiga va fozil jamiyatda yashashga bog`liq», deydi. «Davlatning vazifasi insonlarning baxt-saodatga olib borishdir, bu esa ilm va yaxshi axloq yordamida qo`lga kiritiladi». Farobiy davlatni etuk shaxs (monarxiya), etuk xislatlarga ega bo`lgan bir necha shaxslar (aristokratiya) va saylangan shaxslar (demokratiya) yordamida boshqarish shakllarini qayd etadi. Farobiy jamiyat o`z rivojida etuklikka tomon intilishi, shuning uchun kurash olib borishi va nihoyat fozil jamiyat, fozil shahar darajasiga ko`tarilishi haqida fikr yuritadi.Individ ijtimoiy turmush va madaniyatga qay tarzda jalb qilinganligiga, uning tabiiy imkoniyatlari, harakati, hissiyoti, tafakkuri sosialahamiyatli mazmun bilan to`ldirilganligiga va madaniy shakl kasb etganligiga qarab shaxs sifatida qaror topadi. Madaniyat individual va ijtimoiy hayot bilan uzluksiz birlikni tashkil topgan vaqtgacha mavjud bo`ladi.

Madaniyat kishilarga tana a`zolari, instinktlar yoki tug`ma iste`dod kabi tabiatdan berilmaydi, har bir individ o`zining shaxsiy tajribasi asosida, mustaqil ravishda bevosita tevarak atrofdagi kishilarning, jamiyatning va o`tgan avlodlarning to`plagan tajribalarini o`zlashtiradi.

Individium ijtimoiy amaliyot mahsuli bo`lgan madaniyatni o`zlashtirish bilan birga unga aks ta`sir etadi. Shaxsning shakllanishi jarayonida madaniyatning moddiy dunyosini ham boyitadi. Shuningdek inson madaniyat normalariga amal qilgan holda nafaqat tabiatni va jamiyatni, balki, shaxsiy «tabiati»ni ham o`zgartiradi. Madaniyat shaxsning ichki dunyosi mazmuniga, «ikkinchi tabiati»ga aylanadi. Shaxsning madaniyat bilan o`zaro munosabati hech qachon to`liq va uyg`un bo`la olmaydi. Ijtimoiy va individual hayot, shuningdek madaniyat stixiyasi bir-biri bilan mos kelmasligi mumkin. Madaniyat doimo inson bilan chambarchas bog`liq bo`ladi va usiz yashay olmaydi. Lekin voqelikning murakkab, yaxlit birligi sifatida u o`z rivojlanishi qonunlarida va borliqqa nisbatan mustaqildir. U madaniy merosni o`zida mujassamlashtirgan konkret sodial guruhlarning ma`naviy hayotiga nisbatan boyroq va chuqurroqdir.

Madaniyat doimo qadriyatlarning eng yirik zahirasi, tajribalar hazinasi bo`lib qoladi. Insoniyat avlodlari undan foydalanadilar va unga o`z hissalarini qo`shadilar.

Yuqorida aytib o`tganimizdek, individ bilan madaniyat o`rtasidagi munosabat murakkab jarayon hisoblanadi. Individni ijtimoiy hayotda faol ishtirok etishiga imkon beruvchi psixo-sosial va madaniy dunyoqarashi ijobiy va salbiy qarashlarning yig`indisidan tashkil topadi. Insonga ishchanlik, fidoiylik, matonat, o`tkir zehn bilan birga kaltafahmlik, yalqovlik, shafqatsizlik, o`z manfaatlarini to`g`ri tushuna olmaslik, haqiqiy qadriyatlarni sohtasidan ajrata bilmaslik illatlari ham xosdir. Shuning uchun madaniyatni nafaqat qadrlash va saqlash, balki tanqidiy o`rganish talab etiladi.

Qayd etilgan sabablar ta`sirida muayyan ishlab chiqarish usuli hukmronligi sharoitidagi tarixan tarkib topgan ijtimoiy va madaniy muhitda jamiyat bilan individ o`rtasida nisbatan o`zgaruvchan muvozanat bo`ladi. Bu muvozanatni hosil bo`lishida madaniyatning ishtiroki salmoqlidir. Madaniyat shaxsga ta`sir etadi va uning psixologik holatini shakllantiradi, shaxsning xarakterida va dunyoni bilishida muqim o`rnashib qoladi.

Shaxs bilan madaniyat sohalarda munosabatda bo`ladi?

Birinchidan, madaniyat ta`sir etish ob`ekti sifatida uni o`zlashtiradi; **Ikkinchidan,** madaniy qadriyatlarni tashuvchi va ifodalovchisi sifatida konkret madaniy muhitda faoliyat ko`rsatadi;

Uchinchidan, madaniy ijodiyot sub`ekti sifatida madaniyatni rivojlantiradi.

Madaniyat va shaxsning o`zaro munosabatlari, uning shaxs hayotida tutgan o`rni to`g`risidagi mulohazalarimizga xulosa qilib, shuni aytish mumkinki, tabiat stixiyali qonuniyatlar asosida rivojlanib borsa, insonning ichki dunyosi, ichki «tabiati» ni shakllantirish maqsadli, yo`naltirilgan asosda tashkil etilishi mumkin, bunda madaniyat insoniyatga shunday imkoniyatni yaratuvchi muhim vositalardan biri bo`ladi. Madaniyatshunoslik fanida shaxs kamolati muhim masaladir. Shaxsning barkamol inson bo`lib etishishida tarixiy, ijtimoiy-madaniy muhitning ta`siri katta. Inson ma`lum ijtimoiy-madaniy muhitda dunyoga keladi, go`daklik chog`idayoq shaxs ijtimoiy- madaniy muhitni tayyor holda topadi. Mavjud ijtimoiy-madaniy muhit ta`sirida shaxs ijtimoiy shaxsga aylanadi. Shaxsning ijtimoiylashuvi madaniy-ijtimoiy muhit yaratgan va rioya qilinadigan qadriyatlarni, urf-odatlarni, ahloq-odobni, moddiy va ma`naviy boyliklarni, g`oyaviy andozalarni o`zlashtirish, qabul qilish orqali sodir bo`ladi, shaxs inson sifatida shakllanadi. Shu bilan birga shaxsda o`tkinchi ehtiyojlarni- yurist, iqtisodchi, injener, vrach, pedagog, san`atkor bo`lish, boy bo`lish, amaldor bo`lish, shon-shuhrat qozonish, turli unvonlar olish va boshqa ehtiyojlarni qondirish kabi istaklar ham paydo bo`ladi. Buning uchun ta`lim muassasalarida qunt bilan o`qib, dunyo va jamiyat, ularning taraqqiyot qonunlari to`g`risidagi umumiy bilimlarni egallash, maxsus kasbiy fanlarni o`rganish, izlanish, hayotiy tajriba orttirish, intellektual salohiyatga ega zarur bo`ladi.

Madaniyat kishinig nafaqat ijtimoiylashuvini, shuninigdek jamiyat bilan integrasiyalashuvni ta`minlaydi. Madaniyat insonga barkamollikka erishishga, ijodiy kuchlarini namoyon etishga ko`maklashadi. Shaxsning madaniy darajasini baholashda uning aqli, tafakkuri, ongi, axloqi, xulq-atvori ham muhim o`rin tutadi. Madaniyat insoning yashirin, betakror individuval xususiyatlari, qobilyatlarini ro`yobga chiqarish, o`stirish va rivojlantirishga yordam beradi.

Madaniyatshunoslik kursi madaniy tarixiy davrlarni tahlil qilishda bilishning uch bosqichini tabiiy birlikda olib qarashga harakat qiladi.

A) Konkret davrning yaxlit qiyofasini, ya`ni uning badiiy obrazini yaratishga intiladi;

B) Insoniyat borlig`ining umumiy dinamikasida davrning ma`naviy o`rnini aniqlaydi (ijtimoiy ong tarixida, fanda, san`at va falsafada o`rganiluvchi davrga berilgan bahoning evolyuciyasini ham o`z ichiga oladi).

V) Konkret davrning «mazmuni»ni tahlil qiladi, ya`ni

uning hozirgi davr tafakkurida qanday o`ringa ega ekanligini, uning muammolarini bizga qanday ta`sir etishini, bizga qaysi tomonlari bilan yaqinligini, hozirgi vaziyatning qaysi sosial va individual kamchiliklari unda aktuallashganligini ko`rsatadi.

Madaniyat tiplari tarixiy davrlarga qarab o`zgarib turadi. Davrlarning almashinishi bilan madaniyatda ham sifat o`zgarishlari yuz beradi. Konkret tarixiy davrda yashagan kishilarning dunyo to`g`risidagi tasavvurlari, bilimi, ma`naviy qadriyatlari to`g`risida atroflicha ma`lumotga ega bo`lishimiz uchun biz shu davrning madaniyatiga murojaat qilishimiz lozim. Shuning uchun madaniyatshunoslik fani turli xalqlarning madaniy rivojlanish tarixini jahon madaniy taraqqiyotining tarkibiy qismi sifatida o`rganish bilan birga konkret tarixiy davrning ijtimoiy taraqqiyotda tutgan ma`naviy rivojlanishi bosqichlari, umumiy qonuniyatlari, o`ziga xos xususiyatlarini ham o`rganadi.

Madaniyatshunoslik tinglovchilarni turli tarixiy davrlar madaniyatlari va sosial guruhlarning urf-odatlari, turmush tarzi to`g`risidagi bilimlar bilan boyitadi. Tarixiy va gumanitar bilimlarni tartibga keltiradi, ijtimoiy turmush voqeliklarini yagona mazmun asosida anglashga yordam beradi. Ko`plab betakror va mustaqil madaniyatlardan tashkil topgan jahon civilizaciyasining birligi va xilma-xilligini ko`rsatadi.

Kishilarning fuqarolik va ma`naviy etuklikka erishishlarida, fikrlar va qadriyatlar plyuralizmini ko`ra bilishda fan taraqqiyotini to`g`ri baholash qobiliyatini hosil qilishda muhimdir. «Inson eng oliy darajadagi tarixiy mavjudotdir. Inson tarixiy davrda, tarixiy davr insonda mujassam» (N. Berdyaev). Negaki, har qanday davrning xususiyat va darajasi madaniyat rivoji bilan o`lchanadi. Madaniyatshunoslik fani muhim tarbiyaviy vazifani ham bajaradi. Insonda ziyolilik hissini tarbiyalash kursning diqqat markazida turadi. Kishi qanchalik ziyoli bo`lsa- degan edi D.S. Lixachev- u shuncha ko`p tushunadi va o`zlashtiradi, uning dunyoqarashi va qabul qilish doirasi shunchalik kengayadi. Kishining madaniy saviyasi qanchalik tor bo`lsa, u hamma yangiliklarga va «juda eski»likka nisbatan shunchalik befarq bo`ladi. o`zining eski odatlari bilan yashaydi. Dunyoqarashi tor bo`lib, hamma narsaga shubha bilan qaraydi. O`tmishning madaniy qadriyatlarini va o`zga millatlar madaniyatlarini bilish, uni saqlash, ko`paytirish, estetik qimmatlarini qabul qila bilishning rivojlanib borishi madaniy taraqqiyotning eng muhim vositalardan biri bo`lib hisoblanadi. Insoniyat madaniyati rivojlanishi tarixi bu nafaqat yangi, balki eski madaniy qimmatlarni izlab topish tarixidir. Shuningdek, o`zga madaniyatlarni bilish, ma`lum ma`noda gumanizm tarixi bilan qo`shilib ketadi. Bu boshqa xalqlarga nisbatan hurmat, to`g`ri ma`nodagi bardoshlilik, tinchlik tilash demakdir.ziyolilik tushunchasi ilmiy va oddiy ong darajasida ta`riflanishi jihatidan farq qiladi.

Oddiy ong darajasida intelegentlilik deganda oliy ma`lumotga ega bo`lgan, asosan, aqliy mehnat bilan shug`ullanuvchi, bilimli kishilar tushuniladi.

FOYDALANILGAN ADABIYOTLAR

1. Asqarov A.A. Buxoroning ibtidoiy davr tarixidan lavhalar. T., 1973.
2. Asqarov A.A. Sappalitepa. T., 1978.
3. Asqarov A. Eng qadimiy shahar.-T., "Ma5 naviyat", 2001.
4. Axmedov V.A. 0 'zbekiston xalqlari tarixi manbalari. T., 1991.
5. Axmedov B.A. 0 'zbekulusi. T., 1991.
6. Axmedov B.A. Tarixdan saboqlar. T., 1994.
7. A'zamova G. So'nggi o'rta asrlar O 'tra Osiyo shaharlarida hunarmandchilik va savdo.-T., "0 'zbekiston", 2000.
8. A'zamxo'jayev S. Turkiston Muxtoriyati: milliy-demokratik davlatchilik qurilishi tajribasi.-T., "Ma'naviyat", 2000.
9. Ahmedov B., Mukminova R.., Pugachenkova G. Amir Temur. T., "Universitct", 1999. 518
10. www.ziyouz.com kutubxonasi
11. Б ар то л ьд В.В. Бактрия, Балх и Тохаристан. Соч., т. , М., 1972.
12. Б ар то л ьд В.В. Согд. Соч., т.З. М>. 1965.
13. Б ар то л ьд В.В. Туркестан в эпоху монгольского наш ествия. Соч., т. 1. М., 1963.
14. Бердяев Н. Смысл истории - М.: Мысл, 1990.
15. Bchbudiy. Tanlangan asarlar.-T., "Ma'naviyat", 1999.
16. Б ер тел ьс Е. С уф изм и суф ийская литература. М, 1986.
17. Б и ч у р и н Н.Я. С обрания сведений о народах
18. С редней А зии в древние времена.т.1 — 3. М.,

Л., 1950.

19. Б ой с М . Зороастрийцы. Верование и обычаи. М., 1987.

20. Б о р и со вски й И.И. Д ревнейш ее прош лое человечества. М., 1980.

21. Б уи и ёдов 3. Ануштагин хоразмшохлар давлати (1097 — 1231). Т., Рофур Гулом наш риёти, 1998.

22. Buxoro tarixi sahifelari. Buxoro, 1998.

23. Buxoro Sharq durdonasi. T., "Sharq", 1997.

24. Validiy. BoMinganni bo'ri yer. Turkiston xalqlarining milliy

25. mustaqillik uchun kurashi tarixidan xotiralar.-T., "Adolat", 1997.

26. Vambcri X. Buxoro yohud Movarounnahr tarixi. T., 1991.

27. Vahobov M. 0 'zbek sotsialistik millati. T., 1960.

28. Геродот. И стория в девяти книгах. П еревод и прим ечания Г.А.Стратановского. Л., 1972.

29. Г олованов А.А. Крестьянство Узбекистана: эволю ция социального положения. 1917—1937 гг. Т., "Ф ан", 1992.

30. Г ум илев Л.Н. Д ревние тю рки., М., 1967.

31. Гум илев Л.Н. Эфталиты и их соседи в IV в .— ВДИ, 1959. № 1.

32. Дандамаев М.А. Политическая история Ахеменидской державы. М., 1985.

33. Дандамаев М.А. Луконин В.Г. Культура и экономика древнего Ирана. М., 1980.

34. Дьяконов И.М. История Мидии or древнейших времен до конца IV в. до н.э. М.-Л., 1956.

35. Дьяконов И.М. Восточный Иран до Кира. В кн.:

36. "История иранского государства". М., 1971. 519

37. www.ziyouz.com kutubxonasi

38. Jadidchilik: islohot, yangilanish, mustaqillik va taraqqiyot uchun kurash (Turkiston va Buxoro jadidchiligi tarixiga yangi chizgilar). Davriy to'plam № l.-T., "Universitet", 1999.

39. Jaloliddin Manguberdi. T., "Sharq", 1999.

40. З а д н е п р о в с к и й Ю А Древнеземледельческая культура Ферганы. М.-Л., 1962.

41. Зеймаль Е.В. Амударьинский клад. Л., 1979.

42. Ziyoev H.Z. 0 'rtaOsiyo va Sibir (XV-XIX asrlar) T., 1962.

43. Ziyoev H.Z. 0 'rta Osiyo va Volga bo'ylari. T., 1965.

44. Ziyoev H.Z. Turkistonda Rossiya tajovuzi va hukmronligiga qarshi kurash. T., "Sharq'\ 1998.

45. Ziyoev H.Z. 0 'zbekiston mustaqilligi uchun kurashlaming tarixi-T.2001 y.

46. Ziyo A. 0 'zbek davlatchiligi tarixi (eng qadimgi davrdan

47. Rossiya bosqiniga qadar). T., "Sharq", 2000.

48. Ziyoeva D. Turkiston milliy ozodlik harakati.-T., G'afur G'ulom nashriyoti, 2000.

49. Ibn Arabshoh. Amir Temur tarixi. I-1I kitoblar. T., 1992.

50. Ibrohimov A. Bizkim, o'zbekiar... T., "Sharq", 1999.

51. Ibrohim ov N. Ibn Battuta va uning O 'rta Osiyoga sayohati.T., 1993.

52. И в а н о в П.П. Очерки по истории Средней Азии (XVIсередина XIX в.) М., 1958.

53. Из истории общественно-философской мысли в

54. Узбекистане. Коллектив авторов. Т.. 1977.

55. Исламов У. Пещера М ачай. Т., 1975.

56.   Исламов У.г Тимофеев В. Культура каменного века
57.   Центральной Ферганы. Т., 1986.
58.   Isomiddinov M. Sopolga bitilgan tarix. Т., 1993.
59.   Исомиддинов М.Х., Сулейманов Р.Х. Еркурган.Т., 1984.
60.   Is'hoqov M. Unutilgan podsholikdan xatlar. Т., "Fan", 1992.

www.ingramcontent.com/pod-product-compliance
Lightning Source LLC
Chambersburg PA
CBHW072142060526
44654CB00046B/1151